大夏书系·语文之道

中学语文名师教例评析

汲安庆 著

华东师范大学出版社

序 PREFACE

汲安庆老师的名师教例研究文章集结成书，嘱我作序。他特地强调：有一说一，保持学术的严谨态度，不必一味说好话。这还真给我出了个难题。

和汲老师相识，是通过微信群——一个由高校语文教育研究者和一线语文教师共同组成的学术交流平台。几乎每隔一周，汲老师就会把他的研究成果发到群里。每当群里老师就其文章提出疑问、意见或大加称赞时，他必定及时中肯地予以一一解答、回复或致谢。在这个数字化交往越来越频繁的时代，微信交流也逐渐成为学术交流的一种常见方式。微信群里的学术交流，除了伴随轻松活泼的图文表情，偶尔也夹带着任性随意的牢骚言辞。然而汲老师的形象却始终简单明晰：专注地交流学术，几乎从不"跑题"。他的勤奋多产，以及独特的研究视角、灵动的表述方式，引来了群里广大同仁的大力褒赞。其实很多时候，在认同他学术才华的同时，我更欣赏的是他对待学术的专注与执着，尤其是那种谦逊甚至虔诚的态度。碰巧他研究的内容——名师教例，也正是我关注的话题，因此交流渐多。因关注而有交流，因交流而生共鸣，因共鸣而互相欣赏，就这样，我们成了学术朋友。受嘱作序，也就欣然应答。

名师教例研究是近些年来颇受关注的一类研究。关注度的涨溢，与教例研究的内容和方法对教师综合实践素养提升的价值指向密切相关。教例研究为语文学科教学研究架起了一座沟通高校学者和一线教师的桥梁，实现了理论和实践上的融通，在备受一线教师欢迎的同时，也逐渐成为高校学者乐于尝试的研究形式。

其一，教例既是研究的内容，也是研究的方法。作为内容，教例研究的核心是以教例为案例。具体而言，教例是以课时为单位的教育事实，是相对独立与完整的案例。而就语文学科的教例而言，以课时为单位的教育事实，背后常常对应着某一文本，是依据文本所承载教学内容的原点而生成的教育事实，为此，教例中的文本评析和学情评析是语文学科教例研究中极为重要的两项内容。其二，教例是自然真实、未经加工的教育事实，具有综合性和原型性。一个完整的教例是语文学科课程与教学，包括教材、教学、教师等各个层面的要素与过程的全态体现，是语文教学研究的集合性样本，由此出发，几乎可以就教材、教学和教师等要素展开全方位的语文教学研究，研究空间巨大。其三，名师教例是具有一定示范性的典型教例，从一定意义上看，这类集合性样本大多也是"范本"，对此展开研究，对一线教师从事语文教学的综合实践素养的启发与提升，意义重大。

教例研究作为一种方法，显然更倾向于实证性研究。对真实的研究样本——教例展开评析，可以获得纯理论研究难以得到的实践性知识。以今天的教师教育研究成果来看，具有"恰当的选择与定位素养"，可能是一个语文教师最核心的教学素养，而这一素养的获得与教师教育中的实践知识有关。依据今天对知识的分类，教师的实践知识主要分为"为了实践的知识""实践中的知识""实践性知识"三大类别。其中，"实践性知识"是教师根据问题解决的需要，超越结论与过程、静态与动态、理论和实践、内部和外部等二元对立，对前两种知识进行整合所形成的知识。这类知识具有整合性、情境性、行动性和生成性，最利于养成教师的"恰当的选择与定位素养"。就语文学科而言，这一素养包括教师对教学目标、教学任务、教学内容、教学对象、教学方法、教学过程、教学生成等所有要素的"恰当的选择与定位"。事实上，这一素养的获得很难通过理论学习来获得。真实的教育情境中的问题解决，才是驱动、促进、最终生成教师"恰当的选择与定位素养"的最佳路径。而教例研究，无疑为语文教师的这一核心素养的获得，既提供了研究范本，也提供了研究的路径与方法。

作为一种方法，教例研究的方法是综合的，不仅涉及量的研究，更是指向质性的研究。它关注教育事实发生和发展的全过程，对教例这一研究范畴，进行深入、细致的观察、体验，并以各种观察点为视角，得出不同视角下的整体性探究。通过教例，特别是具有示范性与典型性的名师教例，教师可以将其所提供的教育事实，与自我的教育事实不断地进行比对、揣摩，展开"为何如此"的追问，在真实的问题解决的情境中，获得解决自我问题的启发，最终生成解决自我问题的策略。并在这样的整体性研究中，提高对自我和世界的觉知，着眼于从事语文教学的元知识、元能力和元素养，逐步成长为具备"恰当的选择与定位素养"的反思型教师。

仅从这个意义上说，名师教例研究本身就是很有价值的探索。而在众多的名师教例研究中，汲安庆老师的《中学语文名师教例评析》无疑是颇有质量的一本。细读此书，至少可以发现下述特色与亮点：

首先，这是一本具有较高理论水准的教例研究。汲安庆老师的《中学语文名师教例评析》不是个人经验视域下的随性评价与判断，而是一本有理论支持的评析，是真正意义上的"学术研究"。其教例评析既基于实证的描写，又立足于理论解释，具有较高的理论含金量。具体来说，汲老师抓住了语文学科的根本——言语形式与言语意义，以"言语性"为核心，以弗洛姆的"存在式"学习为追求，建构了以三大范畴（体性、类性和篇性）为核心的语文阅读教学评析框架。从语文学科所特有的内容、风貌、本质、文类的属性、文本的个性等几个方面展开名师教例研究，综合考察名师教例对"语文"教学内容的把握、教学过程的展开和教学方法的选择。显然，这样的理论构建抓住了语文学科教学研究的重要支点——文本，以诗词类、散文类、小说类、戏剧类、寓言类、传记类、新闻类等七种不同的文本类型进行教例的分类，进而展开评析。抓住了对语文教学有重要影响的因素——文本，关注了文本对语文教学内容确立的重要作用，这样的理论支点可以解决教例评析中关键问题，显然由此出发选择的理论支点是适切的。在建构了以体性、类性和篇性为核心的语文阅读教学评价的理论框架的基础上，通过"适体""跨体"等理论论述,不断拓展、夯实阅读教学评析的理论框架,扩大理论解释的范畴,在不断趋近体系化的探索中,提升理论的解释力。

构建这样适切的、体系化的理论框架,不仅需要拥有开阔的学术视野,更需要具备深厚的学术素养。细读汲老师的评析,不难发现,这一宏阔而又精微的理论构建并非仅仅源于一门学科的营养。它涉及文学、美学、文艺学、教育学乃至哲学等众多理论学科的视域融合,涉及中国古代语文教育、民国语文教育、当代语文教育等不同阶段学术发展的立体审视。这样的融合与审视使其具备了历史视野、国际视野、现实视野、课程视野、美学视野等几大视野的跨界与综合,并在博学勤思的学术态度和学术执着之下,化为高屋建瓴的理论建构力,清晰晓畅的理论描写力,富有说服力的理论解释力,加之规范的、翔实的资料引证,无一不显示出作者扎实的理论功底和深厚的学术素养。开阔的学术视野、深厚的理论积淀和扎实的分析阐释能力,使包蕴在一篇篇具体教例评析之中的理论构建更具说服力,这样的理论构建显然是稳健而科学的。

其次,本书的理论研究对具体的教例评析,具有较强的解释性和可操作性,对具体从事语文教学工作的一线教师,包括还在师范大学接受教育的师范生们提供了非常有价值的学习内容和学习路径。从本书 21 篇教例的具体评析来看,每一篇教例评析都随其文本的特色,依照一定的章法和评析标准而展开。受王荣生教授"适宜的教学内容是一节语文课的最低标准"的影响,语文教学内容的确立,历来是语文教学中"牵一发而动全身"的关键要素。聚焦在语文教学内容——文本评析上的评价标准,其解释力必须放到教例的具体评析中才可能被证明。具体来说,《中学语文名师教例评析》在描述"教了什么""怎么教的"等语文教育事实的基础上,着力解释"教得如何"与"为什么这样教"的缘由,并针对具体的教例给出优化的策略,而每一步都紧紧围绕着"文本评析"这一支点来展开。一方面,这样的评析让我们看到了理论是如何影响和解决具体的教学问题的,在具体的解决问题的示范中,强化了理论学习的重要;另一方面,这样的评析也让更多的读者看到,以"三性"为核心所建构的语文阅读教学评析框架对教例评析是具有一定的可操作性的,如果我们认真学习,同样可以以此效法,解决我们在具体教学中的困惑与疑难。这样的评析，显然可以有效地促进一线教师的专业成长，并最大化地实现名师教例研究的价值。理论只有经过实践的检验，才可能得以不断修正、不断完善，最终获得解释的力量。

无疑，本书的表述也是一大特色。《聚焦篇性特征的多方会通——黄玉峰〈阿房宫赋〉教学设计评析》《审智性散文，教学内容如何择定——张寰宇〈那树〉教学实录评析》《体知：不能仅限于类性的揭示——宁鸿彬〈人民解放军百万大军横渡长江〉教学实录评析》，仅从教例评析的题目来看，就充满了理论的厚度和语用的精彩。而仔细阅读，则会进一步发现，严谨的科学研究中文思敏捷，文采飞扬，用语丰富，不乏灵气、才气及审美之气。或许汲安庆老师的潜意识中存有这样的固执：一个优秀的语文教师，本身就应该是一个语用高手，锦绣文章，信手拈来，因为语文老师的所有言行都具有语用的示范性。同理，一个优秀的语文教育研究者，不也理所应当地追求成为一个语用高手吗？用灵动精彩、富有吸引力的语言表达严谨的思考，为读者提供解决问题的策略，语文教育研究者的言行本身也是一种示范。

将汪洋恣肆般横溢而来的灵气，凝结为理性的思考和严谨的表达，应该是一个优秀学者的存在方式。在这一点上，我颇为认同汲安庆老师。

拉拉杂杂写下这些文字，一为交差，二为自勉。

谭晓云

2018 年 8 月 21 日于昆明

目录 CONTENTS

第一辑　诗词类文本教例评析

>>> 走向了形式审美的断桥
　　——董一菲《再别康桥》教学设计评析 / 3

>>> 揭示形式秘妙，守住语文体性
　　——陈治勇《星星变奏曲》教学实录评析 / 12

>>> 诗词类文本极化情感的巧妙揭示
　　——肖培东《菩萨蛮（其二）》教学实录评析 / 23

>>> 有序性教学，从自发到自觉
　　——邓彤《锦瑟》教学实录评析 / 37

>>> 细读：追求适体与跨体的统一
　　——李明哲《木兰诗》教学实录评析 / 49

第二辑　散文类文本教例评析

>>> 让学生层面的课程知识轻舞飞扬
　　　　——童志斌《项脊轩志》教学实录评析／65

>>> 聚焦篇性特征的多方会通
　　　　——黄玉峰《阿房宫赋》教学设计评析／77

>>> 审智性散文，教学内容如何择定
　　　　——张寰宇《那树》教学实录评析／89

>>> 因势建构，层层揭秘
　　　　——李李《陈情表》教学设计评析／102

>>> 适体教学中的个性化创造
　　　　——王君《苏州园林》教学实录评析／111

第三辑　小说类文本教例评析

>>> 立足人物形象，拓展阅读空间
　　　　——尤立增《林黛玉进贾府》教学设计评析／125

>>> 在借鉴中生长自家的教学智慧
　　　　——刘春文《孔乙己》教学设计评析／137

第四辑　戏剧类文本教例评析

>>> 语文研究性学习中的三种思维路径
　　　　——谭轶斌《雷雨（节选）》教学实录评析 / 151
>>> 在形意统一中实现"形"的高蹈
　　　　——熊芳芳《长亭送别》教学简案评析 / 162

第五辑　寓言类文本教例评析

>>> 寓言类文本，教学内容如何择定
　　　　——黄厚江《黔之驴》教学实录评析 / 177
>>> 教学意脉与文本意脉的合一或重构
　　　　——余映潮《狼》教学实录评析 / 191
>>> 返回童话，更好地在现实中诗意栖居
　　　　——黄维陆《盲孩子和他的影子》教学实录评析 / 203

第六辑　传记类文本教例评析

>>> 翻转：重在思维的掘进与突破

　　——王夫成《五人墓碑记》教学实录评析 / 219

>>> 学法引领，应该着眼于何处

　　——田玲《邓稼先》教学实录评析 / 231

第七辑　新闻类文本教例评析

>>> 体知：不能仅限于类性的揭示

　　——宁鸿彬《人民解放军百万大军横渡长江》教学实录评析 / 245

>>> 揭秘文体特征背后怒放的篇性

　　——陈成龙《奥斯维辛没有什么新闻》教学设计评析 / 256

后　记 / 269

第一辑

诗词类文本教例评析

走向了形式审美的断桥①

——董一菲《再别康桥》教学设计评析

一、聚焦闭合式结构,感受诗人的心灵堂奥

诗的第一节和最后一节分别是:

第一诗节:轻轻的我走了,
　　　　　正如我轻轻的来;
　　　　　我轻轻的招手,
　　　　　作别西天的云彩。

最后诗节:悄悄的我走了,
　　　　　正如我悄悄的来;
　　　　　我挥一挥衣袖,
　　　　　不带走一片云彩。

1. 徐志摩 1921 年赴英国留学,入剑桥大学学习,深受西方教育的熏陶及欧美浪漫主义和唯美派诗人的影响,奠定其浪漫主义诗风,并于 1923 年成立了新月社。

2. "我在康桥的日子,可真幸福,深怕这辈子再也得不到那样甜蜜的机会了。"(徐志摩《吸烟与文化》)

3. 在剑桥,1921 年秋天,他认识了人艳如花的才女林徽因。

---

① 教者的原教学设计在第一、二、三环节并无明确标题,现在的标题系笔者对相关内容提炼后所加。

4. 徐志摩曾三次来到康桥，第一次是1921年至1922年在这里学习；第二次是1925年4月重游，归国后写下了著名的散文《我所知道的康桥》；第三次是1928年8月，写下了广为传颂的诗作《再别康桥》。

5. 正是康桥的水，开启了诗人的性灵，唤醒了久蛰在他心中的诗人的天命。因此他后来曾满怀深情地说：“我的眼是康桥教我睁的，我的求知欲是康桥给我拨动的，我的自我意识是康桥给我胚胎的。"（徐志摩《吸烟与文化》）

请参阅这些材料，回答问题：第一节写久违的学子作别母校时的万千离愁，却连用三个"轻轻的"，结尾的诗节连用两个"悄悄的"，谈谈你的理解。

评析：这是董一菲老师2016年2月在其语文专业博客上分享的一篇教学设计。省略教学目标、教学重难点等要素，显然是为了更好地凸显自己的教学创意。设计伊始便直奔诗歌的"闭合式"结构，体现了她形式审美的敏感，对语文体性的自觉守护，以及通过揭秘形式，整体上把握全诗情感意蕴的意图。提供的五则史料，精练、丰富，便于学生更好地"知人论世，以意逆志"，深化对诗歌情思的体悟。但是，所命制的思考题却将这种闭合式结构，重点词"轻轻的""悄悄的"，以及提供的史料，全部指向作者"作别母校时的万千离愁"，则无形中遏制了学生对诗歌情韵内涵的多向度开发。

且不论"万千离愁"说至今仍存分歧——严家炎、孙玉石、孙绍振、蓝棣之等著名学者皆认为《再别康桥》没有古代离别诗的那种离愁别恨，这仅从"金柳"意象中便可见出。不是"昔我往矣，杨柳依依""朝朝送别泣花钿，折尽春风杨柳烟"的"青柳"，而是"金柳"。这是因为"诗人要取这柳之婀娜多姿和金之灿烂珍贵，把他的康桥经历变为最美好的新娘"，表达"独享的甜蜜""独享的秘密"，以及"精神的满足，精神的幸福"，或者说是"不带任何占有欲的却又可永远拥有的柏拉图说的'精神之恋'"[①]。

一些新生代教师则持反对意见。在他们看来，诗人与西天的云彩作别，

[①] 赖瑞云.《再别康桥》三题[M]//孙绍振主编，赖瑞云、林志强执行主编.经典文本的深层结构（上）.上海：上海三联书店，2016：204-206.

"不仅抒发了对康桥的眷恋、惜别之情,还有对康桥母亲的感激、倾诉又羞于启齿的情怀,对一段刻骨铭心的单相思(初恋)的追忆和对梦中人的美好祝福,更有理想破灭的迷惘、感伤。情感表现为一种心口错位:表层似乎很潇洒、超脱,深层内蕴却是深邃的忧伤"①。"金柳"虽然给人以"错彩镂金,一片香艳浓丽"之感,但仔细品味,就会发现"诗中人物幽微深曲的情感心绪,其实正隐含在这一片华丽浓艳之中。如词中常出现的'鹊踏枝'、'鸳鸯锦'等美好的衣饰图案象喻的即是女主人公内心的孤寂与悲凉"②。

不知是因为思维的疏漏,抑或其他,董老师在后文解读"金柳"意象时,也说"像诗人曾经的金色年华和绚烂爱情"。如果此说成立,那么"轻轻""悄悄"作别的就不单纯是"母校"了。

其实,单就是否作别母校,也存在很大的争议。没错,从诗题、诗中康河景物升华而成的意象,以及教者提供的部分材料(1、2、5)看,似乎是作别母校。可是解为作别梦中情人林徽因,或者由此生发开去的作别康桥的美好记忆,作别往日的自我,也说得通,诗里诗外都可找到不少有力的证据。优秀的诗歌,在抒写自我的同时,一定也在表现着更为开阔的"类"的情感,使独感与共感在审美层次上达到高度的统一,因而其呈现的情韵总是丰满多姿,且在读者的解读中不断生长。面对这种丰富、开放的意蕴,只抽绎出"作别母校的离愁"一种,显然不妥。

扣住首尾节选现的"轻轻的""悄悄的",让学生体味诗人作别时的"深情",可谓抓住了形式审美的"牛鼻子"。但是,这种情感的回声,是否只是类似《诗经》中的一唱三叹,使情感更加醇永、绵长,而毫无情感的嬗变或升华?这种看似闭合式的结构是否也具有合而不闭的开放特质?诗人为什么独独选择轻轻/悄悄这一告别方式?哪怕"寻梦"达到高潮时想"在星辉斑斓里放歌"时也能迅速、果断地掐灭,个中的深情又源自怎样的心理考量?这些很有意思的问题没有被很好地开发,仅以下文的"深情"粗线条地作结,不免有些可惜。

---

① 李耀平. 心口错位:潇洒外壳下深邃的忧伤——《再别康桥》情感意蕴探析 [J]. 语文学习, 2014 (11).
② 李洋. 晚唐五代词中的色彩研究 [D]. 福州:福建师范大学, 2015.

二、聚焦意象选择，玩绎意境之美

母校从来都不是一个抽象的概念。徐志摩笔下的康桥非常有特点，他既没写旧日的老师和同学，也没写教室和书本，而是写了那条美丽的康河，为什么？写了康河哪些景物？有怎样的美？选一例赏析。

1. 河代表深情的回忆。
2. 写了康河的金柳、青荇、清泉、青草、星辉、夏虫。
3. 小小的细节承载了无尽的纯美，至情至性，天然灵动，小巧蕴藉。明妩深情，青春伤感，潇洒飞扬。

"金柳"意象极美。"柳"这个经典意象跨越千年的风韵，婀娜妩媚过唐诗宋词，带着《诗经》最初的文化印记和情感烙印。"昔我往矣，杨柳依依"的柳，如今在英伦剑桥的河畔美丽而舒展，就像诗人曾经的金色年华和绚烂爱情。"金柳"真是神来之笔。诗鬼李贺曾有"嫁与春风不用媒"的诗句。"金柳"是"夕阳中的新娘"。"新娘"集世间所有的娇美、惊艳、幸福和爱恋于一身，是康桥河畔焦点中的焦点。

"青荇"也同样来自诗经的河洲水湄，来自"诗三百"的第一章："参差荇菜，左右流之。"在中国传统的意象中，在古老的吟唱中，"荇菜"是当之无愧的"爱情草"，而"青荇"和"金柳"紧紧呼应，"金"对"青"，一热一冷，一闹一静，参差对照，颇显别致。"柳"和"荇"是世间最诗意、最多情的意象，一开篇便已为整首诗作好了铺垫，营构了美好的意境。

金柳的艳影，青荇招摇，所有的青春往事，欲说还休，浓入淡出，淡出浓入，相得益彰。而"软泥"和"油油"，可见作者描摹的功力入木三分，力透纸背，泥是软的、柔的，象征青春美好的忧伤，真是彻骨。

"清泉"一节已达到了"花非花，雾非雾"的境界。

榆树阴凉，清泉、天上虹、浮藻、彩虹梦交织在一起，惝恍迷离，交相辉映，意趣横生，彼此映照，梦耶非耶，诗已由现实走向梦幻，诗境与梦境难舍难分，而"我甘心做一条水草"真是呓语、痴人语。

"寻梦"联结上诗的两大部分，挽结诗的现实与梦境，白昼与黑夜，具体与抽象，视觉与听觉，多彩与纯色，热闹与冷静，有声与无声。

"寻梦"撑的是一支"长篙"。"长篙"古朴、自然、灵动、巧妙，散发着怀旧的情愫和旧日的情怀。

"青草更青处"是化无形为有形，"青"字的叠用有强烈的暗示和象征作用，回到青春，回到大学，回到初恋。

"放歌"到"不能放歌"，情感抒发在百转千回中积蓄，在一波而三折中凝聚，反复的冲撞中，是"悄悄"的别离的笙箫，这种深情，天地可鉴，日月可证，即使小小的"夏虫"也放弃了聒噪，和整个康桥一起交汇成一种大沉默，在这种大沉默中有千钧的离愁，有万千的别愁，有无尽的思念。

评析：如果说前一环节侧重对诗歌情韵整体把握的话，那么本环节则是比较具象而深入地体悟、玩绎与创生。从意象选择的视角切入，引领学生体悟其间的美，有"提领而顿，百毛皆顺"之效。因为意象的选择，次第的安排，总会折射诗人的内心情愫，以及言语表现的个性与智慧。循此思考、探究，必然使语文教学更容易进入虚实相生、以少总多、忙中有序的境地。

这一环节，董老师渊深的文学素养、纤敏的情感触角、灵动的审美启悟得到了绚丽的绽放。如对意象色彩美的分析——"金"对"青"，一热一冷，一闹一静，参差对照，颇显别致；对诗人如梦似幻的心理揣摩——"清泉"一节已达到了"花非花，雾非雾"的境界……"我甘心做一条水草"真是呓语、痴人语；对意象象征意蕴的揭示——"青草更青处"是化无形为有形，"青"字的叠用有强烈的暗示和象征作用，回到青春，回到大学，回到初恋……道许多老师所未道，的确给人以醍醐灌顶之感。

尤其是对意境层次感的发现（对"寻梦"一节形式秘妙的阐释），更是独到。没有深度的生命沉潜与融合，无法达到如此的审美高度。

不过，董老师的体认，仍有商榷或深入开掘的空间。

一是对核心意象的定位。在诗人选择的众多意象中，董老师认定金柳是"焦点中的焦点"只因金柳是"夕阳中的新娘"，新娘"集世间所有的娇美、惊艳、幸福和爱恋于一身"。这样的分析难以令人信服，意象要成为核心，下述三个条件必居其一：

1. 意蕴的统摄，如马致远《天净沙·秋思》中的"夕阳"，既暗合了"日夕当归"的文化传统，又很好地传递了作者的羁旅之愁，起到了灵魂意象的作用；

2. 结构的统摄，如林海音《爸爸的花儿落了》中的"夹竹桃"，既是文中的草蛇灰线，也成了爸爸生命之花、父爱之花的象征，统摄性和象征性都很强；

3. 风格的统摄，如李煜《虞美人·春花秋月何时了》中的"一江春水"，因为成了愁苦、悔恨的集中体现，凄楚之风特别显豁，所以春花秋月、玉砌雕栏等美丽的意象悉数染上了凄楚，也是一个核心意象。

"金柳"如果是焦点意象，占了上述的哪一条呢？类似于"关雎男"求之不得而生的"琴瑟鼓之""钟鼓乐之"的幻象？表达一种美好的憧憬，或是对昔日美好恋情的沉醉？如果是前者，"彩虹似的梦"岂不更准确？如果是后者，"青草更青处""斑斓星辉"，不也可以完全胜任？倘若是结构或风格的统领，"金柳"又是如何担承的？"娇美、惊艳、幸福和爱恋"，显然无法在形式上一以贯之，而这种热烈、美艳的风格无法笼罩全诗也是显而易见的。

二是对意象中潜蕴的情感节奏的辨析。董老师发现"寻梦"一节挽结诗的现实与梦境，白昼与黑夜，具体与抽象，视觉与听觉，多彩与纯色，热闹与冷静，有声与无声，这是对形式枢纽处的精微体察，但仅停留于此似乎还不够劲道，因为形式之美不指向人物内心的风景，是很难保持永久的生机与魅力的。私以为，意象从与金柳艳影相伴的青荇到欲在星辉斑斓里放歌，再到夏虫沉默、康桥沉默，体现了诗人"深情款款—情动于衷—幽幽冷凝"的情感变化，在节奏上体现为"舒缓—激昂—慢板"的特征，赏析如果没有深入到这一层，恐难更具条理、更精致、更深入地把握诗人丰富而多变的内心世界。

三是对人物内心的多向度开掘。从董老师的意象赏析来看，主要是停留在作别母校的万千离愁上，旁涉对青春、大学、初恋（与林徽因是初恋吗？）的怀旧似乎是捎带，一晃而过。诗人梦想破碎，亦甘愿化作水草伴随、凝望的圣洁情感；不带走一片云彩，欲"把一切美丽的故事完整地留给母校，留给后学新人，变为母校精神财富的积淀、岁月如歌的记录"的祈愿；被爱情、婚姻、事业磨损得伤痕累累，欲在康河"精神疗伤"的意图；还有对康桥神秘经验的沉醉——"大自然的优美、宁静、调谐在这星光与波光的默契中不期然淹入了你的性灵"（徐志摩《我所知道的康桥》）……这些丰富的意蕴，其实也是可以引导学生探赜的。

三、沉浸浓郁，体味"三美"之外的大美

徐志摩是"新月派"诗人，"新月派"讲究诗歌的三美：音乐美、建筑美、绘画美。再次朗诵这首诗，思考一下《再别康桥》除了新月派主张的"诗歌三美"之外，还有怎样的美。

提示：灵动之美、深情之美、潇洒之美、静谧之美、梦幻之美、拟人之美、青春之美、朦胧之美、轻盈之美、淡然之美、真挚之美……

评析：这一环节，董老师似乎有意将形式之美（音乐美、建筑美、绘画美）的欣赏，引向意蕴之美（如"深情之美""梦幻之美"）、风格之美（如"灵动之美""轻盈之美"）的欣赏。这是对"三维目标"中"情感、态度、价值观"的呼应，还是担心侧重于形式审美，会荒废了语文的人文性，迫不及待地来个卒章显志式的"点题"？联系前面环节的设计，董老师对"诗歌三美"的鉴赏有所触及，但不是很突出。所以，这里的总结与启悟还是有突兀之感的。

总评

董老师的这篇教学设计，至少有下述三个向度的问题值得探讨：

1. 语文教学重形式，还是重内容？这个问题，民国时期的教育学者们本已作过探讨，并大体形成了一致的意见。何仲英在《白话文教授问题》一文中就指出："我们教授白话文的，也不能说学生'看得懂'，就算尽了我们应有的责任。还有内容形式方面种种推敲。"① 徐特立认为学习国语的主目的

---

① 顾黄初、李杏保. 二十世纪前期中国语文教育论集［M］. 成都：四川教育出版社，1991：125.

是对语言、文字（文章）的理会和对语言、文字的发表，副目的才是"从语言、文字（文章）获取知识，涵养德行，养成好的情趣"①。夏丏尊的说法最具代表性，"学习国文所当注重的，并不是事情、道理、东西或感情的本身，应该是各种表现方式和法则"②，因为内容无所不包，且不固定，有的还很陈腐，并不属于语文本体性的范畴。当代学者王尚文也持这个观点："语文教材的课文可以直接分别划入政治、历史或地理、生物、化学等学科；但语文学科的教学内容如果守住了言语形式这一门槛，教的即使是政治性论文，也不会上成政治课；跨越了这一门槛，即使教的是诗歌、小说、散文，也会上成政治课或别的什么课。"③

吊诡的是，这种共识在当下的语文教育中竟应者寥寥，因此泛语文、伪语文的现象比比皆是。作为语文名师，董老师当然知道着力形式、捍卫语文体性的重要性。五年前教学《再别康桥》时，她便采用过"仿写一节诗"的形式，引导学生反复揣摩金柳、青荇、清泉等意象，让学生在"作诗"的过程中深入体会《再别康桥》的音乐美、建筑美、绘画美。教学的最后，她还安排了一个写二百字左右的评论的环节，做到内容、形式兼顾，并坚决地以形式审美贯穿教学的始终，做得风生水起。可是经历了数年的沉淀，再来进行该篇的教学设计时，却存在形式、内容的拼接，并让教学设计最终走向了内容的赏析，不知出于怎样的学理考虑。

2. 阅读教学重理解，还是重表现？对照五年前的教学，董老师本篇教学设计是重理解的。结构、意象的审美，比较探究，拓展阅读，莫不指向了作别母校的离愁这一意蕴的理解。理解文本的内容没有错，但这仅是手段或过程，终极目的是让学生走向言语表现，确证自我的生命存在——董老师五年前的教学设计便很好地贯彻了这一理念。理解是吸收，表现是释放。理解充其量是二度创造，表现则开始了一度创造的征程。理解不一定优化表现，但表现必然会深化理解。因此，指向表现的语文教学才是真正的活力语文，魅力语文，正道语文。美国教育家弗洛姆关于阅读有占有式（To have）和存

---

① 张隆华. 中国语文教育史纲［M］. 长沙：湖南师范大学出版社，1991：198.
② 夏丏尊. 夏丏尊语文教育名篇［M］. 北京：教育科学出版社，2011：152.
③ 王尚文. 人文·语感·对话［M］. 上海：上海教育出版社，2010：12.

在式（To be）之分。前者是守财奴式的囤积，不知化用；后者则走向了个性生命的彰显，使所读、所学得以真正激活。用这种思想诠释理解和表现的关系一样管用，理解偏于占有式学习，而表现才是真正的存在式学习。在教学设计中思想转型的董老师，不知以为然否？

3. 审美鉴赏重悟性思维，还是令其与分析思维并重？从董老师教学设计中的意象分析来看，显然是重悟性思维的，即注重弹性联想、形象比照、直觉顿悟，较少注意矛盾分析、过程分析，所以古代印象主义批评的色彩颇为浓郁。这当然也很好，对学生的审美启悟与熏陶，助益极大。可是，如果缺少分析思维的介入，鉴赏则很可能行而不远。比如，教者谈到了"青草更青处"是化无形为有形，"青"字的叠用有强烈的暗示和象征作用，回到青春，回到大学，回到初恋。体认固然深刻，却抽去了对青草更青处与青春、大学、初恋之间有可能存在的精神、文化、审美、历史联系的具体分析。这种省略分析、一步到位的结论，极有可能使许多学生不知所云，也在不知不觉中放逐了磨砺他们思辨能力的契机。优秀的文学作品都是具有哲理品格的，我们的审美鉴赏又何必遗落分析思维呢？

作为新生代语文名师，董老师的"名课""名作"颇多，其诗意的教学语言，个性化的文本解读，灵动曼妙的课堂教学，令无数语文老师为之折服。本文所选的教学设计仅是其众多个性化教学设计中的一篇，虽被剖析出一些"问题"，但仅是一家之言，陋见、谬见在所难免。借此机会，就教于董老师及其他大方之家。

揭示形式秘妙，守住语文体性
——陈治勇《星星变奏曲》教学实录评析

一、初识"陌生"

师：江河的《星星变奏曲》是一首朦胧诗。朦胧诗因其在表现手法上呈现出陌生化的特征，给人以新鲜之感，从而生发出朦胧的意蕴。这节课我们就通过《星星变奏曲》来感受一下朦胧诗的韵味。现在请自由读诗，找出诗中陌生而新鲜的言语并勾画出来。（生自由读文）

生："有一个柔软的晚上"的"柔软"很新鲜，"柔软"是一种触感，晚上又不能触摸，怎么会感到"柔软"？后文"僵硬得像一片土地"也如此，夜晚怎么会"僵硬"呢？

生："每一首都是一群颤抖的星星"这个比喻太新鲜了，我第一次读到。

生："在天上的星星疲倦了的时候——升起"，星星怎么会"疲倦"呢？

生："闪闪烁烁的声音从远方飘来"，声音怎么会是"闪闪烁烁"的呢？应该是"断断续续"才对。

……

生："寻找遥远的安慰"与一般人的想法不同，为何不寻找近处的安慰？

评析：不兜圈子，不搞揭题、作者简介等"后红领巾"教学模式那一套，而是引领学生直奔文本类性（朦胧诗的陌生化表现手法）的感知，定位很准确，出手很迅捷。引进陌生化理论，也是取其名和神，绝不像一些平庸的老师那样大谈陌生化理论的相关范畴（如"陌生化语言"和"自动化语言"，"本事"和"情节"……）、历史发展，这当然是了解学生认知结构，熟悉学生心理需求的智慧之举。同样，为了使学生对诗歌文本有整体的感知，切入视角非常新颖、独到，且有"道而弗牵""开而弗达"之妙。

二、寻访"遥远"

师："遥远"是文章的一个关键词语。正如你所问，"咫尺的安慰"不是更好吗？

生：因为在黑暗和没有光亮的处境下，"咫尺的安慰"难以找到，可诗人又想极力拥有"安慰"，所以说"寻找遥远的安慰"，"有"总聊胜于"无"。

师：说得真好！寻找"遥远"，是因为"黑暗和没有光亮的处境"，诗歌是如何体现"遥远"一词的呢？请从文字入手。

生："如果大地的每个角落都充满了光明/谁还需要星星"，这里用反问的语气说明这个社会上的每个角落都没有光明。"光明"很遥远，诗人很悲愤。换个句子就是"大地的每个角落都充满了黑暗，谁不渴望星星？"

师：你从句式入手，深入了情感通道。这种思维方式很好，但似乎与诗句本意有出入，你的意思是"大地上的每个角落不都是充满了光明"对吗？请你用声音传递这份情感。（生读）

生："在寒冷中寂寞地燃烧/寻找星星点点的希望"，"星星点点的希望"点出了希望很渺茫，四周被"寒冷"包裹，一片"寂寞"。可见当时环境的黑暗，希望的"遥远"。

师："星星点点"应该读出什么感觉？

生：渺茫。

师：虽然渺茫，但诗人却要极力追寻，这说明——

生：他对光明充满了渴望！

师：请读出"渴望"感。

生：（用情读）"寻找星星点点的希望"。

生："闪闪烁烁的声音从远方飘来"也能看出"遥远"。如果很近，它就不是闪闪烁烁的，而是清清楚楚的。

师：可否说"声音从远方传来"？

生："传"字有点重，体现不出渺茫感，而"飘"不仅写出了声音的隐隐约约、若有若无，还写出了它的轻盈、曼妙。

师：请读出你的感觉。（生读）如闻仙乐耳暂明。这个声音作者听到了吗？

生：没有。

师：请强调"闪闪烁烁"一词再读诗句。（生读）现在听到了吗？

生：不仅听到了，而且看到了声音的"闪闪烁烁"。

师：以视觉写恍惚的听觉，这转换中你读出了文字背后藏着——

生：诗人对悠扬之声的痴迷与向往，对遥远安慰的极力寻找，对光明与温暖的向往。

生："风吹落一颗又一颗瘦小的星"，瘦小的星象征着星星点点的希望，可是连星星点点的希望都给吹落了，连渺茫的希望都没了。"看着夜晚冻僵/僵硬得像一片土地"，"柔软"的夜晚被"冻僵"，说明现实残酷，黑暗紧逼，只能在梦里寻找"安慰"，说明"安慰"更"遥远"了。

生："谁不喜欢飘动的旗子，喜欢火/涌出金黄的星星"，那就表示所有的人都喜欢飘动的旗子、火和星星，而这一切都象征光明，表明每个人都在追求和向往光明，可见"遥远"至极。

生："一年又一年/总写苦难的诗"，"又"和"总"体现了当时社会黑暗至极，"每一首都是一群颤抖的星星"的"都"和"颤抖"传递出作者内心的苦闷，以及对光明的渴望！

师：上文说"像蜜蜂在心头颤动"，这里却用了"颤抖"。两个词能互换吗？

生：蜜蜂给人甜蜜的味道，我们常说"甜蜜的颤动"。但此时诗人追寻光明而遥不可及，心中满是悲哀、痛苦甚至因不知漫漫长夜何时到天明而生的害怕、恐惧，所以用"颤抖"更合适。

师：让我们饱含情感地读读这些展现"遥远"的句子吧。（生读）

评析：1. 挑出学生的困惑——诗人为何不寻找近处的安慰，而要"寻找遥远的安慰"，提炼出"课眼"——遥远，顺势发问：诗歌是如何体现"遥远"一词的？从而实现了一石三鸟的教学目的：贴紧学生的愤悱处，聚焦文本的诗眼，将体验的"把手"交给学生。

2. 紧扣形式秘妙，深入玩绎诗人的内心世界，自然而巧妙。例如，"闪闪烁烁的声音从远方飘来"，可否用"传来"？上文说"像蜜蜂在心头颤动"（谁不愿意/每天/都是一首诗/每个字都是一颗星/像蜜蜂在心头颤动），这里却用了"颤抖"（一年又一年/总写苦难的诗/每一首都是一群颤抖的星星），这两个词能互换吗？通过还原比较，将学生的审美体验和认知引向了深入，也体味到了汉语言传情写意的魅力。

3. 入情朗读的紧紧跟进。时刻注意让学生口、心、耳同时接受审美的熏陶，与曾国藩注重的朗读智慧不谋而合！"尔欲作五古七古，须熟读五古七古各数十篇，先之以高声朗诵，以昌其气，继之以密咏恬吟，以玩其味，二者并进，使古人之声调拂拂然若与我之喉舌相习，则下笔为诗时，必有句调凑赴腕下，诗成自读之，亦自觉琅琅可诵，引出一种兴会来。"

三、走近"安慰"

师：光明虽如此"遥远"，但诗人依然执着地寻找"安慰"。诗中哪些文字给人以"安慰"呢？

生："萤火虫和星星在睡莲丛中游动"，这里有着安详、自在、安逸的舒适感，像一幅画。

师：有诗情画意之美。

师：能描述一下你感受到的景象吗？

生：晚上的湖水很静，很清，萤火虫在湖上飘来飘去，闪着点点荧光，给平静的湖面嵌上了无数只移动的眼睛。它们有的停歇在睡莲上，吮吸着莲花的淡淡香味；有的在水中游动着。天空的星星眨着亮晶晶的双眸，倒映在宁静的湖面上，与萤火虫嬉戏。没有声音，却充满了快乐的味道。那是一种静的热闹，柔软的热闹。

师："游动"改用"晃动"如何？

生：不可以。因为"游动"表示速度很慢，一丝丝地游行，很稳，从而体现出湖水的静；而"晃动"的幅度大很多，难以达到这个效果。

师："游动"一词可以看出萤火虫和星星的生活是——

生：它们的生活是愉悦的、自由的、悠闲的。

师：刚才有同学说用"柔软"形容夜晚很陌生，现在是否有了一点理解？

生：愉悦、自由、悠闲等词是一种心里的感觉，是抽象的，而"柔软"就将这些感觉变得具体、形象化了，似乎可以触摸到，就像双手摸着丝绸一般舒适。

师：从心里的感觉到现实的触摸，这背后隐藏着诗人怎样的情感？

生：表明诗人对"柔软"之夜的渴望，正如《关雎》之"寤寐思服""辗转反侧"以至"琴瑟友之""钟鼓乐之"一般。那是梦中的期盼。

师：哈哈，诗人在梦中触摸到了夜晚的"柔软"。请你们带着一份"柔软"的深情，自由地读一读描写夜晚的几个句子。（生读）

师：除了夜晚有"安慰"，诗人觉得每天都是——

生：一首诗，而且这首诗的每个字都是一颗星。

师：那一首诗就是一个怎样的世界？

生：充满光明的世界！

师：诗人似乎已经看到了光明，所以很安慰，一起读一下。（生读）这个光明的世界正是诗人所渴求的，所以当其出现的时候，诗人觉得像喝了蜜一样甜，所以说"像蜜蜂在心头颤动"。除了白天、夜晚，还写到了春天。（请学生读春天的文字）

师：你会用哪些词语来形容这个春天呢？

生：感觉很静谧。

师：从哪里看出来的？

生："鸟落满枝头"。

师："鸟落满枝头"好在哪里？

（生沉思）

师：人闲——

生："人闲桂花落，夜静春山空。"一个"落"字写出了春天的宁静与安详。

师：这是唐代的诗佛王维带给我们的。这还是一个怎样的春天呢？

生：这还是一个漂亮的春天。因为"鸟落满枝头"。

师：能描绘一下你所感受到的画面吗？

生：一只只鸟儿停在树枝上，不，是轻盈地落在树枝上。它们静静地欣赏着这个春天的美景，没有叽叽喳喳地议论，一切都在彼此的眼神里流露着，生怕一声啼叫，惊扰了一树春梦。

生：还有亮晶晶的星星落满天空、闪闪烁烁的声音之美和一团团朦朦胧胧的白丁香，也足以见出这个春天的漂亮。

师：一团团白丁香朦朦胧胧，这白丁香如同一位——

生：如同一位女子，罩着一层纱，神秘而朦胧。

师："千呼万唤始出来，犹抱琵琶半遮面"，可见诗人对它的追求是强烈的，迫切的！诗人看到这一切了吗？

生：没有。

师：心里看到了吗？

生：看到了。

评析：1. 和学生深度对话的自觉，集中体现在对问题不同层面的回答上，如学生探讨诗中的哪些文字给人以安慰，主要是依循了诗人对夜晚、白天、春天描绘的诗句；探讨诗人笔下的春天给人什么样的感觉，则是引导学生围绕意象，从静谧、漂亮这两个层面进行想象描述。

2. 注意了"观其会通，窥其奥窔"。将"鸟落满枝头"与"人闲桂花落，夜静春山空"的意境进行比较；说诗人对"柔软"之夜的渴望，正如《关雎》之"寤寐思服""辗转反侧"以至"琴瑟友之""钟鼓乐之"一般，那是梦中的期盼，均是！

3. 时刻不忘批文入情，形意结合。从而有效规避了只讲形式知识的枯燥、僵死，以及只讲诗意的空洞、缥缈。

四、领悟诗情

师：那是如梦般的"遥远的安慰"。现在，我们再来看一看这些新鲜而陌生的词句在诗中产生了哪些效果?

生：可以带给我们视觉与触觉上的刺激,从而引发我们深思。

师：这是站在读者的立场思考的。

生：诗人用反常的方式更强烈地表明了他对光明的强烈向往与追求。

师：这是作者的情感立场。诗人在第二节抒发了怎样的情感?

生：否定寒冷残酷的现实和为追求光明而献身的决心。

师：第一节呢?

生：对理想世界的向往和对诗一般生活的美好追求。

师：这一天,这一夜,这个春天,在诗人的想象里都是光明的、宁静的、温馨的,但在诗歌的第二节呈现的却是寒冷的、残酷的。

师：诗人用了"冻僵""僵硬"来表达。诗歌前后的情感发生了强烈的变化,"星星变奏曲"实际是"_____变奏曲"呢?

生：情感变奏曲。

师：是星星在变奏,更是诗人的情感在变奏。诗人为了表达这种情感,在诗歌的第二节不惜打破诗歌简练、避免重复的常规,反复地运用了——

生：如果、谁。

师：诗人在问谁呢?

生：问自己。

生：问朋友和他人。

生：更在问这个残酷僵硬的时代与社会。因为作者生活在当时那个充满黑暗的社会,是那个社会让他没有了光明,所以他最要问的就是那个时代,那个社会。

师：我们来看看那是一个怎样的时代和社会!

(PPT出示背景文字,并配乐深情诵读。)

老舍：著名小说家,1966年8月24日因不堪迫害投北京太平湖自杀。

傅雷：著名翻译家,学贯中西,"文革"中惨遭人格凌辱。1966年9月3日,傅雷夫妇双双自缢身亡。

容国团：乒乓球世界冠军,1968年6月20日在龙潭湖附近的一个养鸭场中自缢身亡。

吴晗：历史学家，"文革"中受到残酷迫害，于 1969 年 10 月 11 日在狱中自杀身亡，死前头发被拔光。

严凤英：著名表演艺术家，1968 年 4 月 7 日夜自杀身亡，死后曾被剖尸。

刘绶松：著名文学史家，1969 年 3 月 16 日与妻子一起自缢身亡。

……

师：生命就这样被摧残了，"零落成泥碾作尘"。那个时代，无数的知识分子惨遭迫害，经济与文化遭到了前所未有的重创。那个时代，每个人的每一天都是一首苦难之歌。那是一个残酷得没有天理的时代！

但那样的时代已经远去，我们的社会越来越昌盛，越来越繁荣。我们要感谢那一个个为那个反常社会献身的诗人以及像诗人一样的人。（PPT 出示诗句）

如果海洋注定要决堤
就让所有的苦水都注入我心中

（生读）

师：这是一个有担当的诗人。

我们走进了夜海
去打捞遗失的繁星

（生读）

师：这是一个苦苦探索的诗人。

我自横刀向天笑，去留肝胆两昆仑。

（生读）

师：这是一个凛然浩然的诗人。

在天上星星疲倦了的时候——升起
去照亮太阳照不到的地方。

（生读）

师：这是一个以身殉道的诗人。

大厦将倾之时，正因为有了如江河这样一个个担负着时代使命的人的出现，才支撑起了国家的精神之梁！

孩子们，让我们读点诗吧！读诗，可以让我们的心灵走向宁静；读诗，会净化我们迷失的灵魂，让它找到回家的路！让我们再次高歌江河的诗句："在天上星星疲倦了的时候——升起/去照亮太阳照不到的地方"。

评析：这个环节意在引领学生从结构形式、相关史实，感受那个寒冷的时代，以及诗人心怀憧憬、不断奋斗的崇高人格。虽然设计有层次，评述有激情，点化有个性，但是也露出了"阿克琉斯的脚踵"：为什么要出示"如果海洋注定要决堤/就让所有的苦水都注入我心中"之类的句子，来格式化学生的认知？这是教者的感受，不是学生生成的体验。为什么将江河和凛然的谭嗣同等同？不错，诗人也在反抗黑暗，反抗绝望，寂寞燃烧，但他的反抗、燃烧并非凛然，而是充满恐惧——"一年又一年/总写苦难的诗/每一首都是一群颤抖的星星"。

显然，这是教者对诗歌"篇性特征"把握不足所造成的白璧微瑕。

总评

好的语文课，必先是语文课，而非政治、历史、文化或伦理课，亦即：必须守住语文的体性，再来谈好不好。

如何守住？指向形式秘妙的揭示，体悟言语表现的智慧！

语文的内容实在庞杂，真的像个筐，什么都可以往里装，可真能体现语文体性的唯有形式知识。夏丏尊先生早就说过："学习国文，应该着眼在文字的形式上，不应该着眼在内容上。"着眼形式，并非传授陈旧、僵化的形式知识，而是玩绎、体悟作者个性化的形式创造智慧。着眼形式，亦非埋头形式，罔顾内容，而是在形意兼顾中突出形式。唯其如此，语文教学才不会在文本一望而知的层面上拖沓，严重败坏学生的学习胃口，而是在"隐性的意脉"层，还有更为隐秘的形式层（文体形式、风格、手法等）的揭示上发力，让课堂教学魅力四射。

如何揭示潜在的形式秘妙？陈治勇老师在《星星变奏曲》一诗的教学中作出了可贵的探索。

首先，注意诗眼与课眼的统一。陈老师选择的诗眼是"遥远的安慰"。为什么要寻找遥远的安慰？咫尺的安慰不是更好吗？诗歌是如何体现遥远的？光明虽如此"遥远"，但诗人依然执着地寻找"安慰"，诗中哪些文字给人以"安慰"呢？从这种找寻中，你领悟到了什么？理路一脉贯通，结构极其紧凑，节奏张弛有致，诗眼和课眼高度统一，教学的整体感、生命感非常鲜明。

这种理性思辨又是在学生审美体验的基础上不断生成、建构的——让学生勾画诗中陌生而新鲜的词句，再择学生感兴趣的"遥远"展开对话，进而过渡到对"安慰"所含意蕴的探讨，确有一种顺势而化、生命共融的自然和亲切。

没有从显性的诗眼"变奏"切入教学（变奏是指乐曲的变奏，星星怎么会变奏？如何变的？你怎样看待这种变奏？），而是另辟蹊径，重新择定，这启示我们：优秀诗作，诗眼是丰富多彩的。只要我们用心寻觅和开掘，总能在解读（教学）中找到自我的特色。这对不抓诗眼（课眼），跟着感觉走的散漫、肤浅的解读（教学），是否更具启示价值？

其次，追求形式与意蕴的相融。撇开意蕴的阐扬，只讲结构精妙、语言唯美、表现手法独特等形式知识，或舍弃形式审美，直奔意蕴而去，充其量只能得到概念化的认知，而非个性化的体验，更别说陶冶学生的言语表现人格，孕育他们的言语表现智慧了。陈老师的成功之处是能始终立足形式，引导学生想象意境，体悟情感，并让学生以读强化，不断形成与诗人情感的共振，大有"在细雨下，点碎落花声！在微风里，飘来流水音"的诗趣。学生从句式、措辞、意象等形式视角，感受到夜晚的柔软，春天的漂亮，现实的残酷，体会到诗人愤懑、寂寞、缥缈、执着、守望的内心，尤其是对萤火虫和星星在睡莲丛中游动，以及鸟儿落满枝头意境的想象，堪称审美天眼大开，童趣与诗意一起飞扬的审美创造，没有长期的审美滋养，恐难发出这样的珠玉之声！

不过，尾声处的澎湃抒情还是稍嫌过急。为什么不让学生先说说对那个残酷年代的认知呢?为什么不让学生以一两句话萃取读诗体验呢?教学相长,分享是前提。即使是对视死如归、以身殉道的概括也需谨慎——"寂寞燃烧"不一定只指牺牲,像诗人那样"写苦难的诗",努力发光、发热,拯救自我,拯救时代,在黑暗中开垦光明,也是。还有,卒"教"显志时,为什么不返回形式,至少在学法引领上点出形式,或在作业布置中强化并延伸对形式秘妙的认知呢?如让学生从形式视角,对江河诗作与其他人的诗作进行鉴赏比较,从而规避形式审美的断桥。

再次,瞩目形式与类性的关联。陈老师的教学中触及了朦胧诗的类性特点:语言上,陌生而新鲜;意蕴上,复杂而流动:憧憬微茫的希望,追寻遥远的安慰,拷问僵硬的时代——此处扣住"如果……谁还……"句式层层启悟,有醍醐灌顶之效,显得非常睿智、大气。没有洞观肆应的冷静与敏锐,无法达至。又因为执着指向形式秘妙的揭示,在学生体验的基础上点化、拓展,所以抽象的类性特点能很好地化为学生的审美认知。有了这种见微知著、举一反三的贯通思想,还用担心就课文教课文,学生学了一辈子语文,对言语表现仍一无所知吗?

兴许是受时间限制吧,陈老师没有将感受诗歌(含朦胧诗)的类性特点,如意象的概括、情感的极化、想象的跳跃等,与其他文类(如散文)加以巧妙对比,以进一步拓展学生的审美认知,这给我们留下了特别期许的教学空白。

另外,陈老师还关注了形式与篇性的生成。"颤抖"和"颤动"可以互换吗?"游动"能否改成"晃动"?像白丁香一样朦朦胧胧的希望,诗人看见了吗?心里看到了吗?诸如此类的形式追问,直逼诗歌的篇性特点——言语表现的个性和所抒之情的特质,催生了一个又一个独特的思考,掀起了一个又一个审美的高潮,就像诗歌的自为江河一样,陈老师的教学也汩汩滔滔,极富生气。将诗人对柔软之夜的渴盼,与关雎男对幸福之梦的憧憬加以联系;将"鸟落满枝头"与"人闲桂花落"在"人闲"意义上的打通,均显示了他形式与篇性有机生成的努力。这方面,空间巨大,比如与朦胧诗派舒婷的《致橡树》比,或与现代派诗人戴望舒的《雨巷》比,江河的言语表现到底存在怎样的自我量度,仍值得深入探索。语文教学有了如此的深度追求,还担心学生对言语表现的个性与智慧木然无知吗?

诗词类文本极化情感的巧妙揭示

——肖培东《菩萨蛮（其二）》教学实录评析

一、江南好

师：这节课一起来学习一首词——韦庄的《菩萨蛮（其二）》。大家说说看，学词最好的手段是什么？

生：读。

师：那我们就开始读这首词。第一遍，请同学们轻声地朗读。

（生轻声读）

师：很好。第二遍我们默读，读的时候可以看看文中的注解。

（生默读）

师：请一位同学来读一下。

（一女生读，语调平淡。）

师：听听看，她读的节奏对不对？

生：我觉得读得挺对的。

师：是吗？大家一起来看练习一的相关提示。诵读的时候要注意平仄，词的格律比诗更为严格，而且同一词牌还有变体。这首词每两句换一次韵，且仄韵、平韵重复回环，有复叠之美。下面一起来读这几句提示："诵读时，遇平声韵'天''眠''乡''肠'应拖长音，稍作停顿；遇仄声韵如'好''老''月''雪'等则应急促些。"这位同学，你再来说说自己读得对不对。

生：不对，读的时候长音和急促音都没读出来。

师：你的节奏完全是一样的，停顿节拍也都是一样的。诗词诵读时，节奏的停顿尤其重要，大家读的时候一定要注意。来，我们再试试看。

（生自由读）

师：有进步了。好，现在让另一位同学来读一下。

（另一女生读，整体读得快了。）

师：你看，语速快了。记住，古诗文诵读一定要处理好诵读的停顿、语速、重音及语气，一起来试试看。

（生齐读）

师：这首词，给我们描绘了一个非常熟悉的地方，是——

生：江南。

师：我们会想到已经深嵌在我们文学记忆库里的一句非常熟悉的词——

生：江南好，风景旧曾谙。

师：那就先一起读读白居易的《忆江南》。

（生有感情地诵读）

师：接下来，再把韦庄这首词中具体写江南好的句子读出来。

生：（齐读）春水碧于天，画船听雨眠。垆边人似月，皓腕凝霜雪。

师：这"好"的味道可以读得更浓些。

（生再读）

师：读出韵律美，还要读出画面美。韦庄也写到江南之好，这四句话分属于上下两阕，但又自成一体。我们一起再来读读看，读慢一点。

（生齐读）

师：江南之好，好在哪里呢？轻轻地读一读，想一想。

生：江南好，因为春天的水非常绿。

师：哪里体现出来的？

生：碧于天。

师：春水一片碧绿，胜过天色。因此江南好，好在春水碧波。

生：后面那句写到人很美，"垆边人似月"。

师：从哪里可以看出她的美？

生：用了比喻的手法写的，她的双臂洁白如雪，人就像月亮一样多情。

师：多情，从形象说到内韵，真好。词人把她比成天上的月亮，月亮是非常皎洁、光辉、澄澈的。江南女子呢，卖酒时攘袖举酒，露出的手腕白如霜雪，这一句比喻极写江南人物之美。来，读读看，读出人物的美。

生：垆边人似月，皓腕凝霜雪。

师：（指一学生）你来评价一下她的朗读。

生：我觉得声音过高，月亮嘛，还是要读轻柔些。

师：说得有道理，美女只宜温柔地欣赏，太大声会吓跑她的。（生笑）一起读读这一句，想象一下月亮般光彩照人的江南美女。

生：（齐读）垆边人似月……

师：因此，江南的美女很美。

生："画船听雨眠"，人躺在船上听着江南的雨声，写出了江南生活非常闲适。

师：大家听听看，是不是闲适的感觉？

生：闲适的感觉，读的时候要缓慢一些的。

师：对，从容，安静，在读的时候是渐渐慢下来的，再来试试看。

（生再读）

师：你为什么读得那么轻？

生：这个雨感觉是小雨，大雨应该不会这样悠闲。

师：有道理，能揣摩出雨的大小了。从哪个字上你还可以看出这句不能读得响？

生：眠。

师：这是要睡觉，所以在读的时候千万不能大声去惊扰这一场春天江南的雨中之梦，读得轻轻柔柔的。

（生齐读）

师：感觉上来了，这就是江南的美好。在诗人眼里，江南之好好在什么地方？

生：景色好，人好，有生活情趣。

师：这就构成了这幅美丽的江南图。我们再一起读一读好不好？

（接下来，教师引导学生朗读：

1. 读得慢一些,充满憧憬与期待,仿佛自己已融入到江南的山水之间;

2. "天"和"眠"读出长音;

3. "眠"和"垆边"之间的停顿更长一些,读"眠"字时要沉得住气,声音慢慢地由高到低,由微到无,要"眠"到心里去;

4. 读"春水"的"春"字,一幅江南美景刚拉开,这时候所有的希冀、憧憬也刚刚拉开帷幕。)

评析:不仅要悟到、说出江南的景美、人美、生活情趣美,还要用读表现这种复合的美。看似拉拉杂杂,其实是在涵养学生的语感,纤敏学生的审美触角,实现占有式阅读向存在式阅读的飞跃——学生的朗读再现,就含有自我的生命体验与创造。"诗性语句是凭情欲和恩爱的感触来造成的"①,阅读中则需要还原、丰富这种情欲和恩爱的感触。这方面,教者做得很自觉,很娴熟。

不过,教学节奏还可适度紧凑些。读出什么?如何读出景美、人美、情趣美?顺势而化,点到即止,从而为学生的朗读兴趣留有空间,也使教学富有张力和韵味。学生审美底子好,尤须留白。

二、江南老

师:写江南,白居易跟韦庄都写到了春天的江水。韦庄五字,白居易七字,我们把两句一起读读。

生:(齐读)春水碧于天。春来江水绿如蓝。

师:把这个"于"字改成白居易的"如"字,"春水碧如天",我们一起来读读看,韦庄为什么不用"如"字?

生:后面那句"画船听雨眠"第四个字是"雨",前面用"于"的话,有音韵美。

师:还真有音韵美。你是从前后句用词上去思考问题的,这是一个角度。

---

① [意] 维柯. 新科学 [M]. 朱光潜, 译. 北京:人民文学出版社,1986:105.

生：我觉得诗人着力要表现的不是天的碧绿，而是春水的碧绿。

生："春水碧于天"的主体是春水，"春水碧如天"的话，主体就变成了天。

师：大家的视线可能被天给带去了，虽然是水天一色。诗人着力观察描绘的还必须是眼前的"春水"，再想一想，还有吗？

生："春水碧于天"，碧绿在程度上更深一点。

师：哪个字？

生：于，比的意思。

生："春水碧于天"说明春水比天还要碧，然后感觉天就印在了水里，好像水比天还要大。

师：也就是说，作者此时眼里更多的是关注那浩浩荡荡的一江春水。春水引发了他此时无限的思绪。那么，望着这流动的春水，诗人可能会想到什么？

生：这么美的景色，我要在这里多玩几天。

生：这边的景色好，人也一定是很好的。

师：所以引出了后边的垆边佳人，是吗？再回到前面23页第三段："有些作品的精妙处，不在于整个诗篇的优美、浑成，而在于一联、一句之美，甚至一字一词之妙，以小见大，着重表现自然界或生活中不为常人所注意的瞬间之美、新奇之美。在阅读时一定要对这些写景佳句多加涵泳、玩赏，品出其精微的诗艺来。"再看最后一段，对于写景的句子"我们切不可以单纯的景语视之，而应揣摩、感悟其中蕴涵的诗情"。要想读懂这一江春水，大家还是先读读其他你们可以感受到的句子。在江南的美景中，诗人此时的心情是怎样的？

生：闲适的。

师：通过哪句表现出来的？

生：画船听雨眠。

师：我们都读出了其中的闲适。闲适是怎么表现出来的呢？

生：通过优美的意境。

师：优美的意境体现在哪些字词上？

生：听雨、眠，我感觉只有江南这种温柔的地方才能孕育这种闲适。

师：再读读这一句，想象一下碧江春雨中美丽的画船，感受"听雨眠"的情趣。

（生齐读）

师：你能想到什么？

生：我觉得这好像是欣喜得不能入眠。

师：哦，原来写"眠"，实际是"不眠"，高！

生：我倒觉得词人有种淡淡的哀愁，无法入眠。

师：你看，矛盾来了，你来具体说说。

生：听雨，让我联想起余光中的文章《听听那冷雨》，雨声最后总会让人生出愁思。

师：想到余光中了，这个"眠"字，看似在眠，其实他听雨，就不能眠了。我们到了赏析景物描写词句的关键处了。都说听雨不眠，这写景词句里究竟包含了些什么？词人究竟为什么不眠？再读读词句吧。

（生读）

师：说说你的感觉。

生：我感觉到了安逸。

师：情感的领略是非常难的一件事情。同学们想想看，茫茫的江水，闭上眼睛，一艘船，一阵雨，除了安逸以外，还会有怎样的感受？

生：诗人有淡淡的愁绪。

师：这种愁绪来源于哪里？

生：水是很宽阔的，作者感觉到前途很渺茫，就像这一江春水一样。

师：有点道理。

生：我觉得他可能在一江春水中，在画船中感到自己的渺小。

师：这种情绪很逼真，揣摩就是要进入文字现场，就要有属于个人的想法。

生：我觉得可能闲得有点难受吧。（同学们笑）

师：为什么会难受？

生：因为他现在没有什么作为，只能在这里游玩，消磨时间。

师：你从哪里看出来的？

生："画船听雨眠"，只能够在江南游玩，不能有所作为。

生：江南不是他的家乡，所以他应该会有一些淡淡的哀愁。江南再好，也不是他的家，想家了，愁绪就来了。

生：词人只是江南的游客，听雨，会听出思乡来的。

师：雨落在江上，更落在词人心里。乡愁渐浓，听雨难眠，因此只品出闲适，是读这首词的最初境界。"听雨"两个字，我们可以读出许多人生的沧桑。有点感受了，我们一起来读读看。

生：画船听雨眠。

师：词中有一份闲适，一份哀愁，一份思念。其实我还想讲的是有一份孤独。所以从这船，从这茫茫的江上，从这一江春水中，其实我们大家都可以感受到词人隐藏的情绪。

生：（齐读）春水碧于天，画船听雨眠。垆边人似月，皓腕凝霜雪。

师：我们再来看看这四句，除了"画船听雨眠"，你还能在什么地方找出乡愁情绪的密码？

生：后两句，他这里想到了人。

师：谁？

生：司马相如的妻子。

师：他去想司马相如的妻子？（同学们笑）这叫用典，当然用典一定会跟现实相接，大家说说他会想谁。

生：自己爱的人。

师：韦庄《菩萨蛮》第一首就写到了思念的"绿窗人"，所以写这个美丽的女子其实是在怀念遥远的地方的一个美丽的女子。再看，这词里还暗藏了他平时的一种行为。

生：喝酒，"垆边"。

生：借酒浇愁。

师：是的，在江南异乡，饮酒行乐，又何尝不是因为思乡之苦而借酒消愁。春水、美人其实都无法抚慰他的哀愁。所以，表面的闲适、美丽其实都是沉郁的愁绪。这样看来这江南的"好"就要转化成江南的——

生：老。

师：江南老，非是江南好。江南"好"其实暗藏了江南"老"的情绪。因此，词的很多情绪要从隐藏的文字中去思考。那么，再来看这"碧于天"的春水，你怎么理解？

生：老师，我想到了李清照的"恰似一江春水向东流"，这是比天更大的愁。

生：作者眼里有茫茫春水，心里有浓浓的思乡情感。

师：碧水阳春不足以解其愁，美酒佳人不足以慰其情，"老"字才逼出了那无计消除的乡愁，难怪清人陈廷焯在《白雨斋词话》中赞韦庄词"似直而纡，似达而郁"。再读读。

生：（齐读）春水碧于天，画船听雨眠。垆边人似月，皓腕凝霜雪。

师：江南好，这个"好"对诗人来讲其实是放不下的一份愁。这个"好"其实是诗人内心的一份"哀"。春水再蓝却没有家暖，美人再美却不是心爱的人。因此，乡愁的心结不解，诗人就难以入眠。所以在美的期待当中更要读出一种怅惋、沉郁来。

评析：注意"垆边人"与"绿窗人"、"春水碧于天"与"一江春水向东流"的打通，拓宽了教学的审美空间，饱满而灵动。

教者显然想聚焦"老"字，从春水、美人、垆、眠四个主要意象入手，引导学生体味词人闲适表象下孤独、哀伤的思乡之情。前两个意象侧重从视觉揭示内心，后两个意象侧重从动作揭示内心。由垆边想到了词人的借酒浇愁，是了不起的想象，但因为太过看重引导和朗读，在不知不觉中遗忘了四大意象与"老"的关系，面对学生纷至沓来的感受：闲适、欣喜、哀愁、渺小、思乡……教者的点染与引领显得有些力不从心，致使对话和朗读的层次感均走向了模糊。

三、想家乡

师：注释说"他生活在唐帝国由衰弱到灭亡、再到五代十国分裂割据的混乱时期"，避乱江南，思念无边。这写江南好的四句诗，其实每一句后面都暗藏着一种想念。面对江南之好想起家乡之景，那遥远的家乡此时会是怎样的一番光景呢？我们一起想象一下，我说前者，你们说后者，好吗？

（学生默思）

师：江南"春水碧于天"。

生：家乡却血流成河、一片战乱、天地昏暗。

师：江南"画船听雨眠"。

生：家乡却是一片打打杀杀的声音。

生：家乡原本也有这样的悠闲，也可以和家人一起在船里听听雨声。可是，战乱改变了一切，家乡再也不见这样的情趣，人们流离失所，哭声连天。

师：江南"垆边人似月，皓腕凝霜雪"。

生：家乡的美人却在战火中蓬头垢面，生活困窘。唉，人身处战乱，哪里还有昔日容颜！可是，诗人是那么想念她。

师：同学们，打开诗歌之门，一个很重要的行为是想象。想象可以是正面的、直接的，也可以是侧面的，对比地去想，构成一幅不同的图景。

（生齐读全诗）

评析：让江南和故乡两种空间并置呈现，以体味词人的内心世界及对位式抒情秘妙，这一教学设计堪称得力的审美支架，一下子支起了学生的想象，拓宽了他们的审美体验。

四、须断肠

师：你能从前后四句中也找出作者的这份复杂心绪吗？

（一女生读前两句）

师：现在老师把两个字换一换。人人"只"说江南好，游人"尽"合江南老。你觉得可以吗？

生：不可以，这样读来不通顺。

师：就只有不通顺吗？

生："人人尽说"说明很多人都看到了江南的好，都在对作者说江南的好。

师："人人尽说"是说给谁听的？说给词人听的。因为词人是江南的旅客，所以人人都在劝词人留在江南。因此，从这个"尽说"的"尽"字可以看出不只一个人说，不只一次说。那也就暗示着词人很想做一件什么事？

生：回家。

生："只合"是只该的意思，只合江南老，可以看出词人的无奈和凄凉。

生：江南好，但在作者心里应该是家乡更好。

师：可是家乡却回不去，想回而不得，"游人"是指词人自己，佳境只是别人说，自有愁苦在心头，词人带有别样的思绪。这样以他人的感受和自己的感受相对照，漂泊甚至无奈终老江南的痛楚就非常浓烈了。

（生齐读）

师："未老莫还乡"，老师想把"莫"字改成"不"字，怎么样？

生："莫"字更能体现出人老而功业未成不能回家的无奈、怅惘之情，"不"字则不能。

师："莫"字有种什么味道？

生：劝说的味道。

生："莫还乡"，其实心里特别想回家。

师：这个"莫"字带着怎么样的情结和情绪呢？

生：我会想到很多人一次次劝说词人，叫他留在江南，因为家乡太乱了。

师：既然是别人劝说的话，就说明词人的本意是非常想还乡的。因此这"莫"里其实就暗示了一种无可奈何却又不能不为之的伤感和酸楚。"未老莫还乡"，其实是说——

生：必还乡。

（生齐读最后两句）

师：是的，对故乡欲归不得的盘旋郁结之情。谁能再补充一句词人的心里抉择吗？"还乡须断肠"，断肠——

生：断肠仍还乡。

师：强颜作欢快语，怕断肠，肠亦断矣。他日还乡必断肠，这样词人很痛心地补出了"莫还乡"的理由，以及终老之日必还乡的誓言。非常好。这正是词人此时内心复杂的心绪。既有对江南的赞美，又有对家乡的思念，又有因为战乱而不得不留在江南的那种无奈，又表达了对家乡无比坚定的回归誓言。我们再来读读。

（生自由读）

师：这节课我们最主要的就是通过对景的描写，对字词的赏析，来破解词人内心情绪的密码。这个情绪的密码怎么破译？一起来看24页，单元导读的最后一句："我们对这些诗意含蓄、余味久长的结句，要反复吟哦、细细品味，方能体会其诗境之隽永、高妙。"所以，这首词，初读是一种欢乐美好，再读是一种悲伤沉郁，最后读，读出了内心解不去的一种乡愁。一起来背诵这首词。

（生齐背全词）

评析：两次还原比较——"尽"和"只"是否可以互换？"未老莫还乡"的"莫"，是否可以改成"不"？直逼文本的篇性，从"词情"角度再度完成了学生与词人内心世界的融合，与前面从"词境"角度切入的教学相辅相成。

此词并非写于词人流寓江南时期，而是晚年留居蜀地时期，因此更见其思乡之痛。可惜，教者并未指出这一点。

总评

相对于散文的朴实情感，极化情感（也是最具个性的情感）可谓诗词的类性。朗吉弩斯主张诗歌的意象应追求饱含激情、"惊心动魄"，歌德力倡"诗人应该抓住特殊"，还有李白、李清照等人诗词中或显或隐的情感矛盾，莫不是在凸显极化情感的重要性。从教学的角度来说，无论是情感、态度、价值观的熏陶，还是审美的鉴赏与创造，抑或捍卫语文体性，辨识文本类性，开掘文本篇性，均需揭秘极化情感的特质。

问题是如何巧妙揭示？肖培东老师给我们的教学启示是：

1. 多层次朗读，为极化情感的揭秘蓄势。

不是象征性地读读，而是深入文本肌肤、血脉、骨髓的融合性朗读、建构性朗读。读出韵律美，读出画面美，读出丰富情致的表现之美。看似信马由缰，随性而读，其实陈述性知识、程序性知识的渗透与建构一刻也没放松过，而诗词审美素养的积淀也在润心无声的过程中悄然完成。

课本中提示的朗读技巧，师生对话生成的各种审美体验悉数融入朗读，教材、教师、学生层面的课程知识有机地融为一体，一个真正的审美共同体形成了。读的技巧纯熟了，文本的个性化深度解读也完成了。读，既成了教学的一种形式，也成了教学的本体。加之"轻读""大声读""默读"等读法的不断转换，整个教学的虚（沉思）实（朗读）相生之感特别显豁。

别人觉得华而不实、空耗时光的朗读，肖老师做得那样情深意笃——尽管有些地方读得稍嫌琐碎（呈现的教例已被笔者精约了不少词句），但为极化情感的揭秘充分蓄势，最终实现学生审美体验的不断拔节，整体上是做到了。难怪钱梦龙先生赞叹他："把朗读放到了它应有的位置上，使其功能得到了酣畅淋漓的发挥。"

2. 深入矛盾处，还原极化情感的真实样貌。

极化情感常深埋在作者言语表现的矛盾处或文本人物情思的矛盾处，如白居易的矛盾变异修辞，李清照对丰满菊花的嫉妒……教学中如果捕捉了这些矛盾资源，并悉心开掘，教学自会别有洞天。

这一点，肖老师了然于心。

词中的矛盾主要有三：与他人——人人尽说江南好，作者却难掩思想的苍凉；与自然——水美、天美、船美、人美，却越发撩起故乡的思念，夜不能眠；与自我——暂时旅居江南，终老必须还乡，哪怕断肠。肖老师用还原法，问学生"尽"与"只"是否可以对调，"未老莫还乡"的"莫"字可否改成"不"。将春水、天、月和眠意象进行比较性鉴赏，体味越美越愁的反衬魅力，虽然没有点出这些矛盾的层次，教学语言亦较碎片化，但因契合彰显极化情感的矛盾，且巧用"陌生化"的教学手法，抻长学生的审美体验，因此生成了不少崭新的审美认知,如从"垆边"看出作者借酒浇愁,在"只合"中见出了词人的无奈和凄凉。既紧扣了词的类性,也开掘了文本的篇性,同时也晓喻了诗词鉴赏的方法,真是一石三鸟!

不过,仅将"老"理解为"终老"略显单薄,理解成"死"的委婉语,极化情感的表现恐怕更为撼动心魄。

3. 对位式启悟,再现极化情感滋长空间。

对位式启悟缘于文本的对位式抒情——不是单线条地抒情,而是复合的、立体的抒情,形成一种抒情的和声。表层极力写江南春水之澄澈,酒家女之清新如月,内里却写出了词人的孤独、惆怅与无奈。表层写暂时俯就友人的建议——留在江南,内里却写终老或死后必定还乡。表层写畏惧还乡断肠,内里却向自我灵魂下达了绝对律令:老死,即使断肠也必须返乡!这种对位不仅写出了线团化的极化情感,而且写出了极化情感滋生的双重空间:现实空间——江南,精神空间——故乡。两相映照、纠缠,极化情感因之发酵。

肖老师口中没有出现对位、极化情感、双重空间这些概念,似乎真是"浅浅教",但两次对位式启悟的出现,分明让我们看到了一位"深深思"的师者形象。一次是教者说"江南好"的词句,学生想象家乡的对应情景——这里惜未呈现具体史料,学生说得有些空;一次是教者道词人的表面心语"还乡须断肠",学生道词人的言外之意"断肠仍还乡"(前句"未老莫还乡"的对位启悟,也不是很精准)。这种匠心别具的设计绝非思想平庸者可以靠拍脑袋而立就,必有渊深的文艺学素养和独特的审美敏感在悄然发挥作用。

诗人的伟大之处在于:"不可言之理,不可述之事",他能"遇之于默会意象之表","灿然于前者也",但这给解读者带来了一定的困难,"思而咀之,感而契之",最终却多感叹"邈哉深矣",甚至进入"言语道断,思维路绝"(叶燮《原诗·内篇下》)的境地。可是,肖老师在别人无能为力的时候,将对位式启悟悄然抛出,令学生悟到看似不必言、不可言的词句背后深邃、隐蔽的情思,这种将解读成果巧妙转化为教学生产力的智慧,值得认真玩绎。

4. 沿音律溯源,感受极化情感的冲击力。

音律包括节奏和韵律。音律是"情感的形式""有意味的形式",有时甚至就是情感、意味本身。因此,沿音律溯源,往往可以更好地感受极化情感的冲击力,获得意想不到的审美效果。

比如,在"中通外直""亭亭净植"的仄声韵中,你能一下子真切地感受到周敦颐温柔敦厚表象下刚直傲世的个性;在"采采苯苢"的不断重复中,不仅能见出漫山遍野的茂盛苯苢,而且还能感受到劳动女子轻盈的动作和欢悦的心情。

肖老师也注意到了音律的力量。他在引导学生朗读时明确提到了仄韵、平韵回环所产生的"复叠之美"——纠正了学生朗读时的节奏错误,还让学生读出"眠"的感觉。但是,他并未深入追问:这种平仄换韵到底产生了怎样的艺术魅力?是怎么产生的?因而换韵中词人时而激动、时而伤感的挣扎心境就没有揭示出来,更没有将所押的江阳韵与其他诗词进行会通(如苏轼《江城子·十年生死两茫茫》),"断肠"改成"肠断"还会有原先的艺术表现力吗?但是他以音律入手以揭示篇性的尝试,为诗词类文本的教学指出一条全新的路径。

朱光潜在《谈读诗与趣味的培养》一文中云:"《寻隐者不遇》之所以为诗,并不在这个故事,而在故事后面的情趣,以及抓住这种简朴而隽永的情趣,用一种恰如其分的简朴而隽永的语言表现出来的艺术本领。"肖老师教学中批文入情的读法,扣住矛盾审美,对位式启悟,还有沿音律溯源、体味文本篇性的做法,正是奔着文字背后的情趣、情味,以及作者独特的艺术表现力去的,因而很自然地上出了诗词类文本的教学境界,自具高格。

有序性教学，从自发到自觉

——邓彤《锦瑟》教学实录评析

师：课前我们欣赏了根据李商隐诗歌《无题》谱写的歌曲《相见时难别亦难》。这一唱三叹的旋律，触动了我们内心最柔软的地方，让我们眼含泪水，让我们满怀感伤。

今天，我们要学习李商隐的另外一首令无数读者着迷的诗歌——《锦瑟》。王蒙先生曾经写过一本书——《双飞翼》，讨论过这首诗。知道这个书名是什么意思吗？王蒙把此书比喻为鸟：一翼是《红楼梦》，一翼是李商隐的诗。我对这双飞翼情有独钟。哪位同学给大家诵读一下这首诗？

（课代表主动站起来朗诵，声情并茂，同学鼓掌。）

师：《锦瑟》号称古典诗歌中的"哥德巴赫猜想"，一千多年来无数读者为之着迷。许多著名学者阅读这首诗的感受其实和大家差不多。请看——
（投影）

义山的《锦瑟》诗，讲的什么事，我理会不着……但我觉得它美，读起来令我精神上得一种新鲜的愉快。（梁启超）

师：《锦瑟》难解，但不是无解。我们可以从以下几个方面解读它。

评析：相较于短、平、快的单刀直入，教者的四次渲染，为学生学习情趣的唤醒造足了势：1. 用歌曲《相见时难别亦难》感染；2. 介绍《锦瑟》的迷人魅力；3. 称《锦瑟》为古典诗歌中的"哥德巴赫猜想"；4. 以梁启超的赞叹再掀阅读情趣的波澜，起势看似舒缓，力道却十分强劲。

从整体来看，《相见时难别亦难》的旋律在导入和结束环节两次回旋，形成了一种点染、呼应的闭合式结构，与全诗婉曲、绵邈的感伤情调颇为匹配。

一、研究标题

师：请看教材注释①，编者说："题目是截取篇首二字而成，实际上是无题诗。"你同意这一说法吗？"锦瑟"真的等于"无题"吗？同学们可以发表自己的意见。

（学生翻阅课文，研究注释。）

生：我认为可以等于"无题"。因为我看过的一本书上说，在李商隐诗集中这首诗的标题就是"无题"。

师：是吗？怎么我手头的《李商隐诗集》中标的题目是"锦瑟"呢？

生：大概版本不一样吧。（生笑）

生：《诗经》中许多诗歌都是用篇首二字为题的，比如说我们这学期学过的《静女》就是如此。

师：学以致用，好。

生：我不同意。因为《诗经》是民歌，许多民歌原来就是在民间传唱的，没有题目，收集者采风得来后，就取篇首两个字为题。但就是这样，也要考虑和诗歌内容是否相吻合。比如说刚才同学说的"静女"就是这样，因为这两个字本身确实能够包含诗中许多内容，作标题很合适。如果不合适，编者就会舍弃或者改造。比如说《诗经·无衣》篇首第一句是"岂曰无衣"，为什么不用"岂曰"作标题呢？不就因为它不能包含诗歌内容嘛！连没有标题的民歌在选题目时都会考虑内容，那么大诗人李商隐的诗歌难道会不考虑吗？即使他不考虑或不愿用标题，他完全可以和他其他的《无题》诗一样直接用个"无题"作标题。

（该生颇为雄辩，赢得大家的热烈掌声。）

师：我并不太提倡上课经常鼓掌，但这位同学的发言让我也情不自禁地想鼓掌！很有说服力。其他同学还有什么意见？

生：我补充一点。诗歌一开头就是"锦瑟"，放在开头的景物，一般会是比较重要的内容，而且，整首诗只有八句，"锦瑟"就占了两句，不正说明"锦瑟"的重要性吗？

师：你是从诗歌内容本身来考虑的。那么，你认为这首诗中有哪些内容会和锦瑟有关系呢？

生：大概是看到家中的"锦瑟"睹物思人，或者是听到有人弹奏锦瑟曲触景生情，于是内心感动，不由自主地写下这首诗。

师：我等会儿还要补充介绍一下，其实诗人一生的许多经历都和"锦瑟"有关。这首《锦瑟》诗中所有的感情和议论都与一张"锦瑟"有关，这张琴触发了诗人的情感和回忆。所以，我也认为以"锦瑟"为题不是偶然的。

确实，有的古诗题目就取自诗歌首句前两个字。但《锦瑟》一诗，首联集中写锦瑟，后面的内容也都由锦瑟引发，因此，"锦瑟"就是诗歌的核心内容，是理解诗歌的路标，绝非简单的"无题"可比。

评析：从起兴、生情、囊括诗歌内容、点明与诗人一生经历相关等角度，探讨《锦瑟》的命题艺术，既触及了形式秘妙，也引出了相关内容，师生两个层面的课程知识得以竞相怒放，颇有日本学者小林一美称道的"鸟眼力"（宏观把握）和"虫眼力"（微观透析）兼具的研究魅力，令人叹为观止。尤其是学生用《诗经·无衣》来证明《锦瑟》之名与内容的相关，还有教者高屋建瓴的启悟——诗中所有的感情和议论都与一张"锦瑟"有关，诗人一生的许多经历都和"锦瑟"有关，令人脑洞大开。没有平时的不懈积淀，这种思维之花是绽放不出来的。

不过，在没有深入把握文本内容的情况下，率先引领学生探讨命题艺术，显得有些操之过急，也有违阅读的常道——哪怕学生课前预习已经很充分。古人写作的常规是卒篇后才考虑命名，阅读中探究文本的命名艺术亦应遵循此序。

教者在强调"锦瑟"的重要性时，给人感觉他是将"锦瑟"作为课眼来展开教学的，可是后面的环节并未时时紧扣"锦瑟"。于是，锦瑟这一内涵丰富的意象成了教学中的一个匆匆过客，这是不应该发生的遗忘。

教者在"教有所思"中说以"悼亡"为主要基调解读诗歌，力求使学生体味诗境，使学生感动于心。既然如此（且不论这一教学策略的择定是否正确），锦瑟在唐代便已开始用来比喻夫妻关系这一文学现象就不应被忽视①。因为这是排除诗人和令狐楚家侍女"锦瑟"的爱情说，还有其他学者所持的伤世说、诗创说的一个有力证据。

二、压缩诗歌

师：为了便于大家理解，我们先来体会诗歌内容。为便于理解，大家试着把这首诗改为七绝、五绝。看看改后的诗大致表达了什么内容。

（学生饶有兴致地分组活动起来，5分钟后学生开始发言。）

生：我们改编的七绝是：锦瑟无端五十弦，一弦一柱思华年。此情可待成追忆，只是当时已惘然。

生：我们改编的五绝是：锦瑟五十弦，弦柱思华年。此情可追忆，当时已惘然。

师：还可以再压缩吗？

生：锦瑟弦，思华年。可追忆，已惘然。（众笑）

师：这样一压缩，这首诗大概讲了什么应该明确了吧？请一位同学说一说。

生：看到锦瑟，听到锦瑟幽幽的旋律，我不由想起了自己的青年时代。那是一段多么美好而又感伤的回忆啊，可是往事却如一片云烟，令我难以真切把握。

评析：用七绝、五绝，甚至三言诗的形式概括内容，既考验了学生对诗歌文本的理解和熟悉程度，又可将语文教学指向言语表现，设计巧妙，挑战难度不断增大，学生能无碍地概括出来，令人叫绝！但是，当学生不断删除中间两联，出现思维同质化的现象时，教师应趁势追问原因，而不应视而不见。如果追问，说不定会出现令人惊喜的深度探究资源。

---

① 例如，唐代赵璘《因话录》卷一载："郭暧尝与升平公主琴瑟不调。""琴瑟不调"便是指夫妻关系不好。宋代苏轼《答求亲启》用"永结琴瑟之欢"表示结为夫妻。

三、体味情感

师：压缩诗歌，结构固然清晰了，但内涵却大打了折扣。"此情可待成追忆"句中的"此情"究竟是一种怎样的情？我们还得从中间两联入手。请大家一起朗读中间四句诗。请大家结合注释，选择体会最深的一句说说。

（学生一时沉默。片刻，教师加以提示。）

师：注意"晓梦"——庄周梦见自己变成一只蝴蝶，觉得非常愉快。这句诗让我们感觉到什么？"望帝春心托杜鹃"，杜鹃啼血给人什么感觉？这些内容可能让诗人想起什么？随便说说你感受最深、最喜欢的一句。

生：具体所指我们不清楚，但情感基调是可以把握的，是悲苦的。

生：晓梦，我想大概是指诗人早年恍惚迷离的梦想，那么飘忽，那么美好，那么动人，说不清，道不明。是政治理想？生活理想？爱情理想？也许都有。

师：对"沧海月明"一联大家感觉如何？

生："沧海"有一种沧桑阔大辽远之感，"月明"有一种凄美之感，就像泪珠在大海明月背景之下滚滚而落。

生：老师，我有个问题，就是"玉生烟"这句话我觉得奇怪，玉为什么会生烟？

师：谁能够回答这个问题？（等待片刻）还是我来吧。请看前面的四个字"蓝田日暖"——古人认为，美玉蕴藏于山中，得山川之灵气，在太阳照耀下，会蒸腾出隐隐的烟气，这就是玉气。现在我想问大家，这种玉烟和诗人的情感以及人生经历有何关系呢？

生：我读了这句诗，首先感到玉烟神奇美妙却又飘忽不定。它就像人的幽微的感情，你不去想它时，它就在你心头萦绕，好像就在眼前，似乎触手可及，可是你一旦凝神细思，它又立刻变得虚无飘渺，令人无法把握。

师：这样的体会大家赞同吗？（学生点头同意）那么，让我们一起再读全诗。

（学生再次朗读，越来越能够融入诗歌了。）

评析：抓住中间两联的意象体味诗情，方向没错。玉生烟与诗人的自我情感以及人生经历有何关系？问得也极具匠心——因为所有的诗歌意象都是为抒情或言志服务的。

但体味的落脚点抓得不准，中间两联前三句的意象应在迷、托、泪上做文章。迷什么？是迷恋，还是迷惘？托杜鹃干什么？想托的是什么内容？泪为谁而滴？直逼文本的篇性特征和诗人的内心世界。

因为落脚点不准，所以对话中涉及篇性特征的地方，都被教者不知不觉地过滤了。比如，学生从"庄生晓梦迷蝴蝶，望帝春心托杜鹃"中感受到诗歌的情感基调是悲苦的，可是诗人在诗歌中明确说"一弦一柱思华年"——是"华年"而不是"哀年""衰年"，是"此情可待成追忆"——悲苦了，为什么还追忆它，不是会撕裂心灵的伤口吗？当学生感觉玉生烟的意象与神奇美妙却又飘忽不定的幽微情感有联系时，教者完全可以追问：神奇美妙的情感指的是哪些？玉生烟的意象仅是指神奇美妙的情感吗？这样，诗人年轻时代光明峻洁的上进精神、美好爱情、与师友相处的温暖或感伤就有可能在这个意象中得到充分的阐释。

另外，情感的体味，仅从颔联和颈联去体味，是不够的，首联、尾联也应纳入体验的范畴。比如，首联中对极化情感的表达——锦瑟无端五十弦，和后世李清照埋怨"佳节又重阳"可谓异曲同工。甚至可能挑起认知冲突，有学者认为：这句中的"无端"不是表示心惊，而是表示喜欢、称赞、惊叹，其意思是"天生的""与生俱来的"，"可以与这种理解相互印证的一句流行歌曲的歌词是：月亮啊照着冰冷的河水，姑娘你为何这样美？（歌手侃侃《归去来兮》歌词）问姑娘'为何这样美'也是表示喜欢、称赞、惊叹"[①]，你同意吗？这样，对诗歌情感内涵的把握才会更全面，更深入。

四、了解生平

李商隐究竟在诗中写了什么事，我们已经无法了解。诗人究竟表达了哪

---

① 李最欣.《锦瑟》主旨新解［J］.重庆师范大学学报（哲学社会科学版），2016（5）.

一种具体的感情？也许，只有结合作者的生平经历才能把握。让我们一起了解李商隐的人生经历。（投影）

李商隐才华横溢，少有文名，抱负远大，受到当时权贵令狐楚的赏识。但他26岁时与节度使王茂元的女儿相爱成婚，从此开始了一段至死不渝的爱情。但娶王氏使他不幸被卷入党争的漩涡，从此仕途坎坷，壮志成灰。

李商隐为爱情付出了沉重的代价，社会声望完全失去，被世人视为"忘恩负义"的无耻文人，这对一个渴望成功的男子具有极大的杀伤力！

李商隐不甘就此罢休，于是告别妻子，长年在外奔波，但毫无结果。而妻子却在贫困中忧郁而死。

他感伤不已，写下一首长诗《房中曲》寄托哀思。其中有这样四句：

> 忆得前年春，未语含悲辛。
> 归来已不见，锦瑟长于人。

请注意"锦瑟长于人"。

妻子死后三年，他又写了一首著名的思念爱妻的《夜雨寄北》：

> 君问归期未有期，巴山夜雨涨秋池。
> 何当共剪西窗烛，却话巴山夜雨时。

从此，李商隐每逢七夕必有一诗，怀念当时欢爱，直到45岁去世。

爱情啊，这世上最美丽的情感之花，刺伤了他，也滋养了他；败坏了他，又成全了他！

在一个寒冷的冬天，一代诗人走到了生命的尽头。他的耳旁想起了幽幽的锦瑟之曲，往事如云烟一般在心底弥漫开来，他提笔写下了《锦瑟》，并把它置于自己的诗集——《义山诗集》的第一篇。

据说，天鹅将死，必有哀歌。这首诗是李商隐一生的感叹吗？这是他政治、情感、艺术、人生的绝唱吗？

让我们跟着《相见时难别亦难》的旋律一起诵读这首《锦瑟》，让我们和作者一同吟唱……

评析：将作者介绍放在充分感知文本之后，以掀起审美共鸣的高潮，这是很高明的教育智慧。更为可贵的是，出现了简约的史料梳理——以三首诗贯穿诗人对妻子一以贯之的爱的情愫，视角非常新鲜。对诗人"蝙蝠型命运"（双方都不接受，进退维谷）的介绍不是调侃，而是同情，也与诗歌的感伤之风完美契合。

对诗人的评价——"爱情啊，这世上最美丽的情感之花，刺伤了他，也滋养了他；败坏了他，又成全了他！"精粹辩证，饱含深情，称得上教学的点睛之笔。

对诗旨的总结——"这首诗是李商隐一生的感叹吗？这是他政治、情感、艺术、人生的绝唱吗？"一下子从教学聚焦的悼念亡妻主题中跳脱出来，有"言行不一"的突兀感。不过，这反倒成全了教学的开放状态，使诗歌阐释空间的拓展得以实现。

令人讶异的是，教者在教后随想中认为"中学诗歌教学不是学术考证，不宜面面俱到，力避把诗分解得支离破碎"。他说的"不宜面面俱到"并非平均用力之意，而是从众多的解读中选择一家，这恰恰会束缚学生的解读空间。诗歌教学当然不是学术考证，但是学术考证的精神不能丢——教者用三首诗阐释诗人的伤悼之情，不就含有学术考证的因子吗？

另外，文本解读断然少不了互文性的语境，即在与他人解读的比照、融通、超越中，完成自我的阅读建构。乔纳森·卡勒说："文学是文本交织的或者叫自我折射的建构。"① 后继的文学之中，永远包含了已有文学的折射。文学创作如此，文本解读亦然。缺失了多种维度解释的激活、博弈，自我阐释的张力、新意、深意都是要打折扣的。

因为对"学术考证"的不屑，教者的论述时有疏漏出现。比如，说诗中所有的感情和议论都与一张锦瑟有关，诗人一生的许多经历都和锦瑟有关，但是教学过程中根本没有对这一观点加以分析论证——连重要的文学资料《夜雨寄北》中未出现锦瑟，教者也熟视无睹，他关注的是勇敢讲授，"唯求讲得令学生动容动心"。可是，这种未能紧扣诗歌意象、措辞等形式秘妙的生平介绍，充其量只类同于某些节目主持人的煽情叙述，而非本色地

---

① ［美］乔纳森·卡勒.文学理论［M］.沈阳：辽宁教育出版社，1998：29-36.

讲语文。

这种现象，朱自清早就指出过："只注重思想而忽略训练，所获得的思想必是浮光掠影。因为思想也就存在语汇、字句、篇章、声调里……"① 值得每一位语文老师记取。

总评

当下语文教育，教学内容的无序性是个大问题。一方面，教材的"线性序"建构远未完成，课堂教学的随意性更是泛滥成灾。有学者曾经调查发现："63.89%的初中教师和100%的高中教师在教学中打乱教科书的编排次序，作整个单元的提前或推后；72.22%的初中教师和95.24%的高中教师在教学中打乱教科书的编排次序，作单篇课文的提前或推后。而提前或推后几乎是任意的，往往只是某个教师的个人性的'我以为'式的选择，缺乏语文课程与教学专业上的可靠理据，这在公开课、观摩课、评比课等上面表现尤为明显。"②

另一方面，即使没有打乱教材编写顺序，就课文教课文，缺少课程的整体意识、内容的贯通意识、教学的序列意识，而导致瞎教、断教、错教的教师也比比皆是。不少数理学科的老师，甚至连有些语文老师和学生内心都承认，语文篇目少学几篇或多学几篇，对中高考都影响不大。这种本源性的对教学内容有序性的漠视，更加恶化了语文教师的专业形象。

缘于此，加强语文教学内容的有序性已刻不容缓。

如何加强？邓彤老师的《锦瑟》教学实录给了我们不少启迪：

1. 在语文课程视野下实施有序性教学。

语文课程关注的是为什么教语文，语文教什么，这是本体性、终极性的思考，直接决定了怎么教语文。遗憾的是，很多语文老师常常忽略这一常识，或反其道而行之，或直接省略对为什么教、教什么的思考，一门心思在怎么教这个问题上拼命折腾。对语文课程理论、语文课程标准、学段教学目

---

① 夏丏尊, 叶圣陶. 文心 [M]. 北京：生活·读书·新知三联书店, 2008：6.
② 王荣生. 听王荣生教授评课 [M]. 上海：华东师范大学出版社, 2012：22-23.

标、单元教学目标几乎是置若罔闻，即使贴标签式地征引一两句，纯属做做样子，完全没有进入知行合一的境界。在这种状态下，其语文教学的有序性可想而知。

邓彤老师没有。这从他注意课内外语文资源的开发、打通（如王蒙、梁启超等人对《锦瑟》的评价，配上现代歌曲《相见时难别亦难》，李商隐的《房中曲》《夜雨寄北》悉数为我所用，自然地融入了课堂），就某些问题与学生展开的平等对话、质疑探究［如"编者说：'题目是截取篇首二字而成，实际上是无题诗。'你同意这一说法吗？'锦瑟'真的等于'无题'吗？"，将《普通高中语文课程标准（实验）》所倡导的"学习探究性阅读和创造性阅读，发展想象能力、思辨能力和批判能力"的理念，贯彻得水乳交融］等方面，不难一窥消息。

自觉地拥有语文课程视野，教学的有序性必然会得到保障。道理很简单，比如，一个脑海里始终装着"探究性阅读和创造性阅读"的老师，在每篇课文中都加以苦心孤诣地实践，他的语文教学还会东一榔头西一棒槌，显得毫无章法吗？一个牢牢捍卫语文体性的老师，他会在语文教学中混乱小说、散文、诗歌的类性特征，茫然无绪地乱教吗？会把语文课上成政治课或历史课吗？一个学段教学目标、单元教学目标、单篇课文教学目标都很清晰，具有整体感的老师，会目中无学段、无单元、无体系，像无头苍蝇一样在语文教学中乱闯乱撞吗？

2. 在形式秘妙视野下实施有序性教学。

夏丏尊、叶圣陶当年编著《国文百八课》，按文章学、写作学的知识试图建构语文教材的线性序，但有照顾文法、修辞知识而忽略文本形式秘妙的遗憾。当下语文教育，由于过度突出人文性，也有遗落形式秘妙揭示的倾向。

事实上，如果处理得当，形式秘妙与文法、修辞知识的学习，情感、态度、价值观的培养不但没有矛盾，反而会在更高层面上实现有效的统一。试想：一个对鲁迅矛盾变异修辞很敏感的学生，用得着担心他对文本情感内涵的把握很木讷吗？一个对《念奴娇·赤壁怀古》形式秘妙（罔顾历史事实，一个劲儿地渲染周瑜事业、爱情的丰收）很熟悉的学生，用得着担心他对反衬手法，还有词人壮志难酬的落寞、苦闷一无所知吗？

在《锦瑟》一诗的教学中，邓老师与学生通过探讨发现：就命题艺术来说，《锦瑟》与《诗经·无衣》一样，都是与内容密切相关的；就意象营构来说，锦瑟不仅与诗中的感情和议论有关，而且与诗人一生的许多经历都有关——如《房中曲》中的"锦瑟长于人"。这便是形式秘妙视野下的贯通（可惜的是，"了解生平"部分偏离得比较厉害），有序性正是在这样辽阔的背景下通过各种联系的对接、贯通建立起来的。

这启示我们：如果将这种贯通落实到单元的篇与篇之间，跨册的篇与篇之间，甚至跨文类的篇与篇之间，那么，语文教学内容的有序性建构，将会无比丰富多彩、灵动有力。

3. 在文类贯通视野下实施有序性教学。

文类贯通视野下的有序性教学，邓老师的教学中也有零星的呈现或暗示。比如：他提到的王蒙将《红楼梦》和李商隐的诗称为《双飞翼》一书的两翼——这涉及了小说和诗歌的贯通；让学生以七绝、五绝、三言诗的形式压缩诗歌，与传统的提供关键词概括故事情节也是贯通的——如按照"遇险—脱险—悟险"的顺序复述《走一步，再走一步》的内容，这属于诗歌与散文在教学手法上的贯通。

尽管做得不是很自觉，但却指示了文类贯通和有序性教学相结合的门径。

比如，《锦瑟》颔联、颈联中意象的大幅度蒙太奇式呈现，与舒婷、江河等人的现代朦胧诗不是有异曲同工之处吗？以"华年"引领，四组意象展开，再以"此情"作结，这种首尾呼应、闭而不合的结构特点，与郁达夫《故都的秋》、史铁生《秋天的怀念》不都有神似之处吗？倘若妥善地引领学生加以开掘，进行探究性阅读、创造性阅读、有序性教学的愿景不就有实现的可能了吗？

4. 在主题内容视野下实施有序性教学。

这方面，很多语文老师已经开始践行。比如：学习冰心的《谈生命》，主动将其与陶渊明、苏轼、罗素等人的生命观加以比较；学习《诗经·氓》，主动将其与归有光的《项脊轩志》进行比较——前者对男子的称呼变化（氓—

子—尔—士），后者对项脊轩称呼的变化（室—轩—阁子），都是与各自的心情、命运紧密联系的；学习鲁迅的《风筝》，主动将其与鲁迅的另一篇散文《我的兄弟》进行比较，悉心体会作者为何"不那么写"的智慧。

邓老师《锦瑟》一诗的教学也有所体现。如：导入中借王蒙之口，将《红楼梦》与《锦瑟》等李商隐的诗联系在一起；研究标题时，借学生之口，将《无衣》和《锦瑟》比照；了解生平时，将《锦瑟》与《房中曲》《夜雨寄北》关联，只不过"引"大于"赏"和"析"，做得不是很自觉、很深透罢了。

如果自觉，赏析"望帝春心托杜鹃"的意象时，应该不会错过和李白的"蜀国曾闻子规鸟，宣城还见杜鹃花"，秦观的"可堪孤馆闭春寒，杜鹃声里斜阳暮"等同意象诗句进行比照；赏析"沧海月明珠有泪"的意象时，应该不会忘记结合郭沫若《静夜》中的诗句"怕会有鲛人在岸，对月流珠？"而介绍诗人的生平；说到"何当共剪西窗烛"时，则更应向学生指出："西窗烛"与"锦瑟"异形同构，堪称同位素意象，均有表达出夫妻之间的眷眷深情。

由此看来，有序性教学从自发到自觉，还有一段漫长的路要走。

细读：追求适体与跨体的统一
——李明哲《木兰诗》教学实录评析

一、导思：木兰是个怎样的女子

（PPT 出示）

《木兰诗》（北朝民歌）。

师：木兰从军的故事，千百年来广为传颂，多次被改编成戏曲、电影等艺术形式。美国电影 Mulan 将木兰的故事传遍世界。这个故事的源头，就是北朝民歌《木兰诗》。这节课，我们就来看看《木兰诗》的原型木兰，到底是一个怎样的女子。

评析：以《木兰诗》的影响力激趣，以核心问题"木兰是个怎样的女子"导思，语言平易、精练，有单刀直入的爽净利落。但是，背景课件还可以琢磨怎样更吸睛——如按古代、近代、现当代的顺序，各选一幅花木兰的图片并呈，或按戏剧、电影、动画、剪纸版并呈，比单纯呈现诗歌题目或诗歌全文的效果会更好。另外，"看看《木兰诗》的原型木兰"一句措辞欠妥。教学赏析的对象不能是"原型"（无从考证，《木兰诗》也不会以歌颂单个的原型人物为目的。优秀作品表现的不仅是"这一个"，更是"某一类"），只能是诗中的人物形象。

二、感受：一个女儿情态的木兰

本环节，教师大体遵循文本的叙事结构，采用了逐"单元"（教师择定的有意味的叙事抒情单位）赏析的教学方式。

1. 单元一：唧唧复唧唧，木兰当户织。不闻机杼声，唯闻女叹息。

（1）启思：女英雄出场给你的印象是什么？

（2）交流：有心事；勤劳；热爱劳动；多愁善感；为父担忧。

（3）总结：木兰一出场，就有一种浓郁的女儿气息，我们读到的是一个真实、柔弱、细腻、毫无掩饰的女子。木兰首先是一个女子，一个并非天生顽强的女子，然后才是女英雄。

2. 单元二：问女何所思，问女何所忆。女亦无所思，女亦无所忆。昨夜见军帖，可汗大点兵，军书十二卷，卷卷有爷名。阿爷无大儿，木兰无长兄，愿为市鞍马，从此替爷征。

（1）释疑：有同学问，为什么父亲年龄大了，军帖上还有父亲的名字？师答，前线伤亡巨大，后方征兵困难，扩大征兵的年龄范围，这种情况也是可能的。

（2）启思一：你觉得这一段中删除哪些句子，并不影响故事情节？

可删除"问答句"。不过，这样做会导致：①木兰明明有所思、有所忆，却说她"无所思""无所忆"的味道表现不出。木兰"何所思"不同于北朝乐府《折杨柳枝歌》中的愁出嫁（"问女何所思，问女何所忆。阿婆许嫁女，今年无消息"），而是反其意用之，冲破读者期待视野的"相思之情"，表达父亲年迈，家中实在没有男丁可以出征的叹息。"这里有一种动人的情调，一种天真朴素的情趣。隐含着一种天真的、稚拙的、朴素的、赞赏的情趣。"（孙绍振）②无法突出后面的"替爷征"，也无法彰显特有的民歌韵味。

（3）启思二：第一段的第三句，如果让你标标点，是否有不同的添加方法？"兄"后为什么用逗号，而不用句号？

"可汗大点兵"后用逗号，而不用句号，可以突出军情的紧急，说明木兰父亲这次非出征不可。"军书十二卷，卷卷有爷名"用夸张的手法起到了这样的表达效果。"兄"后用逗号，意在表现木兰的勇敢、孝顺、果敢、坚定。

（果敢、坚定地读。）

(4) 启思三：面对困难，木兰打算怎么办呢？诗一开始就让木兰处在这样一个矛盾之中，这样写有什么表达效果？

突出：①对父亲深深的爱；②战争的残酷；③对父母姐弟的担心；④既忠于国家，又孝敬父母，还担忧自己；⑤想让比自己懂得多的姐姐照顾父母，让弟弟在家接受教育，并且不想让他过那种整天打打杀杀的日子；⑥木兰果断勇敢、深明大义、替父分忧、孝顺父母、有责任感。

小结：有同学问，木兰为什么没有劝全家逃走，而是自己选择替父从军。现在明白了吧？齐读这组句子。

3. 单元三：东市买骏马，西市买鞍鞯，南市买辔头，北市买长鞭。

此处赏析，教者的主要追问如下：

(1) 这二十个字，仅复述了上文的"市鞍马"，是否拖沓、累赘、啰唆？

(2) 读完给你什么感觉？

(3) 节奏上有什么特点？

(4) 是什么样的感情基调？

(5) 除了艺术性，"市鞍马"这句还包含了什么意味？

(6) 木兰替父从军，是不是她的本意？

达成的共识是：

(1) 这四句采用了排比、互文的修辞手法，给人以紧张而又有序之感。

(2) 互文复沓的手法，渲染对出征用具精挑细选的紧张忙碌又有条不紊、井然有序。

(3) 节奏明快健朗，有一种欢快、畅快的感情基调，"使情事如见，景物若画"。

(4) "市鞍马"的描写何以不厌其详？"此乃信口道出，似不经意者。其古朴自然，繁而不乱，若一言了问答，一市买鞍马，则简而无味，殆非乐府家数。"（谢榛《四溟诗话》）

(5) "市鞍马"这句包含了下述意味：为出征作充足的准备；替父从军，是无奈之举；有一种出征前的恋恋不舍；奔波集市也许是一种下意识的流连。

4. 单元四：旦辞爷娘去，暮宿黄河边，不闻爷娘唤女声，但闻黄河流水鸣溅溅。旦辞黄河去，暮至黑山头，不闻爷娘唤女声，但闻燕山胡骑鸣啾啾。

此处赏析，主要围绕下述问题展开：

（1）这一层句式相同，不同的是什么？（地点）

（2）地点变换之快，突出了什么？

生：军情紧、行军快。

教师通过删减句子"旦辞爷娘去，暮宿黄河边。""旦辞黄河去，暮至黑山头"，引导学生与原文对照，感知原文的铺张意在突出"给人以一步三回头的感觉"以及"表达思念的悠长"，并趁机点染：①"不闻"，实为"想闻"，想听见父母呼唤的声音。②字面上是写父母对女儿的不舍和牵挂，实际上也是写木兰对父母的思念。③两个"不闻"，反复咏叹，声声呼唤，都回荡在木兰的心头，离家越远思亲越切！④两个"但闻"，紧张的战争氛围让人怎生揪心，战场的厮杀就在眼前，殊死的搏斗即将开始。⑤"鸣溅溅""鸣啾啾"，透着凄凉和悲壮；"旦辞爷娘去"，生死难料，不知女儿何日能回还。朗读跟进。

（3）不断强调行军路上"不闻爷娘唤女声"的思亲之情，会有损木兰的英雄形象吗？（生问）

说明木兰重情重义，更能衬托她的英雄气概。

（4）第三段表达了市鞍马和赴战场两层意思，为什么不各自单独成段？

替父从军，小而言之，是为孝顺；大而言之，是保家卫国。合成一段来写，可以把木兰柔肠百转的牵挂和思念写得淋漓尽致，这样符合她的女儿身份和心理特征——既有柔弱的一面，又有刚强的一面。

（5）根据这段内容，说说木兰是个什么样的女儿。

恋家、思亲、为国杀敌、有担当。

5. 单元五：归来见天子，天子坐明堂。策勋十二转，赏赐百千强。可汗问所欲，木兰不用尚书郎；愿驰千里足，送儿还故乡。

（1）还原一：这段用了一个表示并列关系的分号，什么和什么并列？部编本教科书用的是逗号，哪个更好？

"尚书郎"和"还故乡"并列。几个逗号，一逗到底，马不停蹄，更能表达木兰的归心似箭。

（2）还原二：这里删掉"木兰"二字，句式更工整，你认为呢？

不删读起来更流畅，也突出了木兰的纯朴本色，含有作者的赞美之意。

（3）引读：这一段的最后一句，怎么读好呢？她的回答有没有犹豫不定？有没有吞吞吐吐？有没有虚情假意？有没有思考再三？

坚定地读、果断地读、真诚地读、急切地读、不假思索地读。

（4）启思：说一说，木兰是一个什么样的女儿。（思乡、不慕荣利，保持了劳动人民的本色。）

6. 单元六：爷娘闻女来，出郭相扶将；阿姊闻妹来，当户理红妆；小弟闻姊来，磨刀霍霍向猪羊。

（1）朗读："爷娘句"全班齐读，"阿姊句"女生齐读，"小弟句"男生齐读。喜气洋洋地读。

（2）这一排比句前面都是五言，最后是七言。如果将"霍霍"二字删掉，都是五言句，是否更好？

"霍霍"是磨刀声，杀猪宰羊，表现了小弟对出征归来的姐姐的挚爱亲情。在一连串的五字句后用一个七字句，读起来更能表现小弟那种欣喜的心情。

（3）三次反复重叠，不厌其详地写了爷娘、阿姊和小弟的举动，这种铺排的句式烘托了欢快喜庆的气氛，生动表现了亲人们十年离别后终于得以团聚时的喜悦心情。阿姊、小弟为什么不出郭相迎啊？

互文写法。爷娘、阿姊、小弟看似各主一事，其实不然。

（4）说一说，木兰是一个什么样的女儿。（爱亲人。）

7. 单元七：（部编本）开我东阁门，坐我西阁床。脱我战时袍，著我旧时裳。当窗理云鬓，对镜贴花黄。

同时出现原人教版句读，"床"和"裳"后，皆为逗号。

（1）还原："床"和"裳"后，用逗号好还是句号好？

逗号，更能表现木兰的动作很多很快，体现她回到家中想要恢复女儿身的急切心情与欣喜之情；另外，也体现出了女儿家的可爱。

（2）激疑：向来"诗避重字"，而此句有四个"我"，作者为什么这样写？

生：木兰认为战场上的并不是"我"。

师：说得真好！恢复了女儿的本来面目，这才是"我"啊！

（3）朗读：这句有六个动词，圈出来。女生齐读，要欢畅地读。

（4）启思：急切、兴奋、欢快、甜蜜……四个"我"，脱口而出，六个动词，一气呵成，一个爱美的木兰，急于恢复女儿身的木兰，跃然纸上。全诗用了不少铺排的句式，既渲染了气氛，强调了所叙述的情节，又使语言流畅富有韵味，体现了民歌中常用的手法。说一说，木兰是一个什么样的女儿。（爱美。）

8. 单元八：出门看火伴，火伴皆惊忙：同行十二年，不知木兰是女郎。

（1）启思一：这句为什么不单独成段呢？

体现木兰的自豪、得意。

（2）还原：这里的"木兰"也多余，还是删掉好，你觉得呢？

木兰最得意的，就是成功地掩盖了女性性别，删掉了，这个味儿就不足了。

（3）启思二：说一说，木兰是个什么样的女儿。（调皮、可爱。）

（4）朗读：读出一个调皮、可爱的女儿来。

9. 单元九：雄兔脚扑朔，雌兔眼迷离；双兔傍地走，安能辨我是雄雌？

（1）激疑一：其实没有这个比喻句，情节也已经很完整了。那么，你觉得这个结尾是意犹未尽，还是画蛇添足呢？

意犹未尽，更能表达对木兰的赞赏之情。

（2）激疑二：为什么要用一个兔子的比喻句结束全诗，而不是把木兰比作别的动物，如骏马、苍鹰？

生：兔子性情温顺，符合木兰的女性性格。

师：这也是作者的用意，淡其刚美，强其柔美。

（3）还原：双兔傍地走，安能辨雄雌，这样改是否更有一种整齐之美？

不好。会淡化木兰的自豪、得意的俏皮劲和狡黠的神态。

（4）激疑三：老师统计了一下，全诗共62个句子，53个五字句，7个七字句，2个九字句。以整句为主，间有散句，为什么不全是五字句呢？

生：这样读起来节奏更明快，更耐人寻味。

师：句式整齐而又有起伏变化，读来更有一种参差错落之美、韵律顿挫之美。若都是五言句，则单调乏味了。

(5) 激疑四：这是一个怎样的木兰？（女儿情态的木兰。）

评析：女儿情态的木兰—英雄气概的木兰—文学性质的木兰—众美齐集的木兰，整个课堂教学呈现了一种不断向上的"台阶式"结构。这种结构既内在于文本的结构（女儿情态，极力铺陈；英雄气概，高度浓缩），又有教者的个性化重构（对文学性质木兰的探讨，对众美齐集的木兰的点染）。由详尽到简约，由形下到形上，不断升华，有一种酣畅淋漓却又余音绕梁的艺术效果。虽然从整体上看，有一种极强的预设性，在感受女儿情态的木兰时，又大体延续了文本的叙事抒情路径，是一路讲来的传统路数，有的地方的探讨甚至失之繁冗，但仍然不时给人以耳目一新之感。

这得力于教者捍卫"语文体性"视角下的阅读引领。教学中，古代的印象主义批评、西方的结构主义批评、解释学与接受美学批评方法等都有运用，但因为都在语文体性的统领之下进行，并聚焦作者形式表现与创制的智慧，如笔墨分布、抒情节奏、意象设置、句读妙处等，"得意忘言"或陷在语言的封闭结构中不能自拔的弊病均被成功规避。

重要的是教者的审美敏感和深入开掘的功夫，主要体现在矛盾的捕捉和还原法的娴熟运用上。"问答句""兔子比喻句"删除，并不影响情节，为什么还保留？用四句来写"市鞍马"是否啰唆、重复？"床"和"裳"后，用逗号好还是句号好？……文本内部的矛盾，"我们"和作者的矛盾，不同版本的矛盾，每一个问题都直逼创作的匠心，将鲁迅所说"不应该那么写"的智慧特地放大、抻长了给你看。处处点中学生的浅知处、无知处，增加他们审美的时长，充盈、提升他们的审美认识，教学充满了扣人心弦的教学张力。

审美的敏锐和深刻必然带来教学的精致和纵深。不论是赏析哪一个叙事抒情单元，均能见出教者和学生思想的景深。欣赏"伙伴惊忙"环节的小巧，欣赏"市鞍马"句的酣畅——竟有六大追问……无一不显示了令人惊叹的思维的弹性与爆发力。

不过，教学方法仍可再灵活一些——彻底放开，让学生说说从字里行间感受到的木兰形象，使基于学情的教学更为鲜活、扎实。在与学生对话的过程中，教者辨正、评价的力度还可加强——谈女英雄出场的印象，学生总结便有重复：有心事与多愁善感、为父担忧是一个意思；勤劳和热爱劳动也大体相同，但教者没有提醒。写"爷娘""阿姊""小弟"迎接的排比句是反复重叠吗？以整句为主，间有散句，读起来就一定"节奏更明快"吗？杜甫的《闻官军收河南河北》都是整句，不是一样节奏明快吗？

另外，教师自己的用语也要力求准确（诗歌不能谈"段"，只能谈"节"）、精练，从而将教学的生成提到一个更高的层次上。一万余字的原稿，在"民歌被文人加工"问题上，两次展开谈了；问学生木兰要求"愿驰千里足，送儿还故乡"，"她的回答有没有犹豫不定？有没有吞吞吐吐？有没有虚情假意？有没有思考再三？"这四句"有没有"中的三句都是语意重复，实在没有必要通过这种方式增强追问的气势。

三、品味：一个英雄气概的木兰

1. 引读：涉及战争的，唯此一节：万里赴戎机，关山度若飞。朔气传金柝，寒光照铁衣。将军百战死，壮士十年归。请男生齐读，要读得高昂悲壮。

2. 激疑：短短的一节，用了三个句号。为什么呢？
故事情节不是连续性的，而是有很多空白，所以用了多个句号。

3. 设问：这是一个怎样的木兰？（一个英雄气概的木兰。）

4. 生问：第四段的内容是很重要的，为什么不详写呢？

（1）概述从军作战生活，详写当户织时的心事重重，准备行装时的活动，回家后全家人的欢乐，是为了凸显木兰孝敬父母、勇于担当，作者对和平生活的向往、对战争的冷淡以及对官场的疏远。

（2）这一段文字很可能不是原来的民歌。胡适曾推测《木兰诗》中"朔气"等句是文人改作，也许原文中间有大段描写战争的文字。孙绍振称：

"这显然不是民歌朴素的话语方式,而是文人诗歌想象模式的运用。"

(3) 这种以简驭繁的表现手法,反而能产生齐白石画作《蛙声十里出山泉》(出示图片)"形减神添"的艺术效果,增加想象空间,也给有关"木兰"的戏剧、影视作品等以想象余地和创作空间。

(4) 作者有意淡化木兰的"英雄"特征,让她最终又回到织布机前,你们怎么看?

这可能源于传统观念对女性形象的"默认设置",但恰恰是这种温柔可亲的儿女情态支撑起了其英雄气概。

评析:简笔简问,问得漂亮!"三个句号"之问,问到了英雄的神髓——征途之远、行军之速、条件之苦、搏杀之惨,可是木兰都挺过来了。坚毅、矫健、警惕、勇猛,这些质素一个都不少,木兰的英雄气正是从这里散逸而出的!可惜教者没趁势追问,错过了这个妙问的开发。学生回答三个句号体现"故事情节不是连续性的"有误——行军、宿营、搏杀、凯旋,情节非常连贯,但教者没有及时纠正。

在学生提问中追问如何看待英雄最终又回到织布机前,尺水兴波,使文本挖掘达到了一个令人叫绝的深度。胡适、孙绍振的研究成果的引入,与齐白石画作《蛙声十里出山泉》表现艺术的会通,更是让形式秘妙的揭示引人入胜。不过,"以简驭繁"说法偏颇;"温柔可亲的儿女情态支撑起了其英雄气概",没错;"有意淡化木兰的'英雄'特征,让她最终又回到织布机前","可能源于传统观念对女性形象的'默认设置'"就不通了——这不是"以简驭繁",而是"以简衬繁"。

四、深化:一个文学性质的木兰

1. 生问:"木兰"的故事到底是真是假?历史上到底有没有"木兰"这个人物?(PPT 出示)

谢枋得在《碧湖杂记》中记载,黄崇嘏(五代时期蜀国的女子)女扮男装,在蜀相周庠的府中做掾属。因她"吏事明敏,胥吏畏服",而被周庠看中,"欲妻以女"。弄得黄崇嘏啼笑皆非,只好讲明自己是个女子,一走了之。

小结:"木兰"不一定实有其人,可是,女扮男装却实有其事。"木兰"不过是这些女子中的一个代表而已。

2. 生问:木兰为何"不用尚书郎"?想团聚,完全可以做官后,再将家人接来;怕欺君之罪,回家后亮明身份也是欺君啊?

(1)替父从军十多年,特别想快点回家与家人团聚。(2)只想快点回到以前的平静生活。(3)文中并没有提到木兰不要"赏赐",也许木兰会过上商人的生活。(4)通过拒绝加官晋爵,突出木兰对父母的思念,这是木兰的主动,更是作者不让她"用尚书郎"。

3. 生问:同行十二年,"火伴"们真的都没发现木兰是女生吗?

这是一个动人的传奇故事——课文的导读,沈德潜的评论"事奇诗奇"都说明了这一点,是诗歌的艺术表现手法。虚构不等于虚假。不必过于较真。概括起来说,这是一个文学形象,一个文学性质的木兰。

评析:学生的发问触及了艺术创作中的生活真实与艺术真实、特殊与普遍、写实与写虚、实用价值和情感价值等问题,但是教师没有趁机理直气壮地概念横飞,而是耐心地让学生畅言体会,并佐以古代学者的记述,以非常浅易、个性的语言加以点拨、总结,真正做到了博而能约,约而能通。

问题虽多,但最终都落到了"文学性",并挺进到"传奇性"这一篇性特征的审美开掘上,实在是画龙点睛之笔。

美中不足的是:当学生忽视"赏赐百千强"与"不用尚书郎"构成隐秘的互文,将木兰"不用尚书郎"解释为"文中并没有提到木兰不要'赏赐',也许木兰会过上商人的生活",使人物形象的情感价值俗化为实用价值,斫伤了文本的艺术价值,但教者亦未指正。

五、拓展:集众美于一身的木兰

1. 激疑:你觉得木兰美不美?

美：（1）"云鬓"一词可以见出；（2）"惊忙"一词可以见出——因为木兰的美而"惊忙"。

美的不仅是容貌，还有性情和心灵，精神与人格。

2. 点染：一方面，弱写木兰的美，并非意味着木兰不够美；另一方面，越是弱写她的容貌，越发诱使人去想象，再创造出千姿百态的木兰来。这与维纳斯雕塑（出示图片）的艺术创造匠心相同。

3. 联想和想象：木兰停机叹息时的心境；木兰奔赴前线途中的心情；木兰还乡后与亲人团聚的场景；家人喜迎木兰的画面；木兰重着女儿装时的情感。说说你心中的木兰。

4. 师结：自古以来，忠孝难以两全。但是，木兰不仅做到了，而且做到了极致。也许在集很多优秀品质于一身的木兰身上，寄托了作者美好的愿望吧。

评析：引导学生在"惊忙"中见出木兰的貌美、情美、神美，既丰富了"惊忙"的意蕴，也升华了木兰的灵魂。因此，"美不美"的设问实际上完成了对先前各环节讨论木兰形象的一次审美集成。

弱写木兰之美，反而能更加诱使人创造千姿百态的木兰，这一点染使教者"解读即解写"的教学追求再次凸显，令人情不自禁地追溯到司马迁写项籍、高祖等人物容貌的文字，不似曹雪芹写贾宝玉的繁琐，但更令人产生无尽的想象。诚哉，斯言！

联想、想象，说说心中的木兰有画蛇添足之嫌。即使想安插此环节，也应融入"木兰美不美"的讨论之中。

总评

将木兰形象分析作为教学的切入点与核心，是否有悖适体阅读的嫌疑？信奉"适体"的老师，面对李明哲老师的教学实录，或许会有此问。

这种担心大可不必。

《木兰诗》属于叙事诗，叙事诗必然会涉及人物形象的塑造。只不过与小说相比，塑造存在粗细、淡浓之别罢了。另外，小说塑造人物形象，虽抒情写意兼顾，但多以表意为主，叙事诗恰好与此相反。从这个角度说，分析木兰这一人物形象，可以说是适体阅读，也可以说是跨体阅读。

跨体阅读基于作者的跨体写作。

虽然适体是写作的必要条件，也是规训写作的一种极好方式，而作为特定规范组成的系统，文体或文类也是写作传统或惯例的载体，亚里士多德甚至宣称："他们（戏剧家）取得胜利，正如善于演说的演说家取得胜利一样，因为写下来的语言的效果，更多地取决于文体，而不是思想内容。"① 阅读离开适体几乎就是盲人骑瞎马一样不得要领。但是，优秀的作者一定是破体或跨体写作的，如鲁迅小说中的戏剧性，郁达夫散文中的诗性，叶圣陶说明文中的文学性，这是基于文类又超越文类的个性化创造。钱钟书便说过："文学有各种文体。大致有体，死守则自缚。贾谊的论文像赋，辛弃疾的词似论。真正的大家总是在文体形式上有突破创新。"② 阅读教学中如果忽略这种创造性的存在，是很容易暴殄天物的。

《木兰诗》除了人物形象的塑造上有跨体色彩，其实场面描写、环境描写、传奇性、伙伴"惊忙"的"翻转"都有。李老师正是因为看到这一点，才有效地实现了适体阅读与跨体阅读的统一。

1. 以跨体带动适体，即抓住最能体现跨体创造的篇性特征，将之作为阅读探究的核心，带动对文本类性特征的理解。实录中，抓住"市鞍马"的场景描写，引导学生体会木兰替父从军的无奈，出征前的恋恋不舍，下意识的流连；抓住"不用尚书郎""火伴皆惊忙"的传奇性，体会诗歌创作的文学性——虚拟、概括等特征，都是这种教学智慧的体现。

不过，《木兰诗》相对于南朝诗歌的缠绵、委婉所表现出来的刚健、明朗的风格，相对于尚武精神凸显、有骨肉腾飞之感的北朝诗歌所表现出来的淡化英雄、残忍的审美取向，还有诗歌重情感逻辑、不重实用逻辑的极化情感，教学中"染"得还不是很透。

2. 适文本之"体"，融自我之"体"，即在恪守文体特征的基础上，融

---

① 伍蠡甫. 西方文论选（上卷）[M]. 上海：上海译文出版社，1979：89.
② 钱钟书. 钱钟书论学文选（第3卷）[M]. 广州：花城出版社，1988：137.

入自我的体验。恪守就是"适",融入则有了"跨"的萌芽。这一点,李老师做得颇为出色,尽显学者型教师的教学魅力。如:对地点变换之快这一写法的体验——突出了军情紧、行军快、思念的悠长;对"兔子比喻"的发问,为什么不以骏马、苍鹰为喻?

3. 在不同文体的激荡中更好地适体、跨体。每个文学文本中都回荡着其他文本的声音,所以跨文本阅读、比照、打通,往往能更好地适体、跨体。李老师将《木兰诗》弱写外貌之美以开拓更大想象空间的表现艺术与维纳斯雕塑的表现智慧激荡;在"何所思"的表现视角下,将《木兰诗》与《折杨柳枝歌》比照;还有很多自制"文本",以及学者评论文本的引入、映照,使得适体阅读与跨体阅读达到了很好的统一。

不过,依然有很大的空间可供开发。极力铺陈与高度浓缩相结合,《世说新语·咏雪》做得也不错;淡化血腥、残忍的场面描写,孙犁的小说也有此特色;写爷娘、阿姊、小弟欢迎的场景,以突出归家欣悦的描写,更是被杜甫的《草堂》诗直接化用:"旧犬喜我归,低徊入衣裾。邻舍喜我归,酤酒携胡芦。大官喜我来,遣骑问所须。城郭喜我来,宾客隘村墟。"

如何将这些不同文本、不同文体会通,巧妙地融入教学,值得进一步探究。

第二辑

散文类文本教例评析

让学生层面的课程知识轻舞飞扬

——童志斌《项脊轩志》教学实录评析①

一、"室""轩"意味品读

1. 蓄势。

师：上节课，我们对第一个"含义"，也就是对语言文字的把握，注重的是准确。这堂课主要是对第二个"含意"的把握。这篇文章是《项脊轩志》，那什么叫"志"呢？

生：记。

2. 揭秘。

师：记，记项脊轩。这篇文章写的是项脊轩，或者是和项脊轩有关的人和事。这篇文章称项脊轩的时候，除了这个"轩"，还有什么另外的名称吗？

生：室。

（师投影，突出原文中含"轩""室"的语句。）

师：文章里有称"室"的，有称"轩"的，作者是很随意地用这两个字的吗？

生：不是。

师：就是说是有一定的讲究和意图在里面的，他的意图是什么？

生：一下用"室"，一下用"轩"，是有感情基础吗？

---

① 评析针对的是童志斌老师《项脊轩志》第二课时的教学实录，教学活动中的"小环节"题目为评者所加。

师：有感情的变化在里面。

生："轩"就是对那个阁子特别有爱意的感觉。

师：称"轩"的时候特别有爱意，包含着感情。如果称"室"呢？

生：就是一个普通的室。

师：很好。称"室"的时候，作者着眼的就是一个建筑的外在，而称"轩"的时候，其实还是对它满怀着特殊的情感的。我们前面已经提到了，是不是一开始它就是一个特殊所在呢？不是。那是从什么时候开始的？读书是吧。我们前面提到了，"余自束发读书轩中"，就是从这里开始称"轩"了。而在这之前，作者在讲到这个阁子的时候称它为"室"，后来就称"轩"了。那又是为什么呢？

生：外部修了。

师：请注意，当他称"轩"的时候，对这个房间有着特殊的情感。在成为书房之前，它就是一个普通的建筑物，而当他因为妻子去世，冷落了这个地方后，它又恢复为一个普通的建筑物。

评析：咬文嚼字与文本情脉的揭示结合，既不露痕迹地在整体上把握了全文的内容，又能直逼文本的篇性特征——抒情中的春秋笔法，一石二鸟，匠心别具。美中不足的是，未能将这种独特的形式秘妙与其他文本打通——《氓》人称的变化：氓、子、尔、士，与女主人公婚恋中的心情起伏也是紧密关联的，可更深一步地"窥其奥窔"，略感遗憾。

将"含意"（言外之意，生成的内涵）的理解作为本节课的攻坚目标，带有建构知识、创造性解读文本的意图，同时也体现了教者言文一体，将文言文学习的落脚点放在"文化传承与反思"上的教学追求。

但将这作为语文教学的终极追求是否合适？语文教学应该由形式抵达内容，再由内容返回形式，充分揭示形式的秘妙，进而更好地走向言语表现与存在，这才是语文的独任、大任，捍卫语文体性的必由之径，也是语文教育至高、永恒的追求。如果偏于文化的传承、思想的获得，那么和文化课、思政课、历史课区分的真正界限在哪里？

以朱自清的话"中等以上的教育里，经典训练应该是一个必要的项目。经典训练的价值不在实用，而在文化"为教学的理据，并非不可，可朱自清这样说只是对阅读中实用主义思想的一种反拨，并非强调语文教育的终极目的就是落在文化的传承上。对一味地注重思想、文化、思潮之类，他其实是反对的，认为这并非"国文教学的主要目的"，国文一科的教学不应"代负全部教育的责任"，并且特地强调："只注重思想而忽略训练，所获得的思想必是浮光掠影。因为思想也就存在语汇、字句、篇章、声调里。"

对于重意轻形的弊端，王尚文、赖瑞云等学者都有过深入的分析。比如赖瑞云教授就明确指出："形式总是承载着某种思想内容的，彻底的形式解读必然走到内容，相反，'彻底'的思想讲解完全可能另找口语形式替代承载，其结果不仅可能思想讲解不彻底，还把书面艺术形式弃之一边了。"①

基于此，语文教育仅停留于"含意"的理解和"文化"的把握，确实值得认真检视。

二、"轩"内的喜与悲

1. 悟喜。

启悟："轩"充满爱意，作者对它饱含深情，为什么呢？因为这个小阁子里有他特殊的生活内容。我们看一下，文章中哪个地方写了在阁子里面的特殊生活内容？

学生读第1自然段中"借书满架，偃仰啸歌"这部分文字，悟出环境幽静，生活悠然自得。

教师趁机引领学生将归有光的项脊轩与刘禹锡的陋室、陶渊明的"园田居"（"三径就荒，松菊犹存。携幼入室，有酒盈樽。引壶觞以自酌，眄庭柯以怡颜。倚南窗以寄傲，审容膝之易安"）进行比较。

共同点：有优美宁静和谐的环境，还有悠闲自在的个人生活。不同点：归有光除了有逍遥自在，还有悲的情感（从"然余居于此，多可喜，亦多可悲"这一过渡句中见出）。

2. 味悲——隔阂加重。

---

① 赖瑞云. 文本解读与语文教学新论 [M]. 北京：北京师范大学出版社，2013：197.

师：看看是什么让他感到"可悲"呢？我想请一位同学来把这句话读一下。（生读课文）

师：能不能告诉我们，你在读的时候，觉得可能用什么样的情感来把握会比较好呢？

生：有点伤感。

师："庭中始为篱，已为墙，凡再变矣"，意思我们已经明确了，什么叫"凡再变"？已经变了两次了。为什么说"庭中始为篱，已为墙，凡再变矣"，他就感到伤感呢？

生：因为刚开始是一大家人住在一起，后来分家了，房子就隔开了，就不怎么来往了，就觉得伤悲。

师：就是说这个家庭原来是一个大家庭，"通南北为一"，表明最初的时候整个大家庭是欢聚在一起的。那后来这个家庭出现了什么情况呢？

生：分家了。

师：分家了，分崩离析是吧。那么"庭中始为篱，已为墙，凡再变矣"，为什么讲到这个事实就内心充满伤感呢？最初是篱笆，篱笆是很简陋的，现在砌成墙了，表明了什么？

生：隔阂就更深了。

师：哦，由篱笆变为墙表明这种隔阂越来越深，非常好。从这个细节传达出一个信息：家庭内部之间的人际关系由原先的其乐融融变成了内心之间充满隔阂，好像是陌路人一样，所以他伤感。这个家族，原先可以说是很光耀的，在当地可能是名门望族，但是到他这代可能衰落了，让人伤感、惆怅，在这个家族里面只有归有光一个人忧心忡忡吗？

生：不是。

3. 味悲——功业未竟。

师：显然不是，还有文章中写到的大母。"儿之成，则可待乎！""他日汝当用之！"这话是用什么样的心情说的呢？

生：激动。

师：对归有光怎么样？满怀一种殷切的期望吧。为什么前面是"泣"，后面是"长号"？

生：大哭。

师：嚎啕大哭。什么叫"泣"？

生：小声的。

师：小声的，这个时候的情感是怎么样的？有意识地压抑着，那到后面怎么样？

生：爆发。

师：哦，爆发出来了。从内容上来讲，前面一段回忆的是谁？

生：老妪。

师：具体回忆谁啊，他的母亲吧？想到他母亲的时候当然伤感。母亲去世了怀念她。但后面是怀念谁了，大母吧？为什么想到母亲的时候是"泣"，想到大母的时候是"长号"？

生：他妈妈只是关心他的日常琐事，后面大母问到他读书并且联系到他整个家族。

师：你的意思是，前面回忆的是母亲对什么方面的一种关注呢？

合：日常生活。

师：哦，生活方面的，"儿寒乎？欲食乎？"我们平常想到的，就是嘘寒问暖。母亲的表现集中在对晚辈的生活的呵护上，而大母的话更加触动他。刚才有同学讲到了，母亲对他的期望可能和大母对他的期望不一样，是不是这样呢？我们来看一下——

有光七岁，与从兄有嘉入学，每阴风细雨，从兄辄留，有光意恋恋，不得留也。孺人中夜觉寝，促有光暗诵《孝经》，即熟读，无一字龃龉，乃喜。

——归有光《先妣事略》

从这两个细节里可以看出来，并不是只有大母对他有殷切期望，其实母亲对他也怀着殷切期望。只不过因为有另外的专门回忆母亲的文章，而在这篇里集中回忆大母了。所以大母的这种期望和期待给了他很大的压力，他想起来"长号不自禁"——有压力就行了吗？还有什么？

生：有行动。

接下来，教者引导学生从四个方面感知归有光的行动，以及其文字中的深情：

（1）从"竟日默默在此""余扃牖而居，久之，能以足音辨人"中感受归有光在项脊轩读书之久，读书之专注。

（2）补出教材删去的文字，感受归有光不愿"昧昧于一隅也"，欲"扬眉瞬目"的壮志豪情。出示板书——

　　　　蜀清守丹穴
　　　　孔明居陇中
　　　　有光处败屋
　　　　昧昧一隅——功成名就

（3）从"轩凡四遭火，得不焚，殆有神护者"一句感受归有光的内心世界——百年老屋项脊轩因受神灵庇佑能避免火劫，我也应该会有神灵庇佑，拥有明朗的前途。

（4）补充背景资料，比照30多岁时的感慨与19岁时写《项脊轩志》时的直抒胸臆"长号不自禁"，表明归有光的情感表露已经随着年龄的增加，不像以前那样直接了，而是相当含蓄。（背景资料：19岁的时候写了《项脊轩志》，20岁的时候中了秀才，23岁的时候结婚，28岁的时候妻子去世。从19岁算起，后五年，又六年，又两年，大概30多岁）

4. 味悲——屋在人亡。

师：在后来的日子里，这《项脊轩志》里面有没有写一些生活的乐趣？他结婚以后，夫妻两个在这个小空间里怎么样？还是很幸福很温馨的。（PPT呈现"余既为此志……且何谓阁子也？"这段课文）但是同样也有另外的感触，我们来看这段话，一起把最后一段话读一下。

生：庭有枇杷树，吾妻死之年所手植也，今已亭亭如盖矣。

师：这句话我们读的时候应该是什么样的情感呢？

生：悲伤。

师：为什么而悲伤？

生：妻子死了。

师：什么叫"吾妻死之年所手植也"？妻子去世的那年，谁种的树啊？

生：妻。

师：从文章来看，"吾妻死之年所手植也"，是妻子在去世的那年亲手种下的。这里大家请注意，妻子当时种下的这棵树，不是别的树，而是一棵枇杷树，是一棵果树。为什么要种一棵果树呢？我们想象一下当时的情景：归有光的妻子精心挑选了一棵上佳的枇杷果树苗，在院子里挖了一个坑，将树苗放下去，培上土，经常去浇水，经常去看它……当"我"面对这棵树的时候，睹物思人，物是人非，不免触景伤怀。

更要紧的是，妻子种下这棵果树的时候，有寄托在里面，希望它早日开花结果。到如今呢，这棵树已经"亭亭如盖矣"，不仅长势良好，而且到了要结果收获的时候了。可是，看看"我"自己呢？在仕进的路途上，还在原地徘徊。可以想见，"相形见绌"，面对这棵茁壮的果树，"我"有一种愧对逝者的负罪感。我们前面已经看到，他这个时候考中了秀才。考中秀才就能光耀门楣了吗？

生：不能。

师：后面还有更重要的考举人、中进士。（出示）

（先妻）尝谓有光曰："吾日观君，殆非今世人。丈夫当自立，何忧目前贫困乎？"

——归有光《请敕命事略》

师：她这句话什么意思呢？不是今世人，在传统观念里叫"是古非今"。

师：妻子劝自己"何忧目前贫困乎"，怀着一种什么情感？用意是什么？

生：激励。

师：鼓励他，当然也给了他压力。看看，他什么时候考中举人的？（PPT 呈现归有光的经历）35 岁考中举人。什么时候考中进士的？

生：60 岁。

师：60 岁考中进士，做了个县令。我们可以想见，这么多年了，他十八九岁的时候还是满怀希望的，然后碰了很多壁，科场不得意，我们可以用心去体会一下。我希望大家用心去读它，因为它是从心里面流出来的。我希望大家对这个经典作品的解读不只是在课内，还要在课外，好不好？谢谢大家！

评析："室"—"轩"—"室"的称呼转换线，是归氏家族的命运变化线、作者的心情嬗变线，也是教者课堂教学的审美线。三线合一，将文本的内结构自然转化成教学的内结构，进而产生思维的舞蹈、情感的和弦，这是本环节的一大亮点。线索众多，但因以"轩"内悲喜的审美体验为核心，整个教学依然能大开大合，收放自如。

体验作者轩内悲喜，教者不仅引导学生知道如何悲喜，因何悲喜，而且还深挖作者是如何表现悲喜的。比如，从庭中"通南北为一"到"始为篱"再到"已为墙"，见出家族的分崩离析，隔阂加深；从老妪讲先妣问寒问暖的往事，余泣，到回忆大母期待，瞻顾大母遗迹，长号不自禁，追问学生"为什么前面是'泣'，后面是'长号'"；还有还原教材删除部分，体验归有光不愿昧昧一隅，要像蜀清、孔明一样扬眉瞬目的远大抱负，这显然是在深化学生对作者抒情精致化、含蓄化、个性化诸特征的把握。尤其是对蜀清守丹穴、孔明居陇中、有光处败屋的比照性、延宕性感知——用板书重点突出，以及对"轩凡四遭火，得不焚，殆有神护者"一句深层心理的揭示，更是追踪、开掘篇性特征的上好设计，作者写作的精妙与教者审美的精妙已经妙合无痕了！

还有无时不在的教学张力。这种教学张力来自教者渊深的学养和强劲的思辨力。教者很会设计头脑风暴，激发学生思维的出场，进而达到充分的生命融合、深度的思想对话、高度的认知升华的教学境界。引导学生比较归有光的项脊轩、陶渊明的园田居、刘禹锡的陋室的异同；当学生觉得"泣"与"长号"的原因在于前者只是因为母亲在生活上予以关心，而后者是因为大母的期望更加触动作者的心情时，教者马上用《先妣事略》中关于母亲殷殷期待的记载，推翻学生的论断；还有对妻子种枇杷树深意的开掘，从《请敕命事略》中引述妻子对归有光勉励的语句，加深体味归有光奋斗的希望、动力，以及对亡妻悲伤的思念。这些设计举重若轻，营造了一种扣人心弦的思维气场，"学术范儿"很足。

令人赞佩的还有对轩内悲喜的玩绎，与对作者及大母因家族衰落而生的伤感、惆怅的品味，以及对思念亡妻中悲伤与温馨兼容的"复合"审美，均准确触及了文本的篇性特征，以及情感上的独特的伤感、婉转、醇浓的风格。教者在教学中能巧夺天工地将之编织在一起，因而上得极富新意和韵味。这是只会秀秀教学技能，鹦鹉学舌般搬弄一些专家解读成果的平庸之辈望尘莫及的。

不过，童老师的很多精彩开掘与设计，因为缺乏耐心的等待与酝酿，未能充分引爆学生的思维，激活学生丰满多姿的体验。很多时候，刚开了一个好头，或火候将到的时候，都是童老师迅速接上话头，从而掐灭了不少审美的瞬间——

"轩"充满爱意，作者对它饱含深情，为什么呢？因为这个小阁子里有他特殊的生活内容。

在后来的日子里，这《项脊轩志》里面有没有写一些生活的乐趣？他结婚以后，夫妻两个在这个小空间里怎么样？还是很幸福很温馨的。

为什么要种一棵果树呢？……妻子种下这棵果树的时候，有寄托在里面，希望它早日开花结果。

……

是怕冷场，还是怕影响教学进度，抑或对学生的深度体验与思考不是很自信，仅留一些简单的问题让他们一试身手？不论属于上述的哪种情况，对精彩的文本解读成果转化为教学生产力，都是有所伤的。

另外，抓住"泣"与"长号"，挖掘作者复杂而幽隐的内心世界，虽然追问奇警，但因为缺少最后的总结（家族衰败的郁积，亲人早逝的郁积，自身命运多舛的郁积，壮志难酬、有愧先人的郁积，使作者悲从中来，长号不自禁)，学生很有可能缺乏明晰而全面的认知。

对"庭有枇杷树，吾妻死之年所手植也，今已亭亭如盖矣"一句的欣赏，深意与新意兼具，但因没有从独立分段的角度引导学生进一步体味树在人亡的伤感，错过了一个很好的形式秘妙揭示的良机——鲁迅《论雷峰塔的倒掉》一文也有此形式表现秘妙，"活该"就是独立成段的，很是见情见性。

理想的语文课，至少应该是教材层面的课程知识、教师层面的课程知识

（教师的经历、体验、认知、学养等）、学生层面的课程知识的共生与共荣。在这种不断生成的知识共同体中，学生层面的课程知识尤须关注。换言之，前两个层面的知识经过教学的酿造、催化，最终应成功地助力学生层面课程知识的更新、壮大与提升。

让学生层面的课程知识成为教学的轴心，古人已有星星点点的追求，比如汉代王充明确提出写作不应求"似"，而应"各以所禀，自为佳好"（王充《论衡·自纪篇》），宋代谢枋得主张让学生先写"放胆文"，再写"小心文"（谢枋得《文章轨范》），王阳明提倡"诱之歌诗，以发其志意；导之习礼，以肃其威仪；讽之读书，以开其知觉"（王阳明《传习录》），都是为了促进学生体验、思想等课程知识的出场。

民国时期的教育先贤在这方面用力尤勤，比如夏丏尊的课堂教学就是追求让学生多说，自己只在他们思维行到水穷处，才出面指点，使教学步入"坐看云起时"之境。对以学生的体验为中心，实现学科与学科的打通，课内与课外打通的教学模式，黎锦熙等人还曾做过一段时期的试验。

在西方，昆体良、卢梭都表达过"节制自我力量，俯就学生能力"的思想——俯就学生的能力，其实就是多让学生层面的课程知识多多出场。杜威更是旗帜鲜明地宣称："对于学校来说，儿童是起点，是中心，而且是目的。儿童的发展、儿童的生长，就是理想的所在……"[1]

当下美国，评价好课的内容有四项[2]：（1）是否达成教学目标；（2）学生的表现；（3）教与学活动的"课程意义"何在；（4）教学过程中是否开展评价活动。其中，学生的表现是评价的重点。

这些思想和举措，无疑是对学生精神生命更深切的关怀，对教育规律更科学的揭示。

那么，如何让学生层面的课程知识出场，并能在教学活动中轻舞飞扬呢？童志斌老师的《项脊轩志》教学实录给了我们不少启迪：

---

[1] 刘新科，粟洪武. 中外教育名著选读［M］. 北京：中国人民大学出版社，2010：469.
[2] 李海林. 美国中小学课堂观察——一位教育学教授的笔记［M］. 北京：教育科学出版社，2015：121-124.

1. 在启悟中拓展心灵的疆域。

语文教育中，高质量的启悟应该紧盯文本的形式秘妙，尤其是篇性特征，在学生一望而知，其实浅知、无知，甚至错知时展开，这样才能更好地实现学生体验的刷新，想象的激活，思维的提升，进而不断拓展他们心灵的疆域。启悟的语言应该做到《学记》中所说的那样："约而达，微而臧。"这方面，童老师做得相当出色。"文章里有称'室'的，有称'轩'的，作者是很随意地用这两个字的吗？""为什么说'庭中始为篱，已为墙，凡再变矣'，他就感到伤感呢？""母亲去世了怀念她。但后面是怀念谁了，大母吧？为什么想到母亲的时候是'泣'，想到大母的时候是'长号'？"无不是触及文本篇性（抒情中的春秋笔法）的巧妙追问。问得好，学生的回答自然生成了鲜活的课程知识，因之也成了课堂教学的最大亮点。

2. 在关键处会通，激活内存。

理想的语文课程是由多元的语文知识经验和个性化的语文学习活动方式构成的一种动态的教育存在。如何让学生的语文知识经验在学习活动中成为最鲜活、最灵动的教育存在，注意比较、会通，实现不同主体生命的感通，不失为一种行之有效的方法。因为会通了，生长了，带上自我生命智慧的体验与思考，才会成为最富魅力的课程知识，使学生见微知著，举一反三，受益终生，进而可以将"教育就是忘记在学校所学的一切之后剩下的东西"这一耻辱性的"箴言"永远甩在身后。

在本节课中，童老师有多处成功的教学会通。比如，比较归有光项脊轩和陶渊明"园田居"、刘禹锡陋室的异同，这是不同文本间的会通；追问"让人伤感、惆怅，在这个家族里面只有归有光一个人忧心忡忡吗"，这是不同人物情感上的会通；解读妻子种枇杷树的寓意，引用《请敕命事略》中妻子的激励，这又隐含了大母和妻子行动上的会通。令人称奇的是，童老师的后两处会通，恰与归有光笔墨分布的重点暗合——文中写了他生命中的三个重要女人：母亲、大母、妻子，后两者是用墨重点。更为重要的是，这种会通依然深深植根于文本的篇性特征：（1）大母的忧伤化作了"儿之成可待"的殷殷期盼，与归有光重振家族的愿景高度契合，这是归有光念及此，长号不自禁的一个主要原因；（2）妻子的期许、激励，两人的伉俪情深，在"庭有枇杷树，吾妻死之年所手植也，今已亭亭如盖矣"一句中得到了无尽的伸展与释放，但又含而不露，因此具有极强的形式魅力——抒情中的春秋笔法再一次展露风华。

虽然文末句形式表现的开掘尚不够到位，但难掩整体会通中所带来的璀璨光芒。

3. 充分利用伙伴语言的激荡。

伙伴语言往往有拈花一笑般的神奇沟通力，就像希伯来谚语所说的那样："恰似一块铁可以磨砺另一块铁，一个儿童也可以使另一个变得敏慧。"教学中如果妥善利用，确能使教学达到"万象入我摩尼珠"的胜境。平心而论，童老师在形式秘妙的观照与揭示方面极为敏感、深刻，化用作者的言语表现智慧也做得风生水起——如将文本的草蛇灰线化为课堂教学的意脉，将文本的表现张力化为探究人物心灵堂奥的钥匙，但是在伙伴语言的相互启发、补充、激荡方面，做得还远远不够。因为教者太过驰骋自我的思辨，学生在很多地方不知不觉地仅起到了跑龙套的作用，与教者、同伴的质疑、辩论、修正更是罕见，长篇大段、酣畅淋漓地独抒己见的景象则完全销声匿迹，所以整个教学过程更像教者与心灵中的另一个自我在进行颇具深度的审美对话。为什么想到母亲时是"泣"，想到大母时是"长号"？探讨这个问题时，师生间的对话有了思想碰撞，伙伴间的语言有了相互补充和推进，但因为教者急于骋思，未能耐心延宕学生的审美时长，所以伙伴语言依然没有得到尽情地伸展与升华。

不过，这种"功业未竟"的遗憾，反而更令人深思：如何激活学生的言语表现，使他们这一层面的语文课程知识成为教学的源头活水，永远劲拔而欢快地流淌？

聚焦篇性特征的多方会通

——黄玉峰《阿房宫赋》教学设计评析

【教学目的】

1. 通过精读，让学生体会文章的音乐美，引导学生在读书、作文时自觉注意语感。
2. 了解文章高度概括与极尽敷陈的写法，体会跳脱、整散、长短、虚字衬垫及富丽夸张等语言特点。
3. 了解古诗文的特殊句式。

【教学设想】

1. 贯彻本人所主张的多读少讲、让学生自己体会的教学思想，以诵读为主、稍事点拨的方法进行教学，从而达到教学目的。
2. 安排两课时。第一课时，课文内容讲解、疏通、熟悉；第二课时，强化记忆、分析、练习、背诵、默写。

【预习要求】

1. 查字典、正音、试读。
2. 思考题：(1) 读了文章有什么感受？（运用了多种手法。）(2) 想一想这种感受是如何获得的。（主要是通过音乐节奏感和内容本身获得的）

(3) 文章最核心的一句话是哪一句？（核心是最后一句。）

评析：音乐美、高度概括和极尽敷陈的写法、特殊句式，无一不指向文本的篇性特征，显得格外精粹、深刻和大气。没有渊深的语文学养，根本无法作此独到的目的（目标）定位与设计。可贵的是，从整体来看，所有目标均被做实，并非"计划，计划，墙上一挂；目标，目标，从不聚焦"。

这种高远的目标设计，或许会被视为阳春白雪或"严重超标"。殊不知，取其上，得其中；取其中，得其下；取其下，必得下下。更何况，聚焦篇性特征，可以牵一发而动全身，极大调动学生的探究欲望，使解读中的创造潜能得以不断迸发。要说面向全体，教学目标必须准、精、高，并非泛泛而定，或着眼于学生一望而知的浅层。

多读少讲，是对自我教学的严苛，为的是更好地精讲、妙讲，与昆体良等教育家强调的"节制自己的力量，俯就学生能力"①的理念，不谋而合。

预习思考题注重感受的生成、观点的把握、方法的反思，深得自学之精髓。

也有白璧微瑕：目的 1 的行动主体是教师，无法体现学生主体的思想；第二课时的学习任务有强化记忆、分析、练习、背诵、默写，独独少了审美。

不过，这些属于文字处理技术上的问题，而非教者本心，因为在后面的教学过程和细节里，上述问题被悉数规避。

下面开始分析第一课时的教学设计，具体内容及评析如下：

一、导入课文

1. 导语：秦王朝在中国历史上只有短短的十几年，但留给后人的思考是深远的，千百年来，一直是人们研究的对象和热门话题。不知有多少人，写过多少文章。我们刚刚学习了贾谊的《过秦论》，文章的核心思想是"仁义不施，攻守之势异也"；又学习了苏洵的《六国论》，文章的核心是"为国

---

① 刘新科、栗洪武主编.中外教育名著选读［M］.北京：中国人民大学出版社，2010：322.

者无使为积威之所劫哉"。今天，我们来欣赏、品味杜牧的《阿房宫赋》，看看同样是讲六国和秦的故事，杜牧的观点是什么，他又是怎么表达这个观点的。

（板书：阿房宫赋）

2. 教师范读。

3. 提问（预习思考题），一般不作评价，上完全文再总结。

评析：导入有群文教学的贯通之美，既关注了作者写什么，也关注了作者怎么写。联系整篇，教者更关注后者，这便确保了语文体性得以捍卫。

检查学生预习情况，却置而不评，这是很大胆的教学处理。不是"暗胡同"（鲁迅语）教学，而是为了让学生随着体验、理解的加深，不断反观、自评。这不仅留下了学习的悬念，还与文本烘云托月、卒章显志的言语表现智慧暗合，体现了教者坚实的自信力和高屋建瓴的统筹力。

令人不解的是，教者的发问忽略了作者"为什么写"这一维度——整个教学设计均未体现。难道是学生的自学、探究已达到了高度成熟的境界，已经不需要在课堂上"知人论世"？

二、逐层分析第 1 自然段

1. 第一组，十二个字。

提问（1）：写了什么？

两部历史：一部秦灭六国，统一天下的兴盛史（《过秦论》《六国论》为此用了许多笔墨）；一部阿房宫的建筑史，《史记》记载"发徒刑者七十余万人，输蜀荆地材皆至"。

提问（2）：读前四句有何感觉？

斩钉截铁、短而有力，如铁锤敲钉，一个一个敲下去。

提问（3）：为什么有这个效果？

提问（4）：四个动词，若改为"六王毕焉，四海乃一，蜀山兀也，阿房始出"行不行？

不行，这样就没有力度了，多一个字也不行。

小结：这四句十二个字。强大的事件，用很少的笔墨，交代了阿房宫是建筑在劳动人民的苦难之上的，一开始就定下了基调，如同贝多芬的《命运交响曲》。

2. 第二组：覆压三百余里，……骊山北构而西折，……流入宫墙。

释字："压"为盖，沉重感，言其多。"走"为奔、通到。

分析：泼墨写意，勾勒出阿房宫的整体形象。

突出：高、广、位置。用长句，与第一组短句对比鲜明。溶溶，言其舒缓。两条大河流入宫墙，言其大。

3. 第三组：五步一楼，……矗不知其几千万落。

过渡：到底有多大？到底有多奇？下面就具体地写了。

分析："五步""十步"，言其多。"缦"原是丝绸，这里指飘逸，曲折。"檐牙"如鸟高啄，向上突起，动感，言其奇。"各抱"，随地形起伏，紧贴，言其设计之合理。"钩心"，互相交错，如兵刃相加，言其险。"盘盘焉"，细绘一笔，用比喻说明实在太多！

4. 第四组：长桥卧波，……而气候不齐。

"长桥卧波"这句是比喻加疑问加对偶。"没有云怎么会有蛟龙腾飞？""不是雨过天晴，怎么会有凌空彩虹？"给人一种惊奇感——简直不敢相信自己的眼睛。"冥迷"写感觉。

本段仍在写建筑。顺序：①总体—具体；②远—近；③历史—肌肤。

小结：本自然段写建筑之高、之广、之奇。（第一小组背诵）

评析：与逐句讲解的传统的文言文教法不同，教者不仅瞩目于"意思"的领会，而且更专注于篇性特征的揭示。

1. 另类的节奏。在开首的几个三字句中感受到"斩钉截铁、短而有力，如铁锤敲钉"的节奏，和后面的长句形成鲜明的对比，并指出"交代了阿房宫是建筑在劳动人民的苦难之上的，一开始就定下了基调，如同贝多芬的《命运交响曲》"。这是非常独到的审美发现。形式中见隐秘的深意，见创作的匠心，"鸟眼力"和"虫眼力"并茂，令人叹服！

2. 灵动的措辞。分析作者用词句形、摄魄、传情的魅力，如"长桥卧波，未云何龙？复道行空，不霁何虹"，用的是"比喻加疑问加对偶"的写法，写出了"一种惊奇感"。加入情感分析的维度，勾形、摄魄的赏析才不会漫跑野马。令人惊叹的是，教者还能深入文字的源头，捕获神韵，如对"廊腰缦回"中"缦"的赏析，远比课文的注释来得精准、灵动，堪称文本的真知音。

3. 复合的顺序。教者的赏析并非只顾"低头拉车"，也注意了"抬头看路"。这"路"就是状写阿房宫的复合之"序"：总体—具体，远—近，历史—肌肤。因此，看似离散、冗繁的词句赏析一下子显得纲举目张，有条不紊。不过，"序"的前两个特点容易把握，第三个特点"历史—肌肤"不免朦胧。按教者的逻辑，历史描写应该是指首四句（六王毕……阿房出），秦灭六国史和阿房建筑史，肌肤描写是指后面的状写阿房宫之高、之广、之奇的句子。可为什么将描写"阿房宫之高、之广、之奇"的句子比作"肌肤"，应该略加阐释。不然，思维跳脱太远，难见秘妙。

其实，"肌肤"一词更容易令人联想到"歌台暖响，春光融融；舞殿冷袖，风雨凄凄……"这句——以宫人的歌舞之感（冷暖只有肌肤可以感触，作者后文也写到了宫人的"一肌一容，尽态极妍"）状阿房宫之势，这是杜牧描写阿房宫最出彩之处，可是按这样的逻辑理解"肌肤"，直接描写阿房宫之势的句子就不属于黄老师思考逻辑中的"肌肤"了。但事实上，写宫人"肌肤"，也属于历史。这种悖论该如何看待？

基于此，"历史—肌肤"之序的判断需要审慎。

三、逐层分析第2自然段

1. 第一组，请同学读前六句二十四个字。指出朗读时节奏上的错误。借此分析，虽是整句，但内在的关系不一样。"妃"句：四并列；"王"句：二并列；"辞"句：承接（并列），内部动宾；"辇"句：（并列）动宾；"朝"句：并列，内偏正，名作状；"为"句：动宾，读成，为——秦宫人。读起来有整有散，有起有伏，不变中有变。

提问：此六句与上一段哪个地方直接呼应？（歌台暖响……舞殿冷袖……）

分析过渡：阿房宫造好了，宫里要有人，人从哪里来？来自六国，当年的公主娇娃如今成为阶下囚，可以想象她们大批大批、成群结队，像货物那样被运到秦国。来了以后怎么样呢？

2. 第二组：明星荧荧……不得见者三十六年。

提问（1）：各用什么修饰手法？

比喻、夸张。

提问（2）：这些句子内在关系如何？

动作连贯：开妆镜—梳晓鬟—弃脂水—焚椒兰—宫车过—听所之。

提问（3）：最欣赏哪一句？

雷霆乍惊，宫车过也。

写出了内心如雷霆那样震惊。分析宫女们的生活，整天做的想的就是这些，她们从早上起来打扮，心惊肉跳，结果怎么样？

读"一肌一容……不得见者三十六年"。

提问（4）：六个"也"，前五个与后一个有何不同？

通过争宠写侈靡，自然过渡到第三组直接写骄奢淫逸。

3. 第三组：燕赵之收藏……亦不甚惜。

重点分析"鼎铛玉石，金块珠砾"。作意动用法（把……当作）处理。

小结：本段写宫廷生活的侈靡。（第二小组背诵）

评析：分析妃嫔媵嫱、王子皇孙纷纷入秦句，能洞见整句之中的变化，且让学生读出整散、起伏的变化，实是教学设计之大手笔，令人有一种得窥创作天机的大幸福。诗歌中有"流水句式"①之笔法，形成一种流动之美，没想到说理性的散文中也存在。这是作者的跨体写作，何尝不是教者的天才发现！

让学生体会"雷霆乍惊"句，不仅是状宫车驶过的声音之大，更写出了宫人的心惊肉跳，这是教学设计的神来之笔，将杜牧抒情的春秋笔法不露痕迹地抖出来了。不过，仅定位为"心惊肉跳"似乎还不全面，联系前面宫人

---

① "流水句式"是孙绍振先生在分析绝句句式特点时的命名。在他看来，绝句的前面两句如果是相对独立的单句，后面两句在逻辑上是贯穿一体的，不能各自独立，便叫作"流水句式"。

们的盛装等待，那里面也有希冀、焦虑、祈祷、兴奋、嫉妒等极为复杂的情感。

比较六个"也"的不同，更见设计的精致之美。令人既能体会宫人的争宠之切，奢侈之深，还能一窥她们由希望、兴奋到失望、落寞的心路历程。

四、逐层分析第3自然段

重点：对比。比喻非信手拈来。呼应开头。

1. 第一组：三层，一叹（嗟乎）、一比（一人VS千万人）、一问（奈何取之尽锱铢，用之如泥沙）。

2. 第二组："使"字领起。强烈对比，极言不合理、醉生梦死，以及建立在人民苦难之上。排比：农夫、工女、粟粒、帛缕、城郭、言语——层层推进，带着愤怒的激情。

3. 第三组：紧接"多于市人之言语""不敢言而敢怒……可怜焦土"。过渡天衣无缝，妙手天成。

提问："戍卒叫"与前面哪句呼应？

六王毕，四海一。

"戍卒叫，函谷举，楚人一炬，可怜焦土"，又可写一部灭亡史，如《过秦论》中所写。但这里只用十四个字！文章有时要有水分，水分多才丰满；有时要简练，简练才有力。

本段小结：用描述的语言，写秦自取灭亡的史实——横征苛敛（取之尽锱铢）和荒淫无度（用之如泥沙）。（第三小组背诵）

评析：教者对作者承接、呼应之法有着极其精微的感应，教学设计中何尝不是处处体现着精密的承接、流转与呼应呢？教学秘妙与创作秘妙浑然相融，何其高妙的境界！

对概括与敷陈相穿插之法的点染，令人情不自禁地想到《木兰诗》的写法：对买军用品、思念爹娘、得胜回家的描写极尽铺陈，可是对战争的描写一笔带过（"将军百战死"）。这说明：杜牧是一个很善于转益多师，吸纳创作能量的人。教者点出这一秘妙，需要怎样用心、用情的生命融合！

五、逐层分析第4自然段

1. 这一段讲了什么？（历史教训）
2. 教训是什么？（要"爱人"）
3. 分几组表述？（三组）

第一组：呜呼……天下也。说明一切灭亡皆"自灭"，有一成语"自取灭亡"即是。

第二组：嗟夫……族灭也。用假设、反问的方式，说明要"爱人"。

第三组："秦人不暇自哀"至最后。四个"后人"有何不同？第一、第二、第四个"后人"指秦以后的人，这里指唐敬宗；第三个指唐以后的人。

小结：以秦为鉴，勿蹈覆辙，否则哀之莫及——借古讽今。

提问：回到开头的问题，本篇核心句是哪句？

最后一句。

（板书：卒章显志）

评析：不仅让学生明白说的什么理，还引导学生体味如何说，很是细腻、高明。

细腻体现在"爱人"观点的两种阐发方式：假设+反问，更见作者的理直气壮、掷地有声。

高明体现在与《过秦论》所说之理的会通，还有将尾段分成三组赏析的教学设计——这暗示了作者说理的节奏：第一组对一切灭亡皆自灭的慨叹；第二组以"假设+反问"的句式曲折地引出"理"，环环相扣，让说理在激越中走向更强的激越；第三组提问四个"后人"有何不同，则暗合了文章舒缓的束势，与教者在"教学目的"中所说的"让学生体会文章的音乐美"，默然契合。

总评

读黄玉峰老师的这篇教学设计，一个词情不自禁地跃入脑海——会通。

会通是中外先哲都很看重的一种阅读或写作智慧。刘勰在《文心雕龙》

"物色"篇中说："古来辞人，异代接武，莫不参伍以相变，因革以为功，物色尽而情有余者，晓会通也。"清人陆以湉在《冷庐杂识·为学之道》中也说："读古人书，就其篇中最胜处记之，久乃会通。"无独有偶，美国社会心理学家弗洛姆提出过两种学习知识的方式：一为占有式，"to have"，将所读所闻，悉数记住；二为存在式，"to be"，彻底消化，学以致用，实现存在的目的。两相比较，他更欣赏"to be"，而这种学习方式正需要会通的力量。

《普通高中语文课程标准（实验）》强调"应注重应用，加强与社会发展，科技进步的联系，加强与其他课程的沟通，以适应现实生活和自我发展的需要"，"遵循共同基础与多样选择相统一的原则，构建开放、有序的语文课程"，"沟通""开放""有序"等词突出的正是会通的思想！

会通如此重要，但很多语文老师在教学中总是不得其门，或落实得捉襟见肘。如何灵活地化用这一智慧，黄老师为我们起到了很好的示范作用。

一是注意教学目标与教学过程的会通。

教学目标不是一种装饰性的存在，而是整个教学过程的统领，二者唇齿相依、水乳交融。体会文章的音乐美，了解高度概括和极尽敷陈的写法，了解文章中的特殊句式，这些目标无一不融在了教学过程之中。其中，感受文章的音乐美成了教学的主旋律。如在"六王毕，四海一，蜀山兀，阿房出"中读出了"铁锤敲钉，一个一个敲下去"的短促有力的节奏；在"开妆镜—梳晓鬟—弃脂水—焚椒兰—宫车过—听所之"等句中读出了动作的连贯，六个"也"中所表达的情感的异样；在"使"字统领句（使负栋之柱，多于南亩之农夫……多于市人之言语）中感悟到"层层推进的愤怒之情"，并且领略到和后面写灭亡史的几个短句（戍卒叫，函谷举，楚人一炬，可怜焦土）所体现的"概括与敷陈的穿插之功"，没有对语言节奏的敏感，无法有如此独具匠心的审美体验。

教学目标与教学过程的会通看似简单，其实不易。当下很多名师的教例中都充斥着要么大而空，要么莫名跑偏，要么油水分离的教学目标，更遑论普通的语文教师？"的"虚空了、消失了，语文教学之"矢"还能精准发射吗？缘于此，黄老师教学目标与教学过程的会通为我们的语文教学树立了一个永恒的真诚而务实、素朴而独创的界碑！

二是注意语文学科与其他学科的会通。

在本篇教学设计中，黄老师评文本首句十二个字（六王毕……阿房出）时，将短促而激越的文字与贝多芬的《命运交响曲》会通，尽管只一句带过，却具有丰富的启示意义。语文本是极具开放性、包容性的课程，倘若就文本教文本，不知古今会通、中外会通、内外会通（语文学科与其他学科），那么，语文的优势还会永葆吗？黄老师的会通，令人不由自主地想到美国休斯《黑人谈河流》中的"爵士乐"节奏，苏轼对王维诗的著名评论——"味摩诘之诗，诗中有画；观摩诘之画，画中有诗"（《东坡题跋·书摩诘〈蓝田烟雨图〉》），还有古希腊毕达哥拉斯学派在音乐中见到"数的和谐"的规律。这些都是不同领域会通的经典案例，对于语文教学，真的值得好好借鉴。

三是注意对相同事件所发之声的会通。

黄老师将贾谊的《过秦论》、苏洵的《六国论》和杜牧的《阿房宫赋》在主题的视角下实现了会通。尽管只是约略提及，后面的教学并未全面、深入展开。就秦国灭亡史，黄老师在赏析第3自然段时有所比较：《过秦论》写得详尽，《阿房宫赋》只用了十四个字，但毕竟开了探究性比较的由头，有兴趣的学生自然会循此以往。这启示我们：在题材、主题视角下实现跨文本的比较，也是教学会通的一个路径。

比如，同是"劝学"，我们可以比较荀子的劝学、孙权的劝学、胡适母亲的劝学，比较他们的劝学目的、劝学方式、劝学个性，这是很有意思的。当下提倡的"群文教学""单元整体教学""有序性教学"与此相类，只不过做得更为自觉、更为系统、更为深入罢了。

四是注意不同文本之间的相互会通。比如，赏析"蜀山兀，阿房出"一句时，黄老师趁机征引了《史记》中的资料——"发徒刑者七十余万人，输蜀荆地材皆至"，举重若轻，一下子深化了学生对秦始皇大兴土木的奢侈、腐败之风的理解。这与陈寅恪先生提倡的"以诗证史""以史证诗"之法颇为相类，不同文本互相印证，可以形成阐释的互文，推进认识的深化。从语文教学的角度说，则可以化死学为活学，化浅学为深学，从而使语文学习从占有走向存在。但是，这需要语文老师做阅读的有心人，并为此进行不懈的积淀。这方面，博览群书、沉浸浓郁的黄老师堪称表率。

五是注意篇性特征视野下的多方会通。

着力于形式表现智慧,可以捍卫语文的体性——区别其他学科的种差;着力于类性特征的揭示,可以确保语文教育中各类文体不会一锅煮;着力于篇性特征的发掘,则可以一窥作者独特的创作匠心,饱览言语表现的各种迷人风景。如何统一这三方面的关系?由文本的篇性特征开掘入手,自下而上地行走,注意勾搭连环、触类旁通,不失为语文教学的终南捷径。注意聚焦篇性特征的多方会通,上述各种层面的会通也会水到渠成,迎刃而解。

这方面,黄老师的教学近乎达到了化境。对状写阿房宫复合顺序的把握,对整散、长短句式的审美体验,对作者用词中的上下承接、前后呼应,写实与写情同构的感悟("雷霆乍惊,宫车过也")……莫不浑然天成,却又能时时刷新人们的体验。

不过,黄老师的会通仍有提升的空间。

首先,会通异彩纷呈,但必须基于文眼、情志脉或特有的深层形式结构。落实到本文的教学中,便是所有的会通必须基于"房—女—物—欲—理"这样一个烘云托月的说理结构——迥异于邹忌、墨子的类比的、由近及远的说理方式。否则,很容易出现零散的精彩,而无整体的生命关联。有老师觉得这篇设计缺少课眼,虽有分组的意群式解读,依然有碎片化之嫌,或缘于此。其实,黄老师不是没有整体的观照——预习、检测中对文本核心观点的考查,尾声部分对历史教训的再次点染,都是灵魂式的教学统摄,只不过没有让烘云托月的说理结构更突出罢了。如果突出,即使采取回溯式的教学设计——由理的感悟回溯到前面各个蓄势式描写,教学一样会"提领而顿,百毛皆顺"。

其次,对一些重点的篇性特征,完全可以加大会通的力度,以帮助学生举一反三,深化对言语表现智慧的感悟。比如,首四句短促、激越的节奏,《荆轲刺秦王》中刺杀秦王部分也有——"未至身,秦王惊,自引而起,绝袖。拔剑,剑长,操其室……",田间的鼓点式诗歌《给战斗者》也有——"人民!人民!/抓出/本厂里/墙角里/泥沟里/我们底/武器/痛击杀人犯"[1],

---

[1] 钱理群,温儒敏,吴福辉. 中国现代文学三十年[M]. 北京:北京大学出版社,1998:570.

完全可以让学生感受一下。学生若能举出这方面的例子加以比较，更好。感受敷陈与概括结合的篇性特征时，也可顺带会通一下汉赋"铺采摛文，体物写志"的特点，并追问是否与汉赋的"劝百而讽一"同质，从而上出文本的类性特征。

另外，在作业设计中也可延伸会通的思想。就本课来说，完全可以让学生比较《过秦论》《六国论》和《阿房宫赋》的说理智慧；也可以让学生就文本的篇性特征（如音乐美、高度概括和极尽敷陈结合），选择相关的文本进行比较鉴赏——如比较《阿房宫赋》与《荷塘月色》的音乐美，比较《阿房宫赋》与《木兰诗》的敷陈与概括之法，从而强化学生对本文形式秘妙的理解，并走向言语表现与存在。

黄老师的教学设计中没有作业这一环节，不知在实际教学中是否会有此考虑。

审智性散文，教学内容如何择定

——张寰宇《那树》教学实录评析

一、分享阅读初感，多向激活思维

师：很高兴与大家一起讨论王鼎钧的作品《那树》。大家都预习完课文了，请谈谈你最大的发现，从"语言""主题""内容""结构"等角度谈都可以，也可以说说你阅读中的困惑。

生：用朴实的语言表现出一个很大的悲剧。

师：好，朴实的语言，很大的悲剧。

生：作者写这棵树时并没有仅仅将其当一棵树来写，也是当作一个人来写的。

师：课文不仅仅是在写一棵树？

生：是的，这些写法里是有精神的。

师：你为什么会有这样的感觉？

生：因为作者在写树的时候用了一些动词，也描写了它的外貌，都是用写人的词来形容这棵树的。

师：这位同学发现作者在写树的时候都是用一些形容人的词语来写的，树似乎是有精神的。

生：老师，我有一个问题。

师：（期待地）哦，好。

生：我不知道这篇文章到底要说什么道理，是批判社会吗？

师：到底是要批判呢，还是要告诉我们一个道理呢？作者到底想说什么？

生：我也有疑问，读到结尾我就想：写树为什么写到一个骑车的人？

师：好！写树，就像是写人；写树，又写了人……我想我们还有更多的发现，也有更多的问题。这节课不可能把它们都解决，我们一点点聊下来，能解决一些是一些。

评析：从学生的阅读发现和困惑引入教学，这是基于学情的实在而灵动的教学智慧。无论发现，还是困惑，都有学生思想的在场与互动，这是对话的基点，也是生命融合的前提。要说趣味激发，这是最自然且富有深度的。

朴实的语言、很大的悲剧、拟人化写法、主题的复杂性、表现手法上的另类……学生的阅读分享体现了较为开阔的思维景深和忠于自我体验、不为参考资料所左右的独立思考的品格。

不过，教者的引领、点染与概括还可再作优化：

一是注意对问题进行适当开掘。如语言的"朴实"体现在哪里——深挖出学生比较的语言参照物；"很大"的悲剧，何出此言——擦亮学生体验的独特性。

二是注意语言的精纯与升华。变相重复或概括学生的发言，固然可以助长学生的言语自信力，给学生以充分的体验时空，属于良性的"冗余"，但是切中肯綮、醍醐灌顶式的精纯评价或许更能激发学生的思维能量和言语表现的信心。比如，学生说拟人化的写法中是"有精神"的，教师完全可以肯定他的思想贡献——触及了文本的悲剧性质：生命的悲剧、精神的悲剧，这恰好可以回答先前学生所说的悲剧"很大"体现在何处。学生和盘托出心中的困惑：文章是"要说什么道理，是批判社会吗？"教师则可趁机点染和激励：你道出了优秀文本创作的一大秘密——主题的丰富性、统一性以及由此生成的极具统摄力的哲理品格。

二、聚焦那树之死，感受那树之悲

师：这是一个悲剧，很重的一个悲剧。我们就从"树之死"开始聊吧，想听听你们的想法、感受。（PPT 出示）

那树，死得很_____

生：我觉得很悲哀。因为它作为一棵树，给人以荫凉、方便和舒服，而当它不再有用后，就被连根拔起。

师：那么老、那么大，曾有那么多用处的树竟然要面对这样的死亡，悲哀而又无奈！如果能结合具体语句来说就更好。

生：我觉得它死得有尊严。那天晚上的环境被描写得很神圣。"夜很静，像树的祖先时代，星临万户，天象庄严，可是树没有说什么，上帝也没有。一切预定，一切先有默契，不再多言。"我觉得好像就是上帝早料到人们会做出这样的行为，所以，树就很坦然地去面对死亡，尽管心中带着一种叹息和无奈，但是它很有尊严地死去。

生：我觉得它死得很"静"。树死去的时候什么话也没有说，就这样静静的。

生：它死得很"闷"。在第9段的最后面，说老太太听到叹息，马路工人什么也没听见，感觉没有人去听它的想法。

师：好一个"闷"字，不仅是被"闷死"，更是心灵上的无法沟通，无法理解。我建议大家一起读读关于"树之死"的直接描写。（PPT出示）

电锯从树的踝骨咬下去……更没有人知道几千条断根压在一层石子一层沥青又一层柏油下闷死。

（配乐起，学生齐读，读得很是感动。）

师：树之死，也许平静，也许坦然，但我们又分明感觉到一种"苦"，一种"闷"，一种"痛"。这好像不是简简单单的一棵树的死亡，我想我们有必要再去好好读读这棵树，想想它为什么会引起我们这么大的触动。

评析：以"悲剧"作为教学的切入点和核心，不是悲剧理论的硬性演绎，而是基于学生体验的自然生成。不大谈悲剧的定义，而是先着眼于那树悲剧的体现，为后面环节加深悲剧内涵的理解张本，这是符合先感性再理性，先个别再一般的认知规律的。与先入为主，引学生思维入彀的演绎式教学相较（如从佛学的视角解读，觉得那树就是佛的象征，那树所带来的一切就是佛施与人世的恩泽，那树遭遇不幸是佛对众生的怜悯和普度①；从无用和大用的辩证关系出发，将《那树》作为"生态批评理论"的一个例子②），教者归纳式的教学路径更符合学生的心灵实际。

分享中，提供句式"那树，死得很_____"，并要求学生结合文本中的具体语句来谈，更是将理解与表达落到了实处。虽然措辞有失统一（学生说的是"很大"的悲剧，教者说的是"很重"，这种措辞之变，教者未作任何解释），追问不够及时（学生仅从那树受死的环境描写中见出"尊严"是不够的，应该继续追问：为什么这种环境描写能体现那树死得有尊严？还能从哪些地方见出那树死得有尊严？），思维发散也不够酣畅（那树受死的惨烈、庄严就没有被说到。这不是因为学生没有这样的思维力，而是教者启悟不够），但是联系教学的全过程看，教者言语"约而达，微而臧，罕譬而喻"的特色还是体现出来了。特别是对学生"死得很闷"这一体验的升华——"不仅是被'闷死'，更是心灵上的无法沟通，无法理解"，让文本看似寻常的写实一下子具有了象征的意味，颇能豁人耳目。

三、拟人视角切入，品味那树形象

师：有同学说，这篇文章的一大特点就是用写人的词语来写这棵树。从作者的这些描写中，你发现这棵树有怎样的特点？或者说这些描写让你感觉到树是怎样的一个人物形象？

生：从第1自然段来看，这棵树在这条路上立了很久，尤其是三个"立在那里"说明大树是一个见证者，一直看着这个城市不断发展。

生：它是人们的精神支柱，是人们安全的寄托。那时没什么高科技，人们把一些愿望寄托在这棵树上，它不倒，人们心中的东西就不倒。

师：你说得很透。

生：我觉得它是一位非常淡然的老人，很从容。可以从第7自然段看出，不管周围怎么变化，它依然保持着自己的初心，不会随波逐流，而是朝

---

① 陶莉.《那树》：佛心佛语［J］.中学语文教学，2013（8）.
② 师延峰."无用"之时方显"大用"——《那树》教学设计［J］.中学语文教学，2012（7）.

自己希望的方向生长。长得越来越好，叶子越来越绿。

师：任旁边的人流、车流怎么变，它都不改初心。你认为这是从容吗？可能另外一个词更合适。

生：坚定。

师：哦，我还推荐另外一个词：坚守。它坚守着自己，坚守着初心。

生：我觉得它像一位父亲，从第 2 自然段可以看出它很健壮，一片树叶都没有掉下来，像父亲一样，给人依靠。

师：她这个"父亲之说"很有意思，这不是一般意义上的父亲，在第 3 自然段中，有这么一个字，我感觉跟她说的父亲形象特别像，是哪个字？

生："托"。

师："托"是什么意思呢？我们来"托"一下（师生皆用动作演绎），什么感觉？

生：是一种支撑，用力地支撑。

师：这位"父亲"，就如此地顶着、撑着，你觉得他是谁？

生：是盘古。

师：如果树是盘古，那我们是谁？

生：女娲。

师：如果树是女娲，我们都是她的孩子对不对？（生笑）是父亲也好，盘古也好，女娲也好，这都没关系，关键是我们感受到了树的一种姿态，一个守护者的姿态。

生：我觉得树是一个战士。第 9 自然段"那树仅仅在倒地时呻吟了一声"，然后作者又说"这次屠杀安排在深夜进行"，树好像一开始就是背负着一种使命，它为了使命而生，也为此而死，死得很坦然。

师：你的话让我想起一个人：苏格拉底。在古希腊，苏格拉底宣扬自己的学说。有人污蔑他腐蚀青年人的思想，法庭因此判处他服毒自杀。苏格拉底本来可以逃走，但是苏格拉底不走，因为他觉得，自己要维护古希腊法律的尊严和效力。他坦然喝下了那碗毒药。伟大的哲学家死去，但是故事留了下来。树，像一位历经沧桑的老者、父亲、守护者、战士，它如此高大，如此高贵。

评析：对那树形象的整体把握，有"跨体阅读"的味道。城市发展的见证者—人们的精神支柱—坚守初心的老者—庇护子女的父亲—肩负使命、坦然赴死的战士，学生的思考由形入神，完成了先前直觉判断（拟人写法里"有精神"）的细化和深化。

本环节，教者的思维辩证和引领得到了强化。如"坚守"一词的择定，那树与父亲的形象之比，由健壮到托，再到守护，思维的逐步深入是清晰可辨的。将那树的形象与盘古、女娲、苏格拉底精神姿态的比较，更是教学中的灵动之笔。自然、亲切，而有深度的鉴赏引领一直在统领。

令人称道的是，教者始终能把握好"道而弗牵，强而弗抑"的度，使顺势而化的教学艺术愈发光彩夺目。比如学生由那树的形象想到了父亲的守护，教者便没有像有些老师那样强行地知人论世，联系王鼎钧幼时诵读佛经的经历，将树的托举形象说成"似佛的四周以千手千掌托住的祥和之光"——如此一来，上帝说"你绿在这里，绿着生，绿着死，死复绿"，又该如何阐释？是否要将那树和上帝的忠诚子民进行联系？教者更关注文本内部生成的意蕴，并注意与学生的审美体验打通，这种本分、务实的解读取向十分可贵。

四、探究那树死因，鞭挞丑恶人性

师：可是，悲剧往往是这样产生的。悲剧是什么？把最好最美的形象毁灭给人看。这么好的树，这么崇高的形象，它为什么会死？谁是凶手？

生：人！

生：醉酒驾驶者！

生：交通专家！在第9自然段。

生：（齐读）这天，一个喝醉了的驾驶者以六十英里的速度，对准树干撞去。于是人死。于是交通专家宣判那树要偿命。于是这一天来了。

师：谁能来模拟一下这位交通专家的宣判词？

一生模拟：此次事件，由于该树妨碍驾驶者行驶，并致驾驶者身亡。所以，本院判处此树——死刑。（笑）

师：真的很像专家哦，说得头头是道。你的依据何在？

生：因为这树妨碍了驾驶者行驶，导致驾驶者身亡。

师：你们认为这位"专家"的话有道理吗？

生：没道理。他为了维护他人的利益，也可能为了维护自己的利益，却没关注到树。

生：没道理，我们可以看到整个社会都在发生变化，整条路、公寓楼房都在发生变化，人类已经从依靠这棵树变成自己有能力改变自然。所以人们认为这棵树的价值已经变小了，所以就应该把它砍掉。

师：你说得这么激动。整个社会？还有谁在抱怨这棵树？

生：司机，树挡住他的路了。

（教师要求学生分角色朗读）

计程车像饥蝗拥来。

"为什么这儿有一棵树呢？"一个司机喃喃。

"而且是这么老这么大的树。"乘客也喃喃。

师：司机，作为一个跑遍大街小巷的计程车司机，难道你没见过树吗？（生大笑）

生：不是的，因为这是棵大树，他挡了我的路，影响了我的车速。我需要更快地开车，更多地赚钱。

师：乘客，你为何要抱怨呢？

生：我也赶时间啊，我还有一大笔生意要做。

师：嗯，似乎所有人都想着自己的目的，追求着自己想要的东西。于是，树成了奇怪的树，成了碍事的树。是谁杀了树？

生：所有人。

评析：如果说前面的教学环节完成了悲剧形态、悲剧性质、悲剧价值的审美探索，本环节实际上在探析悲剧的成因。在这方面，教者依然能深入浅出，驾轻就熟。从"谁是凶手"的表面探讨到对人类膨胀欲望这一内因的审视，以及物质文明全速推进的旁涉，直到最终达致对"共犯结构"的认知——所有人杀死了那树，理性思辨进行得滴水不漏。因为立足学生的体验，又能不时刷新他们的体验，真正做到了陌生与熟悉的相乘，所以此环节的教学美不胜收。

值得一提的是教学手段的"学生化"——如让学生模拟专家读判词，反问学生："作为一个跑遍大街小巷的计程车司机，难道你没见过树吗？"或刻意漫画，或故意傻问，妙趣横生而又哲理品格自具，颇为难得。

或许是限于时间，或许是为了在下一环节整体感知，教者对"共犯结构"中人的荒谬性、自私性、专横性，未能抓住一些关键词（如"对准""宣判""这么老这么大"），或语气、句式进行具体、深入的玩绎，使其更突出，这是颇为遗憾的。

五、复归形式表现，暗点文本类性

师：这个悲剧的伏笔是在什么时候埋下的？

生：第6自然段，"但是，这世界上还有别的东西，别的东西延伸得更快，柏油路一里一里铺过来，高压线一千码一千码架过来，公寓楼房一排一排挨过来"。

师：我能不能把这句话稍作修改：但是这世界上还有别的东西，别的东西延伸得更快，柏油路铺过来，高压线架过来，公寓楼房挨过来？

生：不能，情感不够强烈，不能突显别的东西延伸得快。

师：别的东西到底指的是什么？

生：人的欲望。

生：物质需求。

生：社会文化。

生：人的追求。

师：再问一下，悲剧的伏笔是什么时候埋下的？有没有更早的？

生：我觉得从第一句"那棵树立在那条路边上已经很久很久了"，悲剧就埋下了。

师：什么意思？

生：开始只是一条泥泞的小径，但是后来路上慢慢有了第一辆汽车，慢慢地有了房子。从那时候就已经开始改变,科技已经开始发展了,周围的环境、人们的思想都已经开始变化了,开始追求更好的东西,除了自然。

师:当人有追求的时候,树的悲剧就埋下了,是吗?

(生点头、叹息)

师:唉,我们还是再读读吧。(PPT 出示)

电锯从树的踝骨咬下去……更没有人知道几千条断根压在一层石子一层沥青又一层柏油下闷死。

(配乐起,学生齐读。)

师:让你最难受的是哪个词?

生:"没有人知道"。当我们的科技、我们的文明越来越发达的时候,是以牺牲树这样的形象为代价的。但没有人知道,树也不说。

师:让我很难受的,还有另外一个词,你们猜是哪个?

生:"周道如砥"。因为公路平坦了,但是下面压着的是树的断根。

师:表面的道路平坦畅通,但底下有无尽的痛楚。在行进的路上,我们早已经忘记了什么?

生:脚下的路。

师:所以,我们需要思考这样几个问题——(PPT 出示)

路在何方?道在何方?那树是谁?我们是谁?

全课结束。

评析:本环节的三大问题(①那树悲剧的伏笔是在什么时候埋下的?②那树受难的描写中,让你最难受的是哪个词?③路在何方?道在何方?那树是谁?我们是谁?)问得巧妙、深刻,让教学有了一种余韵悠长的审美效果。

说巧妙,是因为伏笔的赏析可以让学生更清晰地感受现代文明对自然环境的戕害,还有"人类中心主义者"自私、贪婪、冷漠的劣根性。那树受难描写中重点词的揣摩,则可强化上述的认知与体验。无论伏笔描写,还是细节描写中关键词体现的春秋笔法,都是文本的形式秘妙。命中了,各美其美,美美与共的教学胜景便会自然产生。

说深刻,是因为教者将"物质之路"上升到了人类的"发展之路",并引导学生拷问如何进一步认识自然、认识自我,如何处理人与自然的关系,如何看待工业文明的利与弊,如何处理现代文明发展与传统文化坚守的关系,从而于无声处完成了对文本"审智"类性的体认。

总 评

孙绍振先生通过散文发展史的梳理,将散文分成了三类[①],即:审美的抒情散文——偏于诗化、美化的审美抒情,遵循的是抒情逻辑;审丑的幽默散文——偏于对并不美好的事情、荒诞情感的书写,遵循的是幽默逻辑;审智的学者散文——偏于智性观念的表达,遵循的是理性逻辑。

王鼎钧的《那树》显然属于审智性散文,因为其间涉及了很多层面的理性思考:工业文明发展的利与弊、生命价值的尊重与认同、现代文明的发展与传统文化的坚守、对人类膨胀的物欲以及其对精神家园漠视的批判。这显然是延续了我国古代散文思辨和纪实的传统——《那树》是撇开现象,直掘本质的纪实,和作者的《欲》《网中》《青纱帐》等对人性欲望、物质文明双重性审视的散文一起,正好构成了互文性的思辨。

不过,这并不意味着教学内容的择定只能限于"意"的审视、辨析与体悟。情和形的审美,同样必不可少。尤其是彰显语文体性的"形",更需作为审智散文的教学核心。因为作者智性观念的表达是融化在文字"感性的肉身"中的。不把握感性的肉身,意的明悟也就会大打折扣。文艺理论中的"形式意识形态"说阐明的也正是这个道理——文学形式中积淀着丰富的意识形态信息,文学活动通过它深刻卷入了历史文化空间。

这一点,楼肇明在《谈王鼎钧的散文》一文中也有所提及:"台湾散文原本承袭了周作人一派,周氏又承袭晚明小品遗风。毕竟有一种衰败倾颓、夕阳归鸦的气象。是故,王鼎钧和余光中在散文文坛崛起,且不论其思想倾

---

① 孙绍振. 文学创作论 [M]. 福州:海峡文艺出版社,2007:394-417.

向上还有哪些毛病,他们两人那汪洋恣肆、突兀峥嵘的想象力和排山倒海、阅兵方阵般驾驭文字的能力,将散文的阳刚之美推进到了一个新的阶段,是没有理由加以拒绝的。"汪洋恣肆、突兀峥嵘的想象力,排山倒海、阅兵方阵般驾驭文字的能力,以及由此形成的阳刚之美,都是感性肉身的一种体现,为的是服务其思想的表达。

那么,《那树》中彰显智性思考的感性肉身主要体现在哪些方面呢?

首先最鲜明的莫过于互衬式结构了。从整体上看,树之善与人之恶、奉献的深情与受刑的惨烈构成了落差夺目的互衬。从局部上看,那树在可怕的天灾中毫发未损,却在庇护多年的子孙手中被斩头切脉;在生于斯长于斯的土地上伫立那么悠久,根须伸展那么广深,被屠杀时却是那么迅疾(锯倒、肢解、搬运,连夜完成,割头、挖根则是在另一个夜晚立就;还有急功近利的人类不懂感恩,树体内的蚂蚁竟懂得绕树干一周,表达内心的依依不舍;与树为邻的老太太能听见老树的叹息,一声又一声,像严重的哮喘病,屠杀的刽子手却什么也没听见)……这些相互反衬,使得作者关于人性欲望、工业文明的思考,不着一字,却力透纸背。

其次是"绿"意脉的一线贯穿。柏油路一里一里铺过来,高压线一千码一千码架过来,公寓楼房一排一排挨过来,那树雨后滴翠,绿得更深沉;被工头和工务局里的科员端详过计算过无数次,那树依然绿着;公共汽车站搬了,水果摊搬了,幼儿园也要搬,那树屹立不动,依旧翠绿;即使被锯倒、肢解、碾碎的叶上每一平方厘米仍绿着。绿,成了奉献信念的写照,也成了人性警策、救赎的象征——不是自然性的写实,而是神性的写意。同时,绿也成了作者抒情的节奏,与意的阐发浑然天成,相得益彰。

再次是浪漫化和漫画化的交织。对那树,作者不惜添加传奇色彩,如台风中连一片叶子也不落下,接受上帝的伸手施洗:"绿着生,绿着死,死复绿。"将自己的灾祸预先告诉体内的寄生虫……对人类,则是漫画、丑化的写法,如对刽子手的描写:"他们带利斧和美制的十字镐来,带工作灯来,人造的强光把举镐挥斧的影子投射在路面上,在公寓二楼的窗帘上,跳跃奔腾如巨无霸。"这种截然不同的审美取向显然包蕴了神性与兽性、现代文明与传统文化等多维度的思考。联系《孔雀东南飞》《牡丹亭》等作品中的浪漫主义表现手法，说王鼎钧《那树》中寄寓了一种理想人性、理想社会愿景的思考，并不为错。

至于一些个性化的修辞，更是作者思想的感性肉身。比如，那树在暗中伸展它的根，加大它所能荫庇的土地，"一厘米一厘米地"向外。可是，柏油路是"一里一里"铺过来，高压线是"一千码一千码"架过来，公寓楼房是"一排一排"挨过来。那树被斩杀后，"日月光华，周道如砥"，可是，已无人知道"几千条断根压在一层石子一层沥青又一层柏油下闷死"。这些形象的惊心动魄的文字背后都体现了作者的智性观念。

张寰宇老师教学的成功正在于聚焦了这些"感性肉身"进行审美。

教学第二环节的感受树之死，第三环节的感受树之神，第四、五环节的感受人之谬，其实和文本的互衬式结构是同构的。唯其如此，他的逐个击破——尤其是相关细节的慢镜头化，如对那树是怎样的一个人物形象的讨论，还有追问的上下勾连，能与作者的哲思同声相应，处处显得浑然统一而富有生机。

他对那树悲剧的伏笔是何时埋下的两次发问，其实已经触及了文本的"绿"意脉。对"柏油路一里一里铺过来，高压线一千码一千码架过来，公寓楼房一排一排挨过来"这句，还用了还原法引导学生加深对都市文明发展过快的危险性的体悟。可惜的是，未能好好设计问题，将教学重心落在"绿"意象的审美上。

就那树的受刑细节，组织学生讨论、分享：让你最难受的是哪个词？一下子将学生的目光锁定到"没有人知道""周道如砥"的表现力感悟上，这是对作者个性化修辞的深度寻绎。感受那树千掌千指托住阳光，还有对司机、乘客喃喃背后意思的体会亦然。因为始终注意在感性的肉身中发掘文本的形式秘妙——篇性特征，学生对作者智性思索的理解还是比较到位的——这从他们的发言中不难见出。

这些感性的肉身因为最精粹地体现文本的篇性特征，又在审智与审美、纪实与变异、概括与特殊、内敛与奔放的动态平衡中折射文本的类性特点，所以一旦被把握，教学便会显得清新扑面而又具有势如破竹的力量。

　　对文本浪漫化和漫画化交织的篇性特征，张老师似未引起高度的关注。所以，对在被贪欲淹没的人、神性内具的树、初心仍在的人所构成的关系网中，跟着作者去思索人性问题、社会发展问题，也就没有形成教学的自觉。不知张老师当时出于怎样的教学考虑。

　　不过，着眼于学生兴趣处、愤悱处、舛误处以不断建构自己的教学，使学生与文本、作者的生命不断融合，这种货真价实的生本主义值得追求。尤其是在学生体验的基础上，将"悲剧"择为课眼，展开灵动、饱满而风趣的教学，使尺幅千里、纲举目张的教学智慧得以淋漓尽致地彰显，更值得我们永远地吸纳、化用和发展。

因势建构，层层揭秘

——李李《陈情表》教学设计评析

【教学设想】

《陈情表》是蜀汉旧臣、名士李密在蜀汉破亡、被晋武帝强行征召之际所上的一篇奏表。全文陈述的是"辞不赴命"的原因，表达的是"进退""狼狈"之情，渴望晋武帝能够"矜悯愚诚，听臣微志"，以便实现"终养"祖母、"报养"祖母之志。由于此次进表在新旧朝代更替之际，作为"亡国贱俘"，面对新朝征昭示好的行为，一再拒绝，是很容易惹上杀身之祸的，这决定了李密在写《陈情表》时对意图表达的格外谨慎与严密斟酌，也催生了"钻木取火式"这一独特的表意结构，以及含蓄吞吐的表现风格。因此，聚焦这一独特的表意结构，感悟其间复杂、幽微的情感，领略含蓄吞吐的风格，体悟作者高超的言语表现智慧和魅力，便成了教学的重点和难点。

评析：发现《陈情表》独特的篇性——"钻木取火式"表意结构，以之为核心，经纬课堂教学，引领学生感悟文本复杂、幽微的情感，领略含蓄吞吐的风格，体悟作者高超的言语表现智慧和魅力。这既是解读，也是解写。解读独辟蹊径，解写重点突出，从而在思想上保证了篇性与类性的统一，形式秘妙揭示与感悟作者言语表现智慧的统一，扼杀了伪语文、泛语文的萌芽，有力地守住了语文的体性。

【微课引领】

高一下学期的学生,有借助注释与工具书自学浅易文言文的能力。但是,如何使他们在阅读中不停留在文本一望而知的表层意思上,而是在中层的意脉和深层的形式规范上深度思考和探究,便成了微课引领的核心任务。

自制微课《唤起沉伏的情感》(10分钟左右的视频学习指导),以巴金、朱自清等人的作品为例,形象而扼要地介绍了唤醒情感的言语表现智慧,并布置了下述思考题,以启发学生的思考:

(1) 这篇文章哪些地方掀起了你情感的涟漪?

(2) 李密向晋武帝倾诉内心纷杂的情感,意在何为?

(3) 李密陈情的目的达到了。《晋书·李密传》记载:晋武帝读罢《陈情表》,情不自禁地赞道:"士之有名,不虚然哉!"特地"赐奴婢二人,使郡县供其祖母奉膳"。那么,他是通过怎样的写作智慧实现自己的意图的呢?

评析:微课引领扶放结合。扶,重在"唤起沉伏的情感"这一言语表现智慧的启悟,意在为感悟"钻木取火式"表意结构的魅力张本,将巴金、朱自清的作品与李密的《陈情表》联系起来,体现了教者会通奥窔、举一反三的教学追求。与语文课程标准中提倡的"在教学中尤其要重视培养良好的语感和整体把握的能力""使学生在不同内容和方法的相互交叉、渗透和整合中开阔视野,提高学习效率"等理念,均有神合之处。放,重在引导学生围绕李密独特的言说智慧,进行开放性的探索,这是对孙绍振教授文学文本解读学前沿理论,"着力于文本中层的意脉和深层的形式规范"思想的及时化用。问题的设计,看似信手拈来,实际上苦心孤诣。

【教学流程】

一、悟情

1. 导引。课前,大家通过微课及相关资料和注释,自学了西晋文学家李密的"至情之作"《陈情表》。不知他所抒发的情感在哪些地方打动了你?

2. 朗读。请带着这个问题自由朗读课文。

3. 交流。根据学生的发言,教师总结:身世悲苦的感伤之情;老弱相依的不舍之情;知遇重用的感激之情;进退狼狈的为难之情;不敢二心的惶恐之情;忠孝难全的痛苦之情;先孝再忠的愚诚之情;祈求听志的怖惧之情……

4. 强化。(1)以《古文观止》的评价予以认识上的提升——《陈情表》"历叙情事,俱从天真写出,无一字虚言伪饰""至性之言,自尔悲恻动人"。(2)带着这种认识,选读打动自己的文字。

评析:不兜圈子,不玩花架子,导入直奔微课引领中埋下的思考题,做到有问有查,有放有收,显得非常干净、利索,有精气神。从悟情导入,也遵循了由感性到理性的认识规律,与学生的视界既有融合,也有超越,如教师的扼要总结,《古文观止》中关于历叙情事"天真""至性"等评价的引入,都是让学生茅塞顿开、言语生命拔节的智慧引领。

二、悟意

1. 激疑。李密仅是通过《陈情表》向晋武帝倾诉内心的复杂情感吗?他真正的意图何在?请从文中找出相关证据。

2. 交流。"臣具以表闻,辞不就职。""母孙二人,更相为命,是以区区不能废远。""乌鸟私情,愿乞终养。""愿陛下矜悯愚诚,听臣微志,庶刘侥幸,保卒余年。"……

3. 点染。《陈情表》的确不是在陈情,而是在表意。陈情是手段,表意才是目的;陈情是表象,表意才是本质。从文体角度说,"表"也非陈情,而旨在表意。《文心雕龙·章表》云:"章以谢恩,奏以弹劾,表以陈请,议以执异。"《文选》云:"谢恩曰章,陈事曰表。"

4. 朗读。让多名学生依次读上述不同措辞的表意之句,形成一种此起彼伏、滔滔不绝的恳请之势。

评析：激疑既逼近了作者的写作目的，又扣住了"表"的类性——表以陈请。"请"一作"情"，但主要侧重在请求、请示。对李密所表之意的寻找、交流、点染、朗读，看似务虚，实际上却是不折不扣的务实。因为学生只有对"表了什么"有深切的感悟，接下来才会对"怎么表"有心领神会的共鸣。

三、悟形

1. 梳理。李密的"愿乞终养"之意是直接表达出来的吗？他的表达有何特异之处？（不是。总体来说，是靠情"焐"出来的：文章的开头是自叙身世的悲苦之情，继而是因奉诏奔驰与服侍祖母发生冲突而引发的窘迫之情，再接着是掩藏在对孝治天下国策的赞美之情、对朝廷宠命优渥的感激之情背后的不想废远的区区"私情"，最后才亮出自己的本意来。这种结构颇有钻木取火的感觉。所抒之情在与接受主体晋武帝的隔空交流、磨合中，变得越来越融，越来越热，就像钻木取火一般，内心深藏的"志"／"意"终于为越来越高温的情感所点燃。）

2. 回忆。在你的阅读经历中，还遇到过类似的表意结构吗？（如《公输》中墨子劝说楚王的段落——指出楚王攻宋的不宜，是通过对舍文轩而窃敝舆，舍锦绣而窃短褐，舍粱肉而窃糠糟的铺陈，以及与楚王拥有幅员辽阔、物产丰富的楚国，却想攻占地少物乏的宋国类比而点明的；文天祥的《过零丁洋》——"人生自古谁无死，留取丹心照汗青"的伟岸信念，正是在寥落、自嘲、抱怨、失望、孤独、伤感、惶恐的情感烈焰焚冶中脱颖而出的。）

3. 比较。与他们比，李密的表达有什么不同之处？（如果说文天祥的"意"是一片烈焰，墨子的"意"是一团火苗的话，那李密《陈情表》中所表达的"意"充其量只是一点儿小火星罢了。何以如此？因为"愿乞终养"之意是借着乌鸦反哺的旗帜，含蓄地亮出来的，且立刻为辛苦之情、惧怖之情，还有"生当陨首，死当结草"的誓言所覆盖。这种表达又颇像一条小鱼，稍稍将嘴伸出水面吐了个泡，马上就又缩回去了。）

4. 朗读。读最后一部分，体味这种写作特点。

评析：千呼万唤，教学的"真意"终于在这个环节闪亮登场了！由文本情脉的梳理，引出"钻木取火式"表意结构，这是教学之"实"，而非架空文本的胡乱发挥；回想与《陈情表》表意结构相似的其他文本，这是教学之"通"，而非就文本教文本的狭隘与闭塞；再挺进一步，区分相似文本的不同之处，这是教学之"细"，而非罔顾篇性的一锅煮；朗读以体会写作秘妙而非纯粹地体悟情感，这是指向言语表现的教学之"新"。

四、悟格

1. 深读。一方面是浓墨重彩的渲染，一方面是小心翼翼的克制，这便形成了一种含蓄吞吐的风格。请再朗读课文，看看哪些地方被渲染了，哪些地方被克制了。

2. 交流。状悲苦之情，写祖母之弱，赞朝廷圣明，都是用了渲染的手法；说到朝廷催促，还有表达"愿乞终养"之意的时候，都是非常克制的。

3. 探究：李密为什么会这么写？这种风格的形成是偶然的吗？

4. 分享。

（1）基于上次奏表的失败——"诏书切峻，责臣逋慢"。本次竭力夸赞晋朝圣明，说明上次没有，或夸得不够；本次不断点染晋朝"孝治天下"的治国方略，以之作为服侍祖母，不能废远的大前提，说明上次或许没有作此打通和拔高；本次不断地抒写感激之情，称"非陨首所能上报"，说明上次很有可能大大咧咧，忘记了感恩；本次竭力表明自己是亡国贱俘，不会有所希冀，说明上次极有可能遗漏了这方面的辩解……

（2）犹疑、观望的人格投射。政局动荡，心中无底……

（3）守节与归顺的内心纠结。虽然李密在表中"坦承"——"本图宦达，不矜名节"，但必须注意：这是在皇帝怀疑、震怒情况下所作的一种紧急解释，或者说是"被表白"，真实性到底有多少值得存疑。因为古往今来，心口不一、言行脱节的现象比比皆是。有时，说得越凶，越貌似真诚，与真实的情状越是相去甚远。

（4）小结。丹纳（H·A·Taine）认为，"风俗习惯与时代精神"形成的精神气候，对读者的文化视野和审美需求，对艺术家的发展道路和作品的价值取向起着"选择""淘汰"的定向作用。鲁迅也说："有精力弥满的作家和观者，才会生出'力'的艺术来。'放笔直干'的图画，恐怕难以生存于颓唐、小巧的社会里的。"（《集外集·近代木刻选集·小引》）《陈情表》中钻木取火式的表意结构，欲显又藏、含蓄吞吐的表现风格，在一定程度上既可以说是作者持守、挣扎、调适的结果，也是社会"精神气候"熏染的结果。

评析：风格如羚羊挂角，一般的教学都会淡处理，以一两句话带过，或干脆不处理，但是教者不信这个邪，硬是将这玄之又玄的问题剖析得清清爽爽，令人有相对具象的体认，这是很懂教学的精致之道的。尤其是将含蓄吞吐的风格与上次奏表的败笔，以及作者犹疑与观望的人格、守节与归顺的纠结联系起来，并借用丹纳、鲁迅的理论，得出结论：李密《陈情表》含蓄吞吐的风格在一定程度上既可以说是作者持守、挣扎、调适的结果，也是社会"精神气候"熏染的结果。真的堪称设计的神来之笔。没有扎实的史料功底，没有洞幽烛微的审美见识，根本无法作此精彩的论断。

五、悟智

1. 换位。生活中，当我们遭遇猜忌或误解时，我们通常采用什么样的辩解方式？（针锋相对、逐个击破、歇斯底里的指责或反唇相讥……）

2. 思考：李密的表意方式比我们的好在哪里？

3. 点睛。面对朝廷三番五次的征召，李密的辞不赴命是有一定的潜在风险的——《陈情表》的写作时间是在泰始六年，距离嵇康的被杀，阮籍的醉酒式软抵抗，也只有六七年的时光，而且晋武帝对李密已经起了疑心和戒心。在这种严峻的情势下，李密采取钻木取火式的表意结构是非常智慧的，与道家的入势而化智慧不谋而合——先通过情感慢热的方式，打消对方的敌意，使其在不知不觉中入我情感之势、思想之势，直到最终被我俘获、感化，从而实现在恭敬、顺从的旗帜下拒绝的目的。

4. 朗读。读文章最后一部分，体味李密的表达之妙。

评析：本以为体悟风格的环节是教学的尾声，因为余音绕梁的效果已然产生。没想到教者再创教学设计的奇峰，将作者钻木取火式的表意结构与学生生活中的自我辩解联系起来，进而引导学生深度体会作者这一入势而化的结构魅力，看似想落天外，却又在情理之中——再度呼应了她在微课引领中提出的教学理念：着力于文本中层的意脉和深层的形式规范。

六、总结

《陈情表》堪称思想沟通、情感交流的典范之作。

不可否认，这种成功极大地受惠于钻木取火式的表意结构。这种独特的结构更好地规范，甚至催生真诚、恳切的心灵互动，自然而巧妙地唤醒了晋武帝的道德良知，或者说是"恻隐之心""是非之心"，进而推翻了先前拒不合作的形象，以及干扰笼络人心、安定社会策略实施的心理猜忌。同时，真情之美、人性之美（比如"舅夺母志"体现了作者对母亲的理解与尊重，"九岁不行"还道出了祖母的艰辛和慈爱）也在这种结构中像荷花一样悄然绽放，清芬四逸。

这是独特的表意结构，也是独特的言说智慧，值得我们在今后的阅读中细加品味，在写作中好好化用。

评析：好的总结既是对教学内容的精辟概括，也是对学生全新认知、体验、想象的一种强化、深化和美化。这些特点，教者的总结都做到了。

七、作业

试比较《陈情表》和《烛之武退秦师》，体会李密和烛之武的表达智慧，进一步品悟汉语言的艺术魅力，写一篇赏析文章，题目自拟，角度自选。

评析：这是真正的余音绕梁，智慧引领——将课堂所学及时化为言语表现，是真正的存在式学习，而非占有式学习。好的教学设计不是个别环节的美，而是整体的美，一如美丽、精致的苏州园林，处处皆图画！

总评

这是一篇"立足形式秘妙揭示，捍卫语文体性"理念指导下的颇为出色的教学设计。

悟情、悟意、悟形、悟格、悟智、总结、作业，所有的教学活动均指向了"钻木取火式"表意结构魅力的揭示、体悟和化用。相较于在问题中迷失，在活动中迷糊的老师，李李老师的教学设计如猎豹追逐猎物一般明确和专注。这得力于她结构视角下的巧妙而高效的审美追问：李密《陈情表》中所抒发的情感，在哪些地方打动了你？他仅是通过《陈情表》向晋武帝倾诉内心的复杂情感吗？真正的意图何在？"愿乞终养"之意是直接表达出来的吗？李密的表达有何特异之处？在你的阅读经历里，还遭遇过类似的表意结构吗？与其他作者比，李密的表达有什么不同之处？李密为什么会这么写？这种风格的形成是偶然的吗？……其势滔滔，变幻万千，教学的意脉却绝不断裂，从而推动着学生的思维不断进入新的境界，审美体验得以不断地被刷新。李李老师的课绝对不会被误认为历史课或思想品德课，也不会被视作有文体不辨的同质化倾向，更不会被指责"没有上出作者的言语表现的个性"。在她的这篇教学设计中，捍卫语文的体性，把握文本的类性，上出文本的篇性，完全和谐统一、浑然天成。

令人非常称奇的是，李李老师的教学设计也体现了"唤醒的智慧"，或者说是"入势而化"的智慧。不是直接亮出"钻木取火式"表意结构，而是通过悟情、悟意环节的不断感知、体验、启悟，自然而然地催生对文本独特结构的发现。这样一来，前两个环节的设计，就成了审美体验和认知的热身，与文学创作中"烘云托月"的表现手法异曲同工。其实悟形，连同其后的悟格、悟智、总结，也还不是她教学的终极目的，终极目的是作业中的内化和运用。因此，前面的所有环节最终又演化成了言语表现的一种渲染或造势。其间，有情感的唤醒，理性的唤醒，与《陈情表》情感造势，最终推出

"愿乞终养"的目的，堪称异体同构。这或许就是李李老师钻之弥深的自然体现吧！这样因势建构、层层揭秘的教学设计才是真正的生命融合的设计，生命能量得以不断攒聚的设计。以这样的探索精神投入到每一课的教学设计之中，想让自己不教学相长都很难。

说到探索精神，李李老师教学设计中的学者气息是颇为浓郁的。无论是教学目标的定位，教学视角的选择，还是对文本的深度鉴赏与分析，以及相关史料的引入，文学前沿理论的借鉴，无不体现她别具一格的思考魅力。但是，这种精深的钻研成果，不是被拿来猛灌、硬塞的，而是紧紧贴住学生的认知结构，通过多角度的对话，如激疑、点染、移情、启悟等，使学生的认知不断提升，体验不断加深，进而获得精神生命拔节的快感。

比如，当学生有可能以为《陈情表》就是陈情的时候，她马上提醒：仅是陈情吗？从而使学生回归到文本的整体结构加以体悟：陈情仅是手段，表意才是目的。但是，李李老师没有就此满足，紧接着又从文体角度，引《文心雕龙》《文选》的相关论述强化认知：表就是古代臣子向帝王陈述事实，表达内心请求的一种文体。这种拓展，一点都不会给人以生硬之感，反而令人眼前一亮，有醍醐灌顶之感。类似这样的引领、提升，设计中还有不少。在学生的愤悱处点拨，在舛误处纠正，在肤浅处深化，她做得驾轻就熟，风生水起。当很多语文老师羡慕欧美国家学生在阅读与写作中体现出的渊深学养和强劲思辨力的时候，何曾想过自己是否在教学中率先垂范，不断超越呢？何曾想过我们的身边也有很优秀的，以培育学生渊深学养和强劲思辨力为己任的语文老师呢？

李李老师就是这样一位努力垂范、深谙超越之道的老师。作为她的学生，一定很幸福。课堂的听讲一定不愿大意，素养的积淀一定不愿懈怠，言语表现的实践一定不觉乏味。因为她太会追问，太会引领，太会发现了。倘若有丝毫的怠惰，很可能就错过许多令人心醉的语文风景。李李老师之于学生，是一种幸福；之于语文教学，更是一种幸福！

适体教学中的个性化创造

——王君《苏州园林》教学实录评析

一、导入

1. 闲话苏州之"特":清代 159 个府中的税老大;园林、苏绣、美女,天下扬名;9 个园子位列世界遗产名录。

2. 亮出教学目标:学习叶圣陶先生如何用语言将苏州园林的美表现出来。

3. 分享阅读体验:好文章就是"阅读者无论站在哪个点上,眼前总是一幅完美的图画"。

4. 屏显学习方法(宏观:析整体结构;中观:探段落奥妙;微观:赏语言特色)。

评析:比之只围绕说明顺序、说明方法、说明语言打圈圈的教学,将"说明之美"定为攻坚目标,显得境界高迥,灵气逼人,因为这不仅可涵容文本的类性特征,而且能深入揭示文本的篇性特征。

仿叶圣陶对苏州园林的审美感悟,将好文章定性为"阅读者无论站在哪个点上,眼前总是一幅完美的图画"(课眼),并从宏观、中观、微观三个层面,引领学生细致体悟,更是匠心别具的切入,与夏丏尊先生称道的"寡兵御敌"智慧(围绕一个点,精心营构)极为神合。闲话苏州之特,是教者广博积淀的悄然绽放,看似随意,却在为唤醒学生对苏州的爱,进而迁移到对叶圣陶文字园林的爱积极蓄势。

不过,举重若轻的背后,也暴露了内心的紧张——苏州之特的介绍皆出自教者之口，学生只是象征性地跑跑龙套；"三层学习法"也是迫不及待地亮出，而非学生体验丰满后的自然生成。

为什么不放手让学生多说说、多悟悟呢？

二、宏观：析整体结构

1. 点出第 1 自然段为课文的引子后，直接屏显第 2 自然段，师生齐读。提醒：读《苏州园林》，要有"散步的感觉，读慢一点会更好"；"这一段对阅读课文特别重要，因为这一段叶圣陶先生把自己对苏州园林的态度都表达出来了"。齐读。

2. 背诵屏幕中红色标记的语句：讲究亭台轩榭的布局，讲究假山池沼的配合，讲究花草树木的映衬，讲究近景远景的层次。（生背。师抽背。生齐背。）

3. 跳读，寻找关键句，思考第 2 自然段和全文的关系。

4. 讨论。学生发现第 2 自然段中的四个"讲究"分别呼应第 3、4、5、6 自然段，全文的结构呈先总后分的特点，教师请学生说得再仔细点，学生总结如下：

第一个"讲究"强调亭台轩榭的布局，第 3 自然段写的就是亭台轩榭的布局；第二个"讲究"强调假山池沼的配合，第 4 自然段写的就是假山池沼的配合；第三个"讲究"强调花草树木的映衬，第 5 自然段写的就是花草树木的映衬；第四个"讲究"强调近景远景的层次，第 6 自然段写的就是近景远景的层次。

教者趁势追问：除了第 3、4、5、6 自然段，第 7、8、9 自然段为什么也要放在后面写？这三个自然段作者为什么不继续用"讲究"写？怎么看这个问题？学生讨论交流后，这样回答：

因为第 2 自然段还写了一句"总之，一切都要为构成完美的图画而存在，决不容许有欠美伤美的败笔"，所以作者就在第 3、4、5、6 自然段后用第 7、8、9 自然段补充了一些景物。

教者敏锐地抓住学生发言中的"补充"一词，启悟第7、8、9自然段和第3、4、5、6自然段存在一个"由主到次的关系"。

5. 热情肯定学生体悟，屏显教者"宏观阅读诀窍"——2段提纲又挈领/佳句美词有担当/相呼相应分主次/清清爽爽好文章。让学生轻松、快乐地齐读。

评析：三次发问（①第2自然段与全文是什么关系？②除了第3、4、5、6自然段，第7、8、9自然段为什么也要放在后面写？这三个自然段作者为什么不继续用"讲究"写？③第7、8、9自然段与第3、4、5、6自然段在地位上呈什么关系？）紧紧盯住了文本结构上的精致呼应特点，也是"宏观把握文本结构"这一目标的具体展开。第一问"道而弗牵""开而弗达"；第二问非常细腻、漂亮——问到了很多学生，乃至老师的感知难点、盲点；第三问借学生嘴里的"补充"，顺势启悟，一下子将整体把握推向了高潮，引而不发，颇为高妙。

其间还含蕴了等待的智慧：等待体验的成熟、思想的升华、个性的绽放。比如，当有学生发现四个"讲究"分别呼应第3、4、5、6自然段时，教者并未沾沾自喜地迅速收场，而是继续启发："你的思维真敏锐！有同学似乎还不大明白，请你说得再仔细点。"于是，学生粗线条的概括，立刻化作了具体的演绎。杜威说："生长并不是从外面加到活动上的东西，而是活动本身具有的东西。"王老师静听学生细说，实际上就是放手让学生在活动中完成自我思考的悄然生长。

美中不足的是，这种静听花开的等待做得并不彻底：宏观阅读的诀窍依然不是学生的体验生成；第2自然段的重要性及其与全文的关系也是变相的授知，而非体知；不整体阅读，一开始就让学生直奔第2自然段，更非阅读的正道。

三、中观：探段落奥妙

1. 出示学习任务：比较第3、5自然段的写法异同，提炼方法，破解说明文段落布局之谜。并留下奖励：如果脑筋动得好，会给大家讲个有趣的故事。

2. 齐读课文——女生齐读第 3 自然段，男生齐读第 5 自然段。

3. 屏显这两段，提示学生：可从说明方法、表达方式、结构特点等方面比较。

4. 讨论交流。

（1）第 3 自然段的中心句是第 2 句——"苏州园林可绝不讲究对称"，第 5 自然段的中心句是第 1 句——"苏州园林栽种和修剪树木也着眼在画意"。

（2）这两段都运用了作比较的说明方法，突出苏州园林和其他园林的不同之处。

（3）第 5 自然段是对第 3 自然段所写"不讲究对称"的扩写。

教者在这里肯定：发现这两段所写内容有呼应，这是一种深层次的理性提炼。

（4）叶圣陶先生为了把苏州园林不对称的特点说明白，运用了打比方的说明方法。教者表扬：他没有用比喻，说明他注意到《苏州园林》是说明文的语境特点，所以他的语文知识很扎实。

（5）苏州园林里有那么多的景物，可叶圣陶先生偏偏要说藤萝怎么样，他是想干什么呢？众生：举例子！举例子！师：举例子特别容易把一段话写饱满。

5. 出示总结的"说明文段落布局歌"，生读（两遍）：比较是法宝/举例添劲道/议论点睛笔/分总藏奥妙。

6. 投影 5 张图片，让学生找出不是苏州园林的照片。学生找出横着的两张，判断理据是：皇家园林讲究对称，而苏州园林不是。教者趁机拓展：还有一个重要的不同就是皇家园林要展示帝王的威严，往往是添天下之盛，藏古今之奇。所以，皇家园林的风格是一般园林不可比的。你们知道和珅吧？他在北京的府邸叫恭王府。和珅权势越来越大，钱也越来越多，就觉得自家的园林也应该和皇家的园林一样。皇家园林里有一个小蓬莱岛，他就在自家的园林里也搞了一个小蓬莱岛；皇家园林里有一个乐寿堂，他也在自家的园林里搞了一个乐寿堂。最后，这些都成了他被杀头的理由。封建时代民间的园林是不能有皇家园林那种气派的，所以皇家园林在色彩上和民间私人园林也是不一样的。

7. 要求学生再观察其他3张图：先观察苏州园林的色彩，然后用刚学过的方法口头作文，必须是说色彩。学生沉默，教师再次屏显"说明文段落布局歌"，学生齐读。

8. 师生交流。

生1：苏州园林与皇家园林相比，比较平淡，比较幽静；皇家园林给人的感觉比较富贵。教师提醒学生"平淡"这个词用得不是很准确，建议换一个词，学生换成"幽深"。教师指出"幽深"好像也不是指颜色。建议以"平淡"这个词为基础，把"平"字去掉再加一个字试一试。学生说出"淡雅"一词，教师肯定"比平淡好得多"。

生2：苏州园林的墙壁是黑白相间的，颐和园的则显得更加张扬。教师觉得未能尽意，建议同桌帮其加一个词语，将话说完整。同桌发言："苏州园林的墙壁是黑白相间的，皇家园林的墙壁看起来比较高贵。"教师肯定他："不错，这样就比较完整了。"

生3：苏州园林的颜色是一种活泼的淡绿色，皇家园林的颜色是一种庄重的深绿色。苏州园林的淡绿色虽然比皇家园林的深绿色浅，但有一种优雅美，虽然没有皇家园林那么庄重，但那种不规则和那种……那种……此处，学生思维卡壳，教师点拨："优雅"用在皇家园林上更合适，并启发学生用打比方的方法说说苏州园林的色彩更像什么画，皇家园林的色彩又更像什么画。学生的思维再度活跃。

生4：苏州园林的色彩像花鸟画，皇家园林的色彩更像山水画。教师委婉提醒：你对山水画了解多少？课后找几幅山水画看看，特别是中国的山水画，然后想想你这个打比方的说明是不是恰当，好吗？

生5：皇家园林像工笔画，苏州园林更像水墨画。工笔画比较庄重，水墨画比较淡雅。教师高度赞许学生的艺术鉴赏力，并说将同学们刚才说的话组合起来就是一篇很好的文章，说不定比叶圣陶先生写得还要有意思。叶圣陶先生是怎么写的呢？

9. 生读屏显文字——

（比较总起）苏州园林与北京的园林不同，极少使用彩绘。（举例分说）梁和柱子以及门窗栏杆大多漆广漆，那是不刺眼的颜色。墙壁白色。有些室内墙壁下半截铺水磨方砖，淡灰色和白色对衬。屋瓦和檐漏一律淡灰色。（议论点睛）这些颜色与草木的绿色配合，引起人们安静闲适的感觉。而到花开时节，却更显得各种花明艳照眼。

10. 兑现诺言，讲有趣的故事：乾隆年间，有一个诗人叫汪琬。有一次，他和一群人聚在一起各自说自己的家乡好。这群人中有广东人、湖北人、四川人，也有苏州人，汪琬就是苏州人。说自己家乡的独特时，广东人说了大象，湖北人说了木材，四川人说了猴子。汪琬一直没有说话，最后大家都问他苏州什么比较独特。同学们猜一猜，汪琬是怎么说的？他说："我们苏州啊，专产状元。"清朝一共出过114个状元，光江苏就有49个，其中苏州好像是出了25个。苏州产状元，孩子们，这很吓人吧！这说明什么呢？说明苏州这个地方什么发达呢？

生：教育发达。

生：文化发达。

师：这也是苏州有如此好的园林的一个重要原因。

评析：从说明方法、表达方式、结构特点等方面比较第3、5自然段的异同点，比单纯地识别说明文的类性特征，挑战要大，但也更利于深化学生对文本类性特征和篇性特征的体知，更能磨砺学生的思维品质。让学生从5张图中挑出非苏州园林的图片，是对理解文本内容的灵动检测，而从风格、色彩上指出皇家园林与一般园林的差别，则是醍醐灌顶般的文化点睛。让学生从色彩上比较皇家园林与苏州园林的异同，口头作文，并最终导向对叶圣陶精彩分析的认知，将解读就是解写的理念贯彻得水乳交融。从盛产状元的历史现象中见出教育、文化的发达，并觉得这是苏州园林之好的一个重要原因，更是高屋建瓴的发现，彻底盘活了看似游离课堂的材料。

"比较"是本环节的轴心，层层深入，不断刷新学生的认知与体验。将说明类文本上成思维的舞蹈，审美的戏剧，情感的览胜，令人惊奇！倘若第3、5自然段的写法比较不是教者划定，而由学生自我探究获得，那简直是巧夺天工！另外，本文体现的是"成年人、文化人的趣味"，引入游乐园、动物园的比较，是否更能激发学生的兴趣？从寻求自然之趣的角度，将苏州园林与鲁迅笔下的百草园、萧红笔下的后花园进行比较，是否更能拓展学生的视野？苏州园林本质上是"万物皆备于我"的私家园林，而非满足于大众观赏的人民公园，这种差别是否也可引发学生去思考、探究？

当然，一节课承载的思想、知识容量有限，不必面面俱到。可是，如果精心设计，加入了这些维度的比较，是否可以上得更饱满，更开阔，更灵动？

四、微观：赏语言特色

1. 导入：读《苏州园林》，年龄越大越喜欢读，为什么呢？因为叶圣陶作品的语言，哪怕是说明文的语言，都写得相当漂亮！有同学也许不这么认为，那我就给大家一点帮助。

2. 屏显叶圣陶原话和教者习作，请学生比较优劣。

原文：假山的堆叠，可以说是一项艺术而不仅是技术。或者是重峦叠嶂，或者是几座小山配合着竹子花木，全在乎设计者和匠师们生平多阅历，胸中有丘壑，才能使游览者攀登的时候忘却苏州城市，只觉得身在山间。

习作：假山的堆叠，可以说是一项艺术而不是技术。有的是重峦叠嶂，有的是几座小山栽种着竹子花木，全在于设计者和匠师们阅历很丰富，胸怀中有山水风景的形象并且深知其中趣味，才能使游览者攀登的时候忘记苏州城市，只觉得自己在爬山。

3. 师生交流。

生：第二句王老师用的是"有的是"，叶圣陶先生用的是"或者是"，叶圣陶先生的表达更好一点。（教者提示学生说出理由）

生："可以说是一项艺术而不仅是技术"比"可以说是一项艺术而不是技术"更准确。因为假山的堆叠既包含技术也包含艺术，所以，叶圣陶先生说得好。

师：说得有道理，我很服气，我要向叶圣陶先生学习。

生：老师最后写的是"只觉得自己在爬山"，叶圣陶先生写的是"只觉得身在山间"。"爬山"一般都会感觉有点累，"身在山间"往往是在欣赏美景，有一种闲适的感觉。

师：你的发言真精彩！"欣赏""闲适"，你真是一个有哲学审美高度的女孩。还有吗？我那么辛苦，我写的可比叶圣陶先生的长多了！

生：叶圣陶先生在最后写的是"忘却苏州城市"，您写的是"忘记苏州城市"，从表现的情感程度上讲，"忘却"比"忘记"要强一点，我觉得他是被美景吸引了，已经完全忘却城市，忘记好像表达不出他已经被园林美景吸引的意思。

师：你还知道语言表达有程度深浅方面的区别，太牛了！你的发言有理论高度，真的很好！还有吗？

生：叶圣陶先生的语言精练简洁，王老师的语言则稍微有些繁琐。

师：（故意反驳）我可不这么认为，什么叫"生平多阅历，胸中有丘壑"，同学们看看课文下面的注释，我是为了让读者好理解，才把"生平多阅历，胸中有丘壑"置换了，这样读者读的时候就一目了然了，这多好啊！难道你们不同意？

生：我感觉叶圣陶先生写的"生平多阅历，胸中有丘壑"更有诗意。

师：这种诗意来源于什么呢？你能帮他解释一下吗？

生：因为这句用了对偶的修辞手法。

4. 教师点睛：其实"生平多阅历，胸中有丘壑"不仅用了对偶的修辞手法，而且它本身还是文言语言。刚刚有同学说这句有诗意，为什么会有诗意呢？因为它有文言味。孩子们，你们又做了一件很难的事，这个问题很多老师都不太会注意。叶圣陶先生作品的语言为什么漂亮啊？老师给大家总结出来了，希望能给大家一点启示。

5. 生读屏显文字：有准确严谨的表现力；有典雅端庄的文言范儿；有从容流转的音韵美；有过目难忘的画面感；有气定神闲的情感流。

6. 提醒学生再读《苏州园林》或叶圣陶先生的其他作品时，一定要结合作品语言方面的这些特点去体会。

7. 赏读相关语句。

（1）池沼里养着金鱼或各色鲤鱼，夏秋季节荷花或睡莲开放，游览者看"鱼戏莲叶间"，又是入画的一景。

教者点拨：要读出感情来。这句是不是有文言范儿？是不是有画面感？再读一遍。

（2）有几个园里有古老的藤萝，盘曲嶙峋的枝干就是一幅好画。开花的时候满眼的珠光宝气，使游览者感到无限的繁华和欢悦，可是没法说出来。

教者点拨：这段文字要带着一种赞美的语气读，要像导游一样富有情感，还要读慢一点，再读一遍。

（3）那些门和窗尽量工细而决不庸俗，即使简朴而别具匠心。

教者点拨："即使"这个关联词的运用漂亮极了！来，试着背下来。读课文也好，读其他文学作品也好，一定要一边读一边品。

（4）这些颜色与草木的绿色配合，引起人们安静闲适的感觉。而到花开时节，却更显得各种花明艳照眼。

学生读得语气不对，教者提醒应该是赞美的语气。生深情齐读。

8. 有感情地读第 2 自然段。读安静闲适的语言，一定要传达出安静闲适的感觉。同学们，这就是叶圣陶先生作品的语言。现在，请同学们回头看第 2 自然段，同样是有文言范儿，同样是充满音韵美，这段该怎么读？生齐读。

评析：以自作文字陪衬，引导学生体悟叶圣陶说明文准确严谨的表现力、典雅端庄的文言范儿，颇有"陌生化"之效，既增加了审美和思辨的时长，也更有效地激起了学生对叶圣陶说明文的亲近感和认同感。模拟学生心理的质疑，更是将审美体验和思辨推向了深入，令人有欲罢不能之感。

对文中其他精彩语句的赏读，旨在体悟文字从容流转的音韵美、过目难忘的画面感、气定神闲的情感流，这是基于文本篇性开掘的跨体阅读和创造阅读。或许是为了追求教学中的扶放结合、详略分明，此时节奏偏快，且都是教者在赏，并未实现昆体良所说的"节制教师力量，俯就学生能力"的目的。但是，在平淡似水的文字中发现如许亮色，依然让人有置身七宝楼台的阅读惊奇。

五、拓展延伸

1. 和学生一起回忆所学。从宏观角度析《苏州园林》的整体结构；从中观角度探《苏州园林》的段落奥妙；从微观角度赏《苏州园林》的语言特色。

2. 布置作业。这堂课就要结束了，同学们表现得非常好，是不是已经对说明文的学习有一种慢慢开窍的感觉了呢？苏州园林有很多著名的园子，如"网师园"和"拙政园"。同学们猜一猜，园林的主人为什么会取这样的名字呢？这是今天这节课的课后拓展阅读作业。

3. 总结。生读屏显文字——

务必使阅读者无论站在哪个点上，眼前总是一幅完美的图画。为了达到这个目的，作者：

讲究整体结构的统筹布局；

讲究段落之间的变化呼应；

讲究片段内部的起承转合；

讲究遣词造句的准确典雅。

总之，一切都要为构成完美的图画而存在，决不容许有欠美伤美的败笔。

师：《苏州园林》的写作，叶圣陶先生就是这么做的，对于叶圣陶先生而言，《苏州园林》的文字就是他自己的园林。

评析："三观"学习法和苏州园林特色的结尾再奏，令人情不自禁地想到《爱莲说》《故都的秋》等篇中的呼应式结构——不如此，所强调的情思就无法淋漓呈现，自有一种荡气回肠之美。

难以苟同的是作业布置。为什么不让学生就文本的结构呼应之美、段落布局之美、语言雅洁之美，写一些赏析文字呢？或将之与本单元的《中国石拱桥》《桥之美》进行比较，既能深化所学，又能将言语表现落到实处。拓展阅读"网师园"和"拙政园"的名称由来，对苏州学生没有必要，对外地学生也毫无挑战，且与本节课的教学目标相去甚远，何必呢？

总评

对说明类文本进行适体教学，似乎不是什么难事——将说明顺序、说明方法、语言特点从文本中"理"出来即可，很多老师正是这么想的。

难的是：如何"理"？能否理出文本的篇性、作者的说明之美，进而上出教者的创造之美，学生的发现之美？这是真正的难！缘于此，很多老师一提说明类文本就心有余悸。硬着头皮去上，只能讲得味同嚼蜡，连自己都觉着恶心，而将语文课上成建筑学、绘画学、生物学、天文学等课的，更是比比皆是。

在这一塌糊涂的窘境中，王君老师能上出说明文的生机，上出自我的创造光芒，何其珍贵！

与按图索骥般的适体教学不同，王老师已上升到"法"，乃至"道"的高度。宏观：析整体结构；中观：探段落奥妙；微观：赏语言特色——这适合《苏州园林》的教学，也适合其他说明类文本的教学。既涵容了说明类文本的类性，却又远不仅于此——比如析整体结构，就不只是了解说明顺序，还涉及了呼应之美、剪裁策略等。如何看，如何探，如何赏，也各有章法，且均是贴紧作者言语表现匠心的个性化总结——用王老师的话来说，就是追求更高层次的"应用知识"和"创造知识"，让人实实在在地感觉到什么叫"体不远人"。

体不远人，因为王老师还密切关注了文本的篇性。区分同一文类文本的篇性，不亚于数学上的哥德巴赫猜想，难度之大，令人望而胆寒。因之，篇性开掘的教学一直是语文教学的不毛之地。可喜的是，本课教学中，王老师取得了不小的突破，如对叶圣陶语言基于精准、简练之上的文言范儿、音韵美、画面感、闲适风的捕捉，这需要怎样的生命融合，怎样的审美爆发力！

谈到审美爆发力，是因为王老师和谐地统一了适体阅读与跨体阅读。很多老师死守适体阅读，不敢越雷池半步，结果对文本中的跨体创造视而不见——如鲁迅小说中的戏剧性，郁达夫散文中的诗性，叶圣陶说明文中的文学性，因而无法灵动地跨体阅读，也就永远地和创造性阅读失之交臂了。王老师没有。她的教学既有科学的读解，更有审美的升华，甚至可以说就是在审美的视野下进行科学读解的。比如对作比较、举例子等说明方法的教学，她不是肤浅地停留在找到、说出的层面上，而是继续挺进，让学生体悟其间的表现之力，表现之巧，表现之美，因而上出了新意，上出了深意，也上出了诗意。

王老师适体教学中的个性化创造还体现在课程知识的丰富性上。一般的教师，通常只会在教材层面的知识上兜圈子；优秀的教师，会进一步考虑如何让自我的生命阅历与体验进入课堂；杰出的教师境界更高，会将学生的生命经历、体验和思考多方激活，源源不断地引入课堂，从而形成花团锦簇的教学胜景。王老师就是这样的杰出教师！在《苏州园林》的教学中，学生层面的课程知识特别新鲜、闪亮，如对"忘却"与"忘记"的情感强度的区分，对"只觉得身在山间"和"只觉得自己在爬山"的心境比较，对盛产状元的历史、教育文化的发达，以及苏州园林美好之间深层联系的发现……这种奇观的出现，是真正的语文之美，教者的个性创造之美！

令人感动的是，在说明类文本的教学中，王老师并没有忘却引领学生走向言语表现和创造。如以"色彩"为切入点让学生口头作文，比较苏州园林和皇家园林，以及故意为自己冗长、俗白的文字辩护，诱发学生体味叶圣陶言语表现的精约和醇永，将说明类文本上得活色生香，韵味无穷。

尽管从整体上看，教者的预设大于生成，学生的创造性容量还不是特别大，与同单元中其他说明类文本，或者不同类文本间的打通做得还不够自觉，但毕竟有了生机盎然的突破。相信在王老师等一大批杰出语文同人的努力下，说明类文本教学的春天会早日来临！

第三辑 小说类文本教例评析

立足人物形象，拓展阅读空间

——尤立增《林黛玉进贾府》教学设计评析

【教学目标】

1. 了解贾宝玉、林黛玉、王熙凤的性格特点以及小说刻画人物所运用的外貌描写、语言描写等表现方法。
2. 培养学生的文学鉴赏能力和善于质疑、自主解决问题的学习意识。

【教学重点】

理解王熙凤的人物性格。

【教学难点】

体会作品如何运用人物外貌描写来表现其性格特点。

评析：将人物形象的性格分析，以及外貌描写、语言描写等表现方法作为教学目标，既捍卫了语文的体性，又突出了小说的类性。教学重难点是对教学目标的进一步明确，并未像有些老师另起炉灶，华丽而玄虚地铺排，朴实而严谨的教风及精准打击目标的实干精神立见。

但是，目标中并未见出篇性特征（独特的形式秘妙）的揭示——外貌描写、语言描写是共性的文学表现方法，并非作者独特的创作匠心。

另外，一节课真的能"培养学生的文学鉴赏能力"吗？这与想通过一篇《归去来兮辞》"感悟陶渊明身上蕴藏的道家思想及其思想渊源",通过一篇《子路、曾皙、冉有、公西华侍坐》"了解《论语》及孔子思想"一样,是否不切实际呢?想让教学实现尺幅千里的效果无可厚非,但不加节制地贪大求全,很可能是对教学的一种伤害。不能做还硬要做,出现教学夹生饭现象就会成为必然,也会将博大精深的文学遗产简单化。即使要培养,也得明确是什么样的文学鉴赏能力,开口必须小。需要指出的是,"培养学生的文学鉴赏能力……",动作主体是教师,无法体现学生本位的思想。尽管教者后面的设计突出"学情核心",但形式上必须注意整体的统一。

还有人物形象分析,为什么独独将王熙凤的分析作为教学重点,却将第一女主角林黛玉悬置?若论作者的笔墨分布,贾宝玉的绝对盖过王熙凤,精致度亦然——先是众人的丑化以造势,继而是黛玉的惊奇衬托,再是贾宝玉的发疯摔玉,真是一波三折。光是服饰描写,就有两处之多!从教者后文的问题设置量来看,重点却是落在了贾宝玉身上——4个问题,其他两人都是3个,这种内在的龃龉不知出于何因?

【教学流程】

一、回顾上节课"环境"问题,引出本节课的"人物"

评析:咬定"类性"不放松,睿智!一课一个切入点,一课一个专题,可贵!然,环境描写是为塑造人物形象服务的——情节亦然,单纯地赏析环境描写肯定不可取,若结合人物塑造赏析,与本节课的区分度又在哪里?

二、讨论疑难问题,分组合作学习

1. 分组讨论"预习作业"中发现的关于"人物"的疑难问题。
把解决问题的权利交给学生,采取交流探讨的方式,组织指导学生尽可能地自我完成理解消化过程。小组交流切磋，取长补短，尽量达成共识。记录没有解决和有争议的问题。

按照林黛玉、王熙凤、贾宝玉的顺序讨论。

2. 每组代表汇报交流情况，并提出尚未解决和有争议的问题，全班交流、辩难、自由发言，让学生充分表达意见，教师适时点拨。教师点拨要有针对性。这一环节，着力解决预习中的疑难问题，并发现新问题，促进学生进行高层次赏析。

这一环节是课堂最重要的环节，按三个人物分步骤安排。

关于林黛玉：

1. 为什么林黛玉进了贾府会"步步留心，时时在意"？

备答：（1）初进贾府的复杂心态。虽为亲人，但首次见面，总有"寄人篱下"的阴影。（2）敏感谨慎的性格特征。"不肯轻易多说一句话，多行一步路，唯恐被人耻笑了他去。"

2. 当贾母问黛玉念何书时，黛玉答"只刚念了《四书》"。为何宝玉问她时，她却改口？

备答：随时改正一些不适宜的对答，表现她的留心与在意。

3. 为什么对林黛玉的穿戴"竟无一字提及"？

备答：作者用虚笔写意展现黛玉的肖像，还为突出其才情女子超尘拔俗的空灵感，特别是宝玉眼中的眼波脉脉、体态袅娜、聪明灵慧、超凡脱俗。

总结：林黛玉美貌多情、体弱多病、心态复杂、言行小心谨慎。小说通过黛玉婉言谢绝邢夫人"赐饭"、在王夫人房中注重座次、在贾母房中吃饭十分推让、随时改正一些不适宜的对答等典型细节，表现其"步步留心，时时在意"的谨慎态度。又通过"众人眼里的黛玉""王熙凤眼里的黛玉"和"宝玉眼里的黛玉"三个角度，描写其外貌、神情和风韵。

教师引导学生朗读黛玉的肖像描写部分，体会运用对偶、比喻等手法描写人物的好处。

关于王熙凤：

1. 与那些"敛声屏气，恭肃严整"的人们相比，王熙凤为什么"放诞无礼"？

备答：一是王熙凤精明能干，善于阿谀奉承，因此博得贾母欢心，从而独揽了贾府的大权，成为贾府的实际掌权者。

2. 作者为什么要浓墨重彩描写其服饰？

备答：暗示她的贪婪与俗气，从侧面反映了她内心的空虚。

3. 贾母称王熙凤"凤辣子"，哪些描写体现了王熙凤的"辣"？

备答：未见其人、先闻其声的出场形式，放诞无礼的语言方式，贾母的戏谑调笑等。

总结：王熙凤察言观色、机变逢迎、刁钻狡黠、精明能干。从四个方面展示她的性格特征：出场、肖像、见黛玉、回王夫人。

关于贾宝玉：

1. 从本文的描写来看，贾宝玉似乎很是不堪，这该如何理解？

备答：贾府内外这些人贬斥贾宝玉的话，充分表现了他的叛逆性格。人们把他说得这样不堪，是因为他的所作所为不符合封建正统人物的要求，违背了封建正统的世俗常情。由此可见，贾宝玉是本阶级的叛逆者。

2. 黛玉乍见宝玉为什么会一"惊"？

备答：一是黛玉看到一个眉目清秀、英俊多情的年轻公子，与以前的介绍形成反差；二是照应"木石前盟"，一见如故，产生亲切感。

3. 贾宝玉为什么摔玉？

备答：浅层次看是"这个妹妹没有玉"，表现其任性；深层次看，他"衔玉而诞"，玉是天命的象征，他的摔玉正表现出他对天命的违抗，对世俗的鄙弃，对礼教的蔑视。

4. 两首《西江月》为何要对贾宝玉贬斥？

备答：似贬实褒，正文反作。他不愿受封建传统的束缚，厌恶对功名利禄的追求。

总结：贾宝玉是封建贵族的叛逆者，具有反抗封建束缚、要求自由平等的思想。他蔑视世俗、卓然独立的种种表现，反映了他对封建礼教和封建道德的反抗。

评析：赏析三个人物形象，教者基本上紧扣矛盾进行，有以少总多，癯而实腴之效。

矛盾的发掘，大体遵循了文本的情节线索，如王熙凤形象分析中的三大发问围绕"声音""服饰""个性"展开，这也是文本中关于王熙凤文字的叙述脉络。此种设计的好处是：明里，激发了学生审美认知的冲突，极大地调动了他们的探究兴趣，便于动态、立体地把握人物形象的复杂内涵；暗里，让学生对文本富有张力的情节结构和叙事手法也会有所体悟。可谓一石二鸟。

不过，张力在教者的问题设计中表现得尚不自觉。如果按下述的方式强化，使问题的张力与文本表现的张力达成内在的一致，或许会更具思维冲击力：作者对林黛玉的服饰未置一词，为何对王熙凤的服饰却浓墨重彩地加以描写？王熙凤在初来贾府的林黛玉眼中"身量苗条，体格风骚""恍若神妃仙子"，为什么在老祖宗的嘴里竟是"泼皮破落户儿"，是"凤辣子"？

矛盾有的是内蕴于文本人物的关系间，比如别人"敛声屏气，恭肃严整"和王熙凤"放诞无礼"；有的诞生于文本人物自身的言行中，比如同是面对"念何书"一问，黛玉对贾母和宝玉的回答是不一样的；有的隐身于作者轻重不一的笔墨分布中，比如写王熙凤没有任何铺垫，写贾宝玉却极尽铺垫之能事……能被师生共同开发出来，的确需要一定的审美敏感和卓见。亚里士多德认为情节有简单、复杂之分，复杂的情节是他所欣赏的，即通过"发现"或"突转"，或通过此二者而到达结局的行动。但"发现"与"突转"必须由情节的结构中产生出来，成为前事的必然的或可然的结果。① 教者引领学生发掘的矛盾为什么颇为精彩？很重要的一个原因就是契合了情节中的"发现"或"突转"，如黛玉对相同问题的不同回答，王熙凤的笑—悲—喜转换，用教者的话来说是"察言观色、机变逢迎、刁钻狡黠"，正是作者在尺幅之中展现的性格纵剖面。

但是教者的设计中，对"突转"或"发现"的把握不是很到位。

认为小说通过黛玉婉言谢绝邢夫人"赐饭"、在王夫人房中注重座次、在贾母房中吃饭十分推让、随时改正一些不适宜的对答等典型细节表现其"步步留心，时时在意"的谨慎态度，此说看到了黛玉的性格之"恒"，却

---

① ［古希腊］亚里士多德. 诗学［M］. 北京：人民文学出版社，2002：27-28.

未发现她的性格之"变"。客观地说，黛玉初进贾府，见到三等仆妇吃穿用度都已不凡，出于尊贵身份的自尊——母亲是贾母史太君的女儿，父亲林如海是江苏盐政，曾祖父、祖父皆袭过列侯，名副其实的钟鼎之家，书香之族，的确是"步步留心，时时在意"的。但是，在受到老祖宗的顶级优待、管家王熙凤带有巴结色彩的美夸，特别是与宝玉相逢，一见钟情的潜意识策策而动时，原先"步步留心，时时在意"的谨慎其实已在不知不觉中融化，甚至可以说消失了——即使有，也是贵族小姐的礼数使然，而非寄人篱下的阴影使然，如见王熙凤时的纳罕、赔笑，笑着婉拒邢夫人赐饭，而见宝玉时的吃惊、出神更是谨慎消失的表现。这是作者刻画人物的流动之美、变化之美、精致之美。倘若以"步步留心，时时在意"加以一劳永逸地定性，并用其他细节来佐证，这完全是论文的写法而非文学的笔法。

对王熙凤服饰描写的解读——暗示她的贪婪与俗气，从侧面反映了她内心的空虚，新则新矣，但值得商榷。黛玉眼中"恍若神妃仙子"的女子，怎么会和俗气沾边？如果说王熙凤大红大绿的穿戴是贪婪、俗气，那么贾宝玉的大红大紫是否也可以这样定性？和黛玉初见时的王熙凤正大权在握，春风得意，何言空虚？说服饰描写体现她的尊贵、自信、张扬，庶几还可立得住脚。

三、拓展探究问题，训练思维发散能力

问题设计：有的同学在"预习所得"中提到"王熙凤是个人才，如果她生活在当下，会是一个了不起的女强人"，你怎样看待这个问题？

鼓励学生放飞思维，各抒己见，教师参与到讨论的过程中，不轻易否决，以此为保护学生好奇心和探究欲望的基本策略。

评析：依然是紧扣小说的类性特征而问。尊重学生主体地位，激发学生学习兴趣，培养学生思辨能力一以贯之。令人钦敬的是，这些努力多着眼于学生认知的困惑处、愤悱处，却又能无一例外地指向篇性特征的审美开掘，从而使预设与生成，规范与开放达到完美的统一。

不轻易否决，以此保护学生好奇心和探究欲望的出发点是对的，但当

学生的人才观出现不良倾向，如肯定"人才"的以自我为体，以他人为用；只注意外才（知识、能力方面），不关注内才（品德、情感方面），且八面玲珑，无所不用其极时，则要挺身而出，果断地加以否定，并指点。

【设计反思】

怎样了解学情，在阅读教学中真正实现"学情核心"，大家都在探索。我的做法是布置预习作业。在教授某一篇文章之前，提早一周给学生下发"预习作业"纸，作业内容包括"作家作品""字词积累""预习所得""质疑问难"四个板块。"作家作品""字词积累"由学生借助工具书和参考资料总结积累；"预习所得"是学生在其认知能力基础上对文本的理解的"原始"收获；"质疑问难"是重点，即学生在预习时发现的问题——不知不解处见疑，似知似解处有疑，已知已解处生疑，甚至大胆质疑文本的缺陷和错误。教师通过"预习所得"和"质疑问难"两个板块能准确把握学生的认知起点，并将这个起点作为教师安排教学设计的最重要的逻辑起点，这也是最重要的"学情"依据。与此相关，教学目标定位，就是先明白学生对文本的"知"和"惑"，站在"学什么"和"怎么学"的背景下去设计或规划"教什么"和"怎么教"的问题。

学生预习《林黛玉进贾府》，关于王熙凤、林黛玉和贾宝玉三个人物形象，主要提出10个问题（详见前文"设计"），这些问题并不是学生预习发现的所有问题，而是共性的、有价值的问题。这些问题是最有价值的"学情"，也是教师进行教学设计的逻辑起点。在掌握"学情"的基础上，教师需要广泛查阅资料，认真备课，写出教案。教案可以是"实操型"的，也可以是"资料型"的。这是"学情核心"的第一个层次。

"学情核心"的第二个层次是课堂流程。在课堂推进中，不能仅仅是教师向学生提出一系列的问题，让学生解答，还要鼓励学生大胆质疑，开放的课堂互动中教师随时可能接受学生的挑战，而成为应战者。教师引导学生自我提出问题、合作分析问题、探究解决问题，这样的课堂，是以学生为发展中心的课堂，这样的阅读教学才能实现"学情核心"。

在"学情核心"的课堂中，教师应该把探究消化的权利交给学生，采取交流探讨的方式，组织指导学生尽可能地自我完成理解消化过程；小组交流切磋，取长补短，尽量达成共识；全班交流，小组代表发言；全班讨论，辩难，自由发言；疑难问题，采取小组探究与全班讨论相结合的办法，灵活处置。发现的疑难问题，师生共同探讨解决。"质疑问难"应该是阅读教学中提高转化率的核心。"带着问题听课"必然能提高课堂效率。教学过程就成为一个不断提出问题、不断解决问题的过程，又是一个新问题不断生成、不断解决的过程。

运用本设计，有以下关键点：

第一，教师需要通过预习作业整体把握"学情"，并在此基础上设计教学，充分备课（因为课堂上教师要"应答"）。需要思考清晰、准确、合适的目标定位，规划课堂流程。

第二，教师要预设课堂如何组织学生交流，以什么样的方式交流；要预设在环节转移的过程中如何有效地引领学生思维转换，学会质疑，如何让学生"跳一跳"摘到更多的果子。

第三，教师不能代替学生学习的角色，但也不能褪去教师本该承担的角色。

评析：反思中，有三点思考颇有价值：

一是俯就与引领的意识。针对学情而教，教者有一套颇为成熟的路数，即让学生预习中完成"作家作品""字词积累""预习所得""质疑问难"这四大板块的任务。充分放手，让学生磨砺自我探究的能力，也为有的放矢地教学积极蓄势。这比脱离学情，一厢情愿地向壁虚构，再自说自话地教学，肯定强之百倍。教学中，采取交流探讨的方式，组织指导学生尽可能地自我完成理解消化过程，更是昆体良倡导的"俯就学生能力"思想的体现。但是，教者绝不会袖手旁观，耽溺于"非指导性"教学，一任学生在暗胡同里摸索——设计中呈现的10个问题，有的就是教者提炼出来的，是最有价值的"学情"，更是教者的精心引领。教者的备答、总结更是二是批判与分享的意识。教者鼓励学生在不知不解处见疑，似知似解处有疑，已知已解处生疑，甚至大胆质疑文本的缺陷和错误，并要求自己充分准备，时刻接受学生的挑战，成为"应战者"。这种鲜明的质疑、批判意识无疑更能呼唤自我思想的出场，参与到思想共同体的有效对话之中，尽享教学相长的幸福。

三是占有与存在的意识。如果说预习中"作家作品""字词积累"板块任务的完成，是实现了"占有"的目的，那么"预习所得""质疑问难"则有了"存在"的倾向，而课堂上的切磋、交流、批判、建构，则是"存在"的完成——通过言语表现确证自我的精神价值。

占有资料—发现问题—选题交流—探讨解决，不就是研究性学习的路径吗？与高校的研究生探究学术问题，不也本同而末异吗？要说有序性教学，这是很货真价实的。

从这个角度说，能成为教者的学生很幸福。

总评

阅读空间通常指接受主体在阅读文本的过程中，联想、想象、情感、意志、思辨等心理活动所展开的空间。阅读空间既受制于文本所开辟的原生空间，也取决于接受主体融入与拓展的能力。

小说类文本阅读空间的拓展，通常从人物（如从希望被屠戮的视角赏析鲁迅的《祥林嫂》）、环境（如从"花儿"意象赏析林海音的《爸爸的花儿落了》、从"笑"这一草蛇灰线赏析鲁迅的《孔乙己》）、情节（如抓住"三打"中人物形象的情感错位赏析《三打白骨精》）这三个角度切入。不论从哪个角度切入，三要素之间都紧密联系，且以人物形象的分析为中心。

从人物形象角度切入，拓展小说的阅读空间为很多语文老师所热衷，这方面积累的经验比较丰富。丰富的经验为小说教学带来了极大的便利，也提出了严峻的挑战，即上得顺畅比较容易，上出新意却很难。

在这样的背景下，尤立增老师迎难而上，且能设计出自己的特色，令人肃然起敬。

尤老师立足人物形象，拓展阅读空间的特色主要表现在以下几个方面：

1. 有选择地开发文本矛盾资源，并将之提炼为探究题，进行经纬课堂教学。

尤老师的10个探究题，多诞生于文本的"矛盾源"，也是形式秘妙的核心部位。因为这些矛盾高度吻合了亚里士多德所说的情节因果中的"发现"或"突转"——比如对贾宝玉形象分析的4个问题，便暗合了贾宝玉初见林黛玉的惊奇、喜欢、关心的情感起伏。林黛玉的一惊，正是贾宝玉的一惊——既呼应了"木石前盟"，前世绛珠仙子和神瑛侍者的身份，又吻合了柏拉图《会饮篇》中的传说：完整的人本来是男女一体的，只是后来被上帝劈开了。所以，世间的男女，总是在寻求自己的另一半。穆旦诗作《我》对此有过生动的描写：

遇见部分时在一起哭喊，

是初恋的狂喜，想冲出藩篱，

伸出双手来抱住了自己。

宝玉询问黛玉读了何书，还有见黛玉无玉，立刻将自己的通灵宝玉"狠命摔去"的细节，无不折射了他对黛玉无可救药的一见钟情，而这些意味深长的秘妙，悉数被尤老师以探究题的形式攫住了。不过，对黛玉的心情"突转"，尤老师并未"发现"，仅以一句"步步留心，时时在意"加以硬性概括，错过了对篇性特征的深度开掘，颇为可惜。

2. 聚焦言语的另类处，引领学生深度玩绎，从中揭示人物的性格密码。

言语是心灵的镜子，尤其是另类、矛盾的言语。对此，尤老师也有精彩的发问，如"当贾母问黛玉念何书时，黛玉答'只刚念了《四书》'。为何宝玉问她时，她却改口？"这一问就直逼林黛玉对环境迅速融入的机灵，还有她见到宝玉时的放松和忘情。在总结王熙凤的形象时，尤老师提到了"察言观色、机变逢迎、刁钻狡黠、精明能干"，这些特点更多的是从其言语中表现出来的。不过，她八面玲珑、有失夸张的言语表现中，也有一定的真情在。没有这个基础，大观园的很多人，还有林黛玉肯定会起鸡皮疙瘩，甚至不胜厌恶的，可是文本中没有此类的任何描写。再一个，如果没有一丝一毫的真情在，王熙凤的人物形象塑造很容易陷入漫画化、扁平化的庸俗，这是有违曹雪芹的匠心的。关于这一点，尤老师的设计中并未显现，或许会在课堂中点染？

3. 从笔墨分布不均，侧重点各异的服饰描写上，体悟人物的性格差别。

这一点，尤老师慧眼独具。问作者为什么对林黛玉的穿戴"竟无一字提及"，为什么要浓墨重彩描写王熙凤的服饰。前问的回答十分精彩，因为涉及了作者的虚笔描写，更能开拓文本的艺术想象空间；后问的回答虽然有些牵强，但紧紧锁定人物性格分析的教学宗旨始终未变——小说创作，所有的描写都要万物归宗到人的形象塑造上。教学中，这个原则必须把持。而这方面，尤老师做得极为自觉。

4. 注意从环境描写中寻绎文化的基因，再回溯到对人物的精神分析上。

尤老师总结黛玉形象时这样提到："小说通过黛玉婉言谢绝邢夫人'赐饭'、在王夫人房中注重座次、在贾母房中吃饭十分推让、随时改正一些不适宜的对答等典型细节，表现其'步步留心，时时在意'的谨慎态度。"尽管忽略了作者塑造黛玉形象中的不断"突转"，但还是揭示了贾府，乃至整个贵族社会的文化生态——森严的等级次序，吃住的奢华堂皇以及交往的繁文缛节。作为贵族小姐，林黛玉对之不是无比得轻车熟路，起初还要"步步留心，时时在意"，后来也是严格遵从——如寂然饭毕，接丫鬟用小茶盘捧上来的茶，漱口、吃茶，这简直是不惜戕害自己的身体，强行打破多年来的饮食习惯，而贵族小姐高雅、矜持、敏感、忍从的个性也呼之欲出。尤老师的发问——"与那些'敛声屏气，恭肃严整'的人们相比，王熙凤为什么'放诞无礼'"，更是环境揭示和个性体悟完美结合的启悟。

不过，自然环境中文化、人性的揭示，尤老师的设计中并未触及——如黛玉拜访至亲的顺序是：贾母（含三个姊妹、王熙凤）、贾赦、贾政，但是贾府中这些人的住处分布却是：贾政的院子位居中央，贾母居西，贾赦单独住开，王熙凤在其西北角。贾赦是长子，却住得离正室远，是"荣府花园隔断过来的"，贾政是家里的老二，却住在正室，这里的原因何在？① 既有封建伦理的遵从，如"夫死从子"，也有违背——次子居上，只因贾政工作勤勉，官越做越大，女儿元春还做了贵妃娘娘，人性中势利的一面彰显无遗。尤老师没有触及这一面，或许出于教学内容精练选择的考虑。

5. 在问题的探究、人物形象的分析中，不时融入相关理论以刷新体验。

如有的老师借绘画理论，解读林黛玉形象；有的从限知视角，揭秘林黛玉的内心世界。就尤老师的设计来看，里面有象征主义、接受美学、精神分析、叙事学中的情感错位、"突转"与"发现"等理论的面影，但含而不彰，因此显得俗而能雅，浅而能深，常而能奇。文艺理论素养的高低，在很大程度上，与文本解读的质量是呈正相关的。这方面，尤老师有当之无愧的特有的学者眼光和学术根柢。

不过，对小说文本中篇性特征的审美发掘，依然有很大的提升空间。如文本中轻与重的辩证：贾母语言的雅是重，俗是轻；对贾宝玉、王熙凤的描写是轻，对林黛玉的描写是重。又如恒与变的统一：林黛玉的"步步留心，时时在意"之恒中就有若干的新变；作者人物服饰描写中的虚与实、异与同中也蕴含了恒与变的统一。这些方面的审美均未开掘到，而对贾宝玉的政治化解读"封建贵族的叛逆者"，也需审慎。这些都是后继的上课老师需作进一步深入的审美探究的。

---

① 朱武兰. "细心玩味"，初识贾府——《林黛玉进贾府》教学设计［J］. 语文建设，2010 (9).

在借鉴中生长自家的教学智慧

——刘春文《孔乙己》教学设计评析

【设计意图】

《孔乙己》为九年制义务教育课程标准实验教科书《语文》九年级下册第二单元的第5课。这是鲁迅继《狂人日记》之后的又一篇白话小说，也是他最喜欢的一篇小说。小说极其深刻地反映了孔乙己一生的悲剧和当时炎凉的世态，揭露了为封建科举制度所戕害的读书人的病苦，是一篇讨伐封建文化教育的战斗檄文。小说运用正面描写、侧面描写、白描手法，通过外貌、语言、动作等描写，鲜明地表现了孔乙己的性格特点，成功塑造了一个落魄无助的封建社会下层知识分子的形象。

新课标强调："欣赏文学作品，有自己的情感体验，初步领悟作品的内涵，从中获得对自然、社会、人生的有益启示。对作品中感人的情境和形象，能说出自己的体验；品味作品中富于表现力的语言。"如何重读经典？如何渗透小说的语言知识？如何探索适宜的"语文知识"学习途径？这是本节课切入的基本视角——拟主要围绕"看"字展开，利用"看/被看"的关系，揭示矛盾的根源，同时完成对小说主题的探讨。

根据以上教材分析，采用主问题贯穿、矛盾语激疑、关键字词还原比较、截取视频片段再现"历史"场景等方式，来落实重点，突破难点。采用品读、还原等教学方法，引导学生合作研讨。注重多层次对话，全面挖掘课文各方面的资源，力求使学生在语言知识、文本品读等方面都有所收获。

评析：以"看"为课眼切入教学设计，感悟人物看与被看的关系，同时渗透小说文类知识，完成小说主题的探讨，有尺幅千里的艺术效果，立意不俗。有语文课程视野——提到了"对作品中感人的情境和形象，能说出自己的体验；品味作品中富于表现力的语言"，也有立足文本类性的自觉——思考如何在教学中渗透小说的语言知识，这便与就文本教文本，将小说、散文、诗歌类性特征一锅煮的做法，彻底划清了界限。

但是，将文本定位为"揭露了为封建科举制度所戕害的读书人的病苦，是一篇讨伐封建文化教育的战斗檄文"，明显带有社会历史批评和伦理批评的色彩，很可能遏制学生对小说题旨的多元而深度的阐发。谈正面描写、侧面描写、白描等手法时，并未触及小说的篇性特征——独特的形式秘妙，比如"笑"这一草蛇灰线——形象塑造中虚实相生的结构艺术。

【学习目标】

1. 借助关键字词还原比较，凸显人物性格，渲染场景氛围，揭示小说主题。

2. 能抓住独特的"叙事结构""变换视角"，借助主问题，分析小说人物形象的丰富性。

3. 找出作品中的两三句矛盾言语，初步体会作者创作的独具匠心。

4. 从呈现的视频片段再现真实场景，根据设置的情景另眼假想人物遭遇。

【教学重点】

分析人物形象，探讨小说的主题。

【教学难点】

理清文中"看/被看"的关系，揭示矛盾的根源。

评析：所有教学目标均指向了形式秘妙的揭示，作者言语表现智慧的体悟，强有力地守住了语文的体性。"三维目标"没有被生硬切割，做做摆设，而是更高明、更个性地融入上述目标，体现了教者独特的语文教学智慧。

不过，教学重点与难点的确立有些含混。照理，重、难点应是上述目标的择定，可教者在表述形式上与上述目标明显分道扬镳，而内容上又密切关涉——教学重点便横跨了目标一和二；教学难点中"看/被看"的关系属于"叙述结构"，"揭示矛盾的根源"似乎又回到了主题的探讨和人物形象的分析上。如此一来，重、难点其实是叠合的。

为何要兜那么大的一个圈子，而不直接亮出呢？

【课时安排】

1课时。

【教学流程】

（课前播放《孔乙己》配音视频，渲染课堂氛围。）

一、图片导入引课题

出示昔日咸亨酒店的图片，导入：同学们，咸亨酒店的大门在我们面前缓缓打开，站在大家面前的是谁？（生：孔乙己，师又出示今日咸亨酒店的图片）清朝光绪年间，咸亨酒店是一家普通的小酒店。自从小说《孔乙己》问世以来，咸亨酒店随之闻名于世了。现在的咸亨酒店，是1981年为纪念鲁迅一百周年诞辰而重新修建的。改革开放使咸亨酒店成了同外部世界联系的纽带。大家看看，是谁成就了咸亨酒店？（生：孔乙己）

今天，就让我们一起跟随鲁迅走进他的小说《孔乙己》，听听小说讲了一个怎样的故事。

出示课题。

评析：好的导入，应该是"引桥"或"引线"，不论是情趣唤醒，想象开启，还是思维引爆，都能让学生比较迅捷、顺利地进入教学内容的核心。刘老师也有此追求，但整个过程比较"绕"：第一问"站在大家面前的是谁"，纯属"为问而问"，对已经预习，或即使不预习，正在听配音视频也能心知肚明的学生来说，没有任何的思维挑战；第二问"谁成就了咸亨酒店"亦无必要，因为成就者是孔乙己也好，鲁迅也罢，与下文探讨的内容均没有太大关系。

何不直接亮出呢？即使热衷"慢热"，让学生先谈谈对小说《孔乙己》的了解，再趁势扼要"点出"相关史料或资讯（如在小说史上的地位，鲁迅本人的评价，孔乙己形象的价值，乃至虚构的环境化为风景名胜的神奇），不断刷新学生的认知，使他们的认知贴地飞翔，岂不更好？

二、具体的课堂研读

环节一：初读课文说感受。
以下列句式理清人物关系与故事情节：
在_____（说具体的段落），我从_____的眼睛中，看到了一个_____的孔乙己。

（设计意图：磨砺学生"初步领悟作品内涵"的能力，理清小说中复杂的"看/被看"的人物关系，并初步形成板书框架。）

环节二：再读课文"看"人物。
思考：成为看之焦点的孔乙己，最终命运如何？请找出具体的句子。（大约孔乙己的确死了。）
点睛：这是一个充满矛盾的句子，鲁迅运用了他特有的"非语法性"修辞手法，揭示了孔乙己的命运。
探究一：何以证明孔乙己"的确"死了？
（1）哪里"看"？社会环境：等级森严的咸亨酒店。

①曲尺大柜台：外面是短衣帮，里面是长衫主顾（踱、坐喝）；孔乙己是另类：穿着长衫站着喝酒。（暗示悲剧：读书人的身份与科举落第的对比。）

②多次被统治者打（何大人与丁举人），使其身心受到羞辱并丧失生活能力。

（2）被谁"看"？人际关系：被人"哄笑"与"念叨"。

第4、6、8、11自然段，一个敌对的"异己"环境，主要从四次哄笑中见出。描写的实际上是众人戏弄、嘲笑孔乙己的情景，而孔乙己尴尬狼狈、穷于招架的样子令他们很开心。众人的冷酷、麻木，对弱者的践踏由此可见一斑。讲述第一次与第四次哄笑时，播放电影视频，让学生真实感受孔乙己"排""摸"的不同镜头。随文分析这是一个怎样的人。

①短衣帮：在封建社会中，处于备受压迫的社会底层，同样可悲可怜。（第4自然段：便、都；又、故意、嚷；引得、哄笑。他们有意无意地把孔乙己作为嘲弄与取笑的对象，专以揭开他的心灵伤疤为乐。）

②小伙计：一个孱弱、饱受歧视却又参与歧视的孩子。（第2、3自然段揭露世风炎凉；只有……才……）

③掌柜：挖苦并反复念叨孔乙己还欠他十九个铜钱。

④众人：围观。（第11自然段："看时又全没有人""此时已经聚集了几个人""便又在旁人的说笑声中"。）

孔乙己是一个"被看者"，一个多余人（孔乙己是这样得使人快活，可是没有他，别人也便这么过），一个当时社会中找不到自己位置的苦人和弱者，作者用众人的哄笑来贯穿这样一个令人心酸的故事，烘托和加强了小说的悲剧效果。哄笑是麻木的笑，使孔乙己的悲剧笼上了一层令人窒息的悲凉意味。一面是悲惨的遭遇和伤痛，另一面不是同情和眼泪，而是无聊的逗笑和取乐。以乐境写哀，更令人悲哀，表示孔乙己的悲剧不是个人的悲剧，而是社会的悲剧，作品反封建的意义就更加深刻了。

PPT展示链接资料：

中国是弱国，所以中国人当然是低能儿，分数在六十分以上，便不是自己的能力了；也无怪他们疑惑。但我接着便有参观枪毙中国人的命运了。第二年添教霉菌学，细菌的形状是全用电影来显示的，一段落已完而还没有到下课的时候，便影几片时事的片子，自然都是日本战胜俄国的情形。但偏有中国人夹在里边：给俄国人做侦探，被日本军捕获，要枪毙了，围着看的也是一群中国人；在讲堂里的还有一个我。

"万岁！"他们都拍掌欢呼起来。

这种欢呼，是每看一片都有的，但在我，这一声却特别听得刺耳。此后回到中国来，我看见那些闲看枪毙犯人的人们，他们也何尝不酒醉似的喝彩，——呜呼，无法可想！但在那时那地，我的意见却变化了。

——鲁迅《藤野先生》

旧中国末世深陷在封建统治思想、秩序的重压下，麻木、冷漠，没有一点儿生气和活力；人们对孔乙己的态度，表明他们精神的空虚、无聊，封建社会的病态暴露无遗。由此可以看出封建社会适应不了时代的发展，必将崩溃。这就是当时的时代背景。鲁迅多次抨击这种看客心理。

（3）孔怎么"看"？性格悲剧：精神与现实的落差（固守读书人的"身份"，丧失生存的能力）。

正面写孔乙己：第4、11自然段，写孔乙己的外貌及绰号的来历；第4、6、7、8自然段，写孔乙己面对众人嘲弄时的语言、表情和动作等。

结合黑板上解剖孔乙己形象的板书着重分析："窃"与"偷"；满口的文言词汇；对待钱的动作。

（4）作者"看"——哀其不幸，怒其不争。

由这些描写可以看出，孔乙己贫困潦倒却又想保持读书人的架势，善良而又无能，可怜而又可气，是一个时代的落伍者和封建科举制度的牺牲品，也是当时冷酷社会的牺牲品。

探究二：何以证明孔乙己"大约"死了？

（提示：可以从时间推移的角度入手分析，因为没有亲见。）

（1）侧面了解孔乙己。

第5自然段：好吃懒做，不肯自食其力；第10自然段：偷丁举人家的东西被打折腿而丧失劳动力。推断"许是死了"。

（2）长久不见孔乙己。

第12、13自然段，抓住时间词：自此以后—到了年关—到第二年的端午—到中秋—又到年关—到现在，"终于"没有见，推断孔乙己"大约"死了。可见其悲剧，连死也没人知道，也不知死在何处，这就是一个科举制度下读书人的归宿。

（设计意图：课标指明"对作品中感人的情境和形象，能说出自己的体验；品味作品中富于表现力的语言"。通过分析小说中的矛盾言语，初步体会作者的创作匠心，渗透小说的语言知识，体现课标中对语文知识"随文而教"的理念。）

环节三：今眼再看"孔乙己"。

（1）写作背景。

《孔乙己》是鲁迅先生继《狂人日记》之后发表的第二篇白话小说，也是他自己最满意的一篇小说，后来亲自将它译成日文。这篇小说写于1918年冬天，当时以《新青年》为阵地，虽已揭开了新文化运动的序幕，但是封建复古的逆流仍很猖獗。科举制度虽于1905年废除，但是培植孔乙己这种人的社会基础依然存在，孔孟之道仍然是社会教育的核心内容，这样就有可能产生新的"孔乙己"。要拯救青年一代，不能让他们再走孔乙己的老路。鲁迅选取了社会的一角——鲁镇的咸亨酒店，艺术地展现了多年前社会上的这种贫苦知识分子的生活，就在于启发读者对照孔乙己的生活道路和当时的教育现状，思考当时的社会生活。

（2）现实意义。

孔乙己不只存在于中国的封建社会。今天，从东方到西方，多少人是活在幻想中的，而他们自己又不了解或醒悟他们是生活在梦幻中，他们生活着的社会根本不能容纳像他们那样的人。这样，我们更能感受小说意义的丰富，而且具有很普遍的世界性意义。

鲁迅的《故乡》以家为缩影，人物事件发生在房屋内，而鲁镇以大门敞开的酒店为焦点，悲剧就在街边的柜台旁产生。表面是在咸亨酒店，其实反映的是整个鲁镇，甚至是旧中国的缩影。

（3）小说主题。

小说通过对孔乙己的悲惨遭遇的描写，反映了封建文化和封建科举制度对读书人的毒害，有力地控诉了科举制度的罪恶，也揭露和批判了封建社会的世态炎凉和人们精神的麻木。

(4) 小说概念。

以塑造人物形象为中心，通过故事情节的叙述和环境的描写反映社会与个人生活，这就是小说。

(设计意图：借助资料链接还原作品的写作背景，揭示小说的现实意义，"从中获得对自然、社会、人生的有益启示"。在此基础上明晰小说的主题，并进一步强化对小说概念的理解，显得水到渠成。)

评析：围绕"看"这个课眼，刘老师大体是按"人物形象的看（含孔乙己的自看）—作者的看—我们的看"这一线索经纬教学的。这是教学的意脉，更是教者审美认知不断深化与突破的标识。没有深度的生命融合、扎实的文艺理论素养和灵动的教学智慧，难有如此高屋建瓴、纲举目张的大气设计。

浑然天成地贯彻了扶放结合、循序渐进的教育原则。提供句式让学生自由地替人物形象立心、立言，及时地引入相关史料升华学生的认知，由人物形象的历史价值谈到现实意义，再回归到对小说文类特性的感悟上，由浅到深，总分结合，让人不时有柳暗花明的阅读惊奇，较好地体现了新型的知识观——知识技能的本质不在于其确定性，而在于通过批判性思维、创造性思维，建构新的意义。

无处不在的精致化的追求。无论是掘进式的思维推进（如三大环节的确立、探究题的选择），还是扇面式的思维打开（如从社会环境、人物关系、性格悲剧三个层面来分析孔乙己"的确死了"），抑或跳脱式的宏观审视（从写作背景、现实意义、小说主题、小说概念四个层面切入），甚至连电影视频播放孔乙己"排""摸"的不同镜头，以烘托悲剧氛围，揭示灵魂秘密的细节都能考虑到，体现的正是教者精密而深邃的审美考量。有了思维的精致化，教学的深刻化、扎实化、个性化才会有保证。好课如精美的文章，就是这样炼成的。我们渴望平等对话、深度沟通、化育裕如，教学能永远在"和易思"之境中徜徉，与学生共同享受精神生命拔节的欢愉，可如果缺少了精致化的追求，一切都无从谈起。黑格尔曾表达过这样的意思："一个面对自然美只知道喊美呀美的人，还是个野蛮人。"① 文本解读何尝不是如此？如果没有精致、深入、独到的阐发，对"美点"的欣赏永远只能停留在人云亦云的"美啊、妙啊"的层面。这样的野蛮人还少吗？

不过，在涉及人物形象分析、背景介绍和现实意义的界定时，刘老师的某些结论还是有失偏颇的。比如，认为人们对待孔乙己的麻木、冷淡态度，表明了"精神的空虚、无聊，封建社会的病态暴露无遗"，这其实在无形中否定了鲁迅对人性劣根解剖、鞭挞的普世价值和超越价值；认为孔乙己"贫困潦倒却又想保持读书人的架势，善良而又无能，可怜而又可气，是一个时代的落伍者和封建科举制度的牺牲品"，却忽略了孔乙己身上"书痴斗士"的特质——善解人意，也知晓人情练达，为何执迷不悟地对书一偷再偷？只要抛弃"之乎者也"，脱下破旧的长衫，就可以轻松将嘲笑扔到十万八千里之外，为何苦苦坚守？这里不正有鲁迅塑造的精神斗士的影子吗？鲁迅有意识地设置这一"个体象征"，正是为了突出孔乙己与异己环境的对抗，以及鲜活生命力被凌迟的悲剧命运。

三、布置作业：另眼假想"孔乙己"

请发挥你的想象，另眼假想"孔乙己"，任选一题完成，300～500字。
1. 假如孔乙己考中了进士……
2. 假如孔乙己没有偷丁举人家的东西……
3. 假如孔乙己自己脱掉了长衫……
4. 假如孔乙己打折的腿好了……

（设计意图：读写结合，激发学生去探究人物悲剧的深层社会原因，并进一步深化对人物悲剧的认知。）

评析：此处设计等于是引领学生跳出文本看孔乙己，或者说是以另类的方式还原小说的创作秘妙——鲁迅在其《不应该那么写》一文中就说过必须知道"不应该那么写"，才会明白原来"应该这么写"。有学者考证过，孔

---

① 王建疆. 修养·境界·审美［M］. 北京：中国社会科学出版社，2003：24.

乙己有两个原型人物：一个叫"四七"，喜欢喝酒，抽鸦片，但写得一手好字。他经常穿着破旧肮脏的竹布长衫，头上歪戴瓜皮帽，到处游荡。好骂人，却经常被人打。另一个叫"亦然先生"，迫于贫困，只得以卖烧饼、油条为生。因不肯脱下长衫，又不愿意大声叫卖，只好跟在别的小贩后面。人家吆喝一次，他低叫一声"亦然"。可是到了鲁迅的笔下，抽鸦片、好骂人、卖烧饼、油条等形而下的生活化特征全部被剔除，一个劲儿地突出的正是人物对书鸦片般的痴迷，对长衫、"之乎者也"话语系统命根子般的保护和坚守，其实就是别样地表现在屈辱中以笑当哭的斗士品格，刘老师的第2、3题恰好命中了作者的写作匠心，精妙至极。奇怪的是，在文本解读的时候，刘老师并未认识到这一点。

将作业指向写作，不仅可以深化对文本意蕴、形式秘妙的理解，也可以使占有式阅读有效地转化为存在式阅读。

四、板书设计

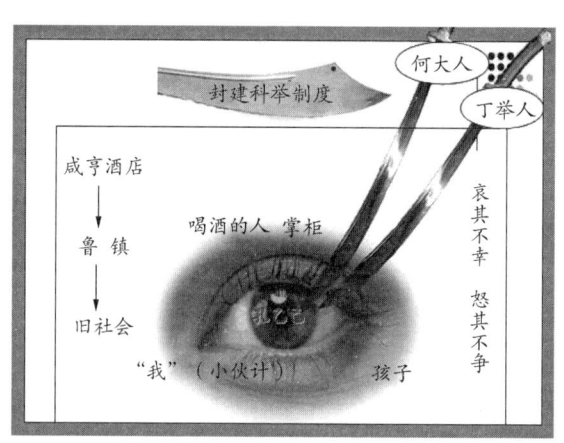

总评

刘老师的这篇教学设计，显然受惠于钱理群先生对鲁迅小说结构的分析——鲁迅小说表现的深切，体现在《呐喊》《彷徨》里，就"演化为

'看/被看'与'离去—归来—离去'两大小说情节、结构模式"①。以之为"课眼",分析人物形象、情节、环境,以及基于其上的人物形象现实意义探究、小说类性特征认知,还有作业中对小说情节的重新假定,莫不是受"看/被看"结构模式启悟所作的个性化开掘。将抽象的文学研究成果转化为具体的教学生产力,并借势发展自我的思考,当然是一种创造。就像韩少功的小说《马桥词典》得益于塞尔维亚作家米洛拉德·帕维奇的《哈扎尔辞典》启示一样,借鉴的是词条形式,创造的却是对中国知青生活的独特内容。刘老师的跨领域打通、化用和发展,使教学设计脱胎换骨,新意郁勃,亦然。

在借鉴中生成自家的教学智慧,也表现在独特的板书设计上。那放大的眼球,既可视作麻木庸众的窥视之眼,亦可视作孔乙己孤独而绝望挣扎的象征。将隐藏在文本背后的何大人、丁举人的冷观视为两把利刃,令人情不自禁地想到了"凌迟"一词。其实,每个人嘲笑的目光都是一把刀,在无情地宰割孔乙己的尊严、自信、锋芒,乃至善良。这与文本的深层结构高度一致——小说中,孔乙己的肖像描写,只出现了两次:一次是带有轻伤的孔乙己,一次是被丁举人打残后的孔乙己。可是,如果将年轻时代、书生意气、挥斥方遒的孔乙己形象,与在贫穷、伤残、饥饿中凄惨离世的孔乙己形象在召唤结构中还原出来,一个鲜活的生命力是如何遭遇凌迟而逐渐走向萎缩与衰亡的,不就一目了然了吗?刘老师在传统的观念"吃人"中,发现了目光"杀人",颇有林逋"疏影横斜水清浅,暗香浮动月黄昏"的创造之妙,只改动了唐代江为诗句中"竹影横斜水清浅,暗香浮动月黄昏"中的一个字,便满篇生色,境界自出。事实上,在播放孔乙己"排""摸"不同镜头的时候,刘老师也触碰到了"凌迟"这一凉薄而残酷的现实,只是未能定格,做足文章罢了。

刘老师教学设计中的创造,还表现在对小说"悲剧"基调的把握上。在传统的"科举制度的牺牲品"认知之外,她看到了孔乙己的善良,固守读书人

---

① 钱理群,温儒敏,吴福辉. 中国现代文学三十年[M]. 北京:北京大学出版社,1998:40.

的身份，有自己的理想、幻想等特点，并认为孔乙己穿着长衫站着喝酒，是"暗示悲剧"；人们无聊的逗笑和取乐，是以乐境写哀，"表示孔乙己的悲剧不是个人的悲剧，而是社会的悲剧"，确是忠于自我的细腻而独到的体验。

为什么这么说呢？抓住孔乙己的酸腐、邋遢、狡辩、之乎者也等，以为这是鲁迅的讽刺，将之上出喜剧色彩的现象太多了。这实在是荒谬至极！亚里士多德早就说过，喜剧是"对于比较坏的人的模仿"，坏不是指一切恶，而是指丑，其中一种是滑稽，"滑稽的事物是某种错误或丑陋，不致引起痛苦或伤害"①，可是我们读《孔乙己》会没有痛苦吗？伯格森也认为，喜剧中的笑"是一种惩罚，也是一种警告，使可笑的人觉得自己笨拙，加以改正"②，可是孔乙己受到嘲笑后改正了吗？读《孔乙己》，如果真发笑，也是一种"带泪的笑"。这即使不从生命力被凌迟的潜在结构中看出，也可从结尾处作者对孔乙己凄凉景象的工笔细绘中见出，这是体现了悲剧精神的——引起怜悯和恐惧，更何况鲁迅明确说过是将孔乙己作为一个"苦人"形象来塑造。刘老师从"看"字切入，揭示庸众与孔乙己的感情错位，还原人物残忍的内心深层，以及孔乙己的物性处境与命运，是契合文本的悲剧性内核的。

当然，教学设计在某些认知和细节处理上的确有火候未到之感。不过，这难掩充盈其间的创造气象：扎实而灵动，大气而饱满。如何在借鉴中创造，刘老师的这篇教学设计对我们颇饶启发。

---

① ［古希腊］亚里士多德. 诗学［M］. 北京：人民文学出版社，2002：14.
② 朱光潜. 谈美书简·谈修养［M］. 北京：中国画报出版社，2015：109.

第四辑

戏剧类文本教例评析

语文研究性学习中的三种思维路径
——谭轶斌《雷雨（节选）》教学实录评析

一、切入①

在不同历史时期，由于意识形态等问题，人们对《雷雨》的看法不尽相同。上个世纪90年代，人们对《雷雨》、对曹禺的研究有新的突破，这个突破主要表现在对曹禺早期作品中体现出的基督教人文思想的研究上。此外，钱理群的《〈雷雨〉的多种阐释》、王蒙的《永远的雷雨》、刘再复的《关于人与文学的思考》等文中涉及的观点，都与原来钱谷融的《〈雷雨〉人物谈》、田本相的《曹禺评传》中的看法不同。

于漪老师曾说过："语文教学要引进时代的活水。"那么，如何把关于《雷雨》的最新研究成果引进课堂，使《雷雨》的学习"与时俱进"呢？这不禁使我想起了某位学者的观点：一切伟大的作家，一切不朽的文学作品、文学典型，几乎都是一个属于全人类的无限开放的体系，不同时代、不同国家、不同层次的读者从不同的角度、侧面去接近它、研究它，会有自己的发现和再创造。为什么不能让我们的学生当一回"研究员"呢？说不定会有令人惊喜的发现呢！

研究什么？从哪里着手？我在备课时发现最近出版的《雷雨》中多了"序幕"和"尾声"两部分，我把自己的发现告诉了学生。

师：你们能不能从这个变化中提出一些问题，从而确定研究的角度呢？

---

① 谭轶斌老师的这篇教学实录原是一气呵成的，为了便于评析，笔者特地为之分层、拟标题。

生：这两部分是否可有可无？是不是仅仅为了作品的完整？

生：为什么会出现这种情况？"序幕"和"尾声"到底写了些什么？

生：我也买了新的版本，并读完了整本书，我觉得《雷雨》的主题并不完全像教材上告诉我们的那样，我有些困惑，而这种困惑主要来自对"序幕"和"尾声"的阅读。

师：本周的作业——认真阅读人民文学出版社出版的新版《雷雨》，包括导读、人物表、序幕、全剧一至四幕、尾声、附录——《〈雷雨〉序》（曹禺1936年的自序），并利用Google等搜索引擎或文学视界网站等查阅曹禺生平等有关资料，有兴趣的同学可阅读《曹禺评传》。

要研究，首先要占有资料，而占有第一手的资料，离不开阅读。

评析：不仅关注全剧本阅读（本体阅读），而且关注《〈雷雨〉序》《曹禺评传》等关联阅读；不仅引入《雷雨》研究的前沿活水，而且启悟研究性学习的视角、内容、方法，视野开阔、立意高迥、境界恢弘，绝非学养平庸之辈所能仿效。

本体阅读与关联阅读的双管齐下，将夏丏尊先生的"滚雪球式"阅读法（由单篇阅读引发的多篇、多本阅读）贯彻得不露痕迹，也将语文素养的积淀落到了实处。比之只围绕考点展开的所谓"有效教学"，教者的看似繁冗、低效的教学才是真正的高效和远效，才是对学生真正的生命关怀。

学术前沿活水的引进，使"照着说"有了保障，使"接着说"有了可能，与仅靠教参、《每课一练》苟延残喘的狭隘、低端、落后的教学彻底划清了界限。

这种素养本位的教学是语文的正道、大道——素养本位的理念落地生根、开花结果，存在本位的语文教学之境才会不期而至，这才是语文教学仰之弥高、钻之弥坚的大境界！

值得商榷处有二：

一是研究角度。学生只关涉了结构、主题两个层面，思维并未大开，教者为何不耐心等待一会儿？说不定有更精彩的视角产生。

二是预习内容。既然研究视角是从序幕、尾声切入，学生提问也涉及了其与整体结构、全剧主题的关系，为何不让他们直接围绕这些问题钻探下去，甚至可以另抛选题，激发学生的研究性阅读？如：曹禺《雷雨》的序幕和尾声是想"把一件错综复杂的罪恶推到时间上非常辽远的处所。因为事理变动太吓人，里面那些隐秘不可知的东西对于现在一般聪明的观众情感上也仿佛不能明了，我乃蒙上一层纱。那'序幕'和'尾声'的纱幕便给了所谓的'欣赏的距离'"（《〈雷雨〉序》）。你认同他的说法吗？序幕、尾声是否还有其他的美学功能？

遗憾的是，在这一点上教者是比较随意的。因为预习前是就新版《雷雨》增加序幕、尾声这一现象，让学生确定研究角度，偏于结构艺术，可正式上课又让学生就"课文内容"思考研究角度，这样声东击西的做法显然会让学生研究性阅读的精神能量走向分散，难以深入。

二、转入

第二周，正式学习课文。在朗读课文（课文节选的是第二幕）、理解台词的基础上，请同学们先就课文内容进行质疑。

生：周朴园这么多年一直保留着旧家具，熟记着侍萍的生日，保持着关窗的习惯，连衣服也爱穿旧的。他还说："这些习惯我都保留着，为的是不忘你，弥补我的罪过。"他签完支票后说："这是一张五千块钱的支票，你可以先拿去用。算是弥补我一点罪过。"他对侍萍还有感情吗？他为什么总提"罪过"？

（一石激起千层浪。我要求小组讨论，然后全班交流。）

生：周朴园对鲁侍萍当然有感情。侍萍当年年轻漂亮、聪明伶俐、贤惠体贴，周朴园确实喜欢过她。

生：我来补充。后来，侍萍又给他生了两个儿子。侍萍当时被赶走，周朴园也不是完全同意的，这从"你们逼着我……""你们老太太……"这些话语中可以看出，是周朴园的母亲为了依靠新儿媳家的权势而把鲁侍萍逼走的。

生：我同意。周朴园的家教很严，父母之命、媒妁之言，不能反抗，当然鲁侍萍被赶走他也有责任，因为他毕竟是当事人。周朴园后来的婚姻并不美满，这会加深他对侍萍、对过去美好日子的怀念。

（大部分学生的立场站在周朴园这一边，也有学生反唇相讥。）

生：别把周朴园这个资本家、封建大家庭的家长给美化了。想一想，像第二场戏中所写的，为了钱，他故意淹死了千百个小工！他还有人性吗？

生：你提到人性了，我们来看看周朴园的人性。他是一个资本家，也是一个"人"。为了钱，他故意淹死了二千二百个小工，这是他的人性，但在他生活的圈子里，他也需要感情、温暖和寄托，这也是他的人性。

（教室里有了"硝烟味"，这正是我所期待的。）

师：同学们已经在课余时间阅读了全部剧本，是否能把眼光扩大到全剧呢？

生：确实，周朴园集矿主、家长角色于一身，是造成"错综复杂的罪恶"的"祸首"。他犯下很多的罪恶，由于特定的阶级立场与观念，他对许多罪并不认为是罪，也没有悔。但是，对侍萍的悲剧，他已经走向忏悔。在第四幕中，他再三叮嘱仆人："汇一笔钱到济南去，给一个姓鲁的。"他拿着侍萍的相片不放手，对繁漪说："后天搬家，我怕掉了。"最后，他终于舍弃了保持多年的面子，在全家人面前，坦白了他最不愿承认的始乱终弃的真相。可见，周朴园对鲁侍萍是怀有忏悔之情的。

生：我补充一点。在序幕和尾声中，十年后，周朴园的性格变得"沉静而忧郁"，外貌变得"可怜与窘困"，但苍白衰老的他还是来到由周家住宅改成的教会医院里，看望已成了精神病人的侍萍和繁漪，言行中更是透露出深深的愧疚和悔意。

评析：学生"抛疑"因触及了典型形象塑造的秘妙——刻画人物形象的矛盾性、多面性，所以产生了一石激起千层浪的思维效应。后面的讨论，从正反两面分析周朴园形象与之同构。如果说就第二幕进行的正反分析是注重了横向联系，教者的提醒——"是否能把眼光扩大到全剧呢"，则一下子将学生分析的目光引向了形象分析的纵向联系，这为后文探究作者的表现态度很好地蓄了势。

不过，聚焦于周朴园对鲁侍萍是否有情感，而淡化对其罪感的分析，似有不妥。因为周对鲁的爱越深浓，辜负、背叛（不管是主观还是客观），一旦意识到才会罪感深重，才会有后来绵绵不绝的悔与赎。没有深切的罪感意识，周朴园的所有救赎行为——近乎自虐的生活习惯是保持不了多久的，包括给侍萍的五千块钱支票的慷慨行为也不会发生。后世评论家说周朴园这个人物形象"专制""虚伪"，正是忽略了其罪感意识的存在。

周朴园对侍萍的罪感从何而来？按《圣经》的观点，未婚同居本身就是奸淫罪，赶走为其生育两个儿子的实质上的妻子，则是再犯奸淫罪。从原罪的角度讲，他辜负了第一任妻子，漠视了第二任妻子，冷淡了第三任妻子，导致一死两疯，并连带着也导致两个儿子的死亡，不也是受了无形的精神魔鬼撒旦的诱惑吗？周朴园晚年捐了周公馆作教会医院，时常去看望彻底疯掉的繁漪，不也是一种自省后的救赎吗？

既然学生已经提到周朴园的罪感，教者在布置预习任务前，也明确提到对曹禺研究的新突破"表现在对曹禺早期作品中体现出的基督教人文思想的研究"，就应该直面罪感，并结合前沿理论进行适度分析。不上升到罪感分析，周、鲁深浓的情爱，还有周后来的救赎行为，乃至他的"沉静而忧郁"的性格、"可怜与窘困"的外貌、言行中透露出的深深愧疚和悔意，是无法深入理解的。

从序幕、尾声切入，直接进行人物形象的二度分析——相对于课本、教参的阶级论分析，这种得意忘形，且回避学生的困惑（这两部分是否可有可无？是不是仅仅为了作品的完整？）的做法，是不可取的。序幕、尾声的复归，固然可以刷新学生对剧本主题、人物形象的认识，但其本身的审美价值与创造更应引起重视。

另外，只研究周朴园形象，而不关联其他人物形象，是否有挂一漏万、体量太小之嫌？

三、深入

学生们旁征博引，谈得头头是道，研究意识与研究能力已初显端倪。正当我击节叹赏之时，一位学生又引出了新的话题。

生：鲁迅先生对阿Q的态度是"哀其不幸，怒其不争"，曹禺先生又是抱着怎样的态度来刻画周朴园这个形象的呢?

生:这个问题并不难,只要认真阅读曹禺的自序,你就有答案了。曹禺在自序中写道:"我用一种悲悯的心情来写剧中人物的争执。我诚恳地祈望着看戏的人们也以一种悲悯的眼来俯视这群地上的人们。"可见,曹禺是怀着悲悯之心来写包括周朴园在内的每一个人的。

生:我也仔细地读了自序,同样也是这种感觉。一方面,曹禺一笔一笔地清算着周朴园的罪恶,一点一点地勾勒着这个罪恶之人的灵魂,淋漓尽致地"暴露着大家庭的罪恶",但在揭露、批判的同时,曹禺也以悲悯之心,把周朴园送上了忏悔的道路。

师:请允许我作为一个讨论者谈几点看法。作者对周朴园的这种悲悯,显然是超过了阶级意识的,是具有基督教"泛爱"色彩的悲悯。周朴园是有罪的,从基督教的教义来看,他既有原罪,也有原罪以外的本罪。从基督教的宗教取向看,在上帝面前,人人都是罪人,所以,要爱人如爱己,直到怀着悲悯之心去爱自己的仇敌。显然,曹禺是从精神层面接受着基督教思想中"罪"与"爱"的观念。他的爱具有"泛爱"的性质,而且他把这种爱化作悲悯,给了剧中的每一个人物。你们读序幕与尾声,是否注意到剧本所营造的环境中透露出浓厚的宗教气息?

生:老师,在曹禺的创作中,为什么会充盈着基督教的人文思想呢?难道他也信教?

(真高兴,学生们懂得了知人论世。)

生:我已经看了曹禺传记,也上网查过资料。据我了解,曹禺在少年时期就随继母出入教堂,宗教音乐成为他精神的一种营养。后来在清华大学崇尚欧美的环境下,他又一直受着西洋文学的熏陶。之后曹禺在一所大学执教,教学的需要使他熟读《圣经》。而在思考中国的出路时,他也曾想到要在基督教中寻找中国的希望。他把基督教的宗教取向转化为一种艺术精神取向,把它运用到反封建和争取个性解放的新文学创作之中。

生:书上第一个注解说,这个剧本通过一个封建、资产阶级家庭内部错综复杂的矛盾,深刻地揭示了封建大家庭的罪恶以及工人与资本家之间的矛盾,反映了20世纪20年代中国正在酝酿一场大变动的社会现实。这样看来，这个论断是不全面的，《雷雨》不完全是一出社会问题剧。

师：看来你们的创造激情已经燃烧！请大家在随笔中仁者见仁、智者见智吧！相信当你们按照自己的思想感情、人生体验、心理气质、审美要求来接近作品、研究作品时，你们一定会提出独到而有价值的看法来。我期盼着为你们喝彩！

评析：这一环节主要围绕作者"悲悯"的写作态度展开。何以说是悲悯？何以形成悲悯？何处见出悲悯？看似与上面环节的人物形象分析属于同一层面的教学，其实已经由内向外转，涉及了剧本主题分析，作者宗教意识、人生经历、淑世情怀的认知，这无疑给人高屋建瓴、触类旁通之感。学生阅读之广泛、深入，思考之灵动、独特也令人惊叹。

但是结合整节课看，学生的研究性学习已偏于主题研究（人物形象、写作态度、主题意蕴）、宏观研究、外部研究，而非形式研究、微观研究、内部研究。这与教者临时的教学定位有关——就剧本内容质疑，放弃了对序幕、尾声自身的结构艺术研究，以及与全剧结构设计、叙事节奏处理、人物形象塑造等方面的关系研究，因此，序幕、尾声的间离效果、救赎情怀、语言特点、诗意营构悉数被过滤了。整节课的教学尽管与人物形象分析还有一定的关联，也间或触及了冲突、行动这些戏剧文类要素，但总体上偏离语文体性、凌空蹈虚已露出端倪。

倘若第二幕就这样一节课讲完，的确有蜻蜓点水之感；倘若还有一课时重点探究《雷雨》的语言艺术或诗性特点等，则另当别论。

总评

语文研究性学习，在本世纪初随着《全日制普通高级中学课程计划（试验修订稿）》《基础教育课程改革纲要（试行）》的相继颁布曾火过一阵。但因为教师学养有限，又偏于宏观、整体、外部的结构功能主义的研究，思维路径又多在"研究什么""怎么研究"上兜圈子，鲜有结合文本形式秘妙具体而微的深入、独到的探究，加上"为何研究"维度的淡化或阙如，整体上是雨过地皮湿，除了平等对话、角色转换等口号化的理念产生了些微的启蒙作用，研究性学习的真正精髓并未深入人心。

谭轶斌老师以研究性学习的理念执教《雷雨》，虽然也带有结构功能性主义研究的色彩，但因其自身学养渊深，研究成习，加上指导比较得法，又能高水平地介入对话，所以引领学生进行研究性学习还是别开生面，有所创获的。

从思维路径的角度说，谭老师的语文研究性学习，至少在下述三个层面可以引发我们继续深入思考和探究。

1. 言语形式：引子、例子、靶子？

谁都知道，抓住了言语形式这个"牛鼻子"，就会守住语文的体性——语文研究性学习固然内容万千，言语形式依然是研究的重心。但是如何抓，人们目前的认识还很纷杂。

有的将言语形式作为引子，得"意"便忘"形"。以为只要涉及了形，就已经进入了语文的疆域。殊不知，形、意这对矛盾，应以形为主，沿形获意后，还得返回形，研磨其形的独特之处。简言之，不仅要知道作者写了什么，还要知道作者如何写，写得如何。唯其如此，才能真正捍卫语文的体性。

有的将言语形式作为例子，且是某一方面的例子——如用典艺术、句式变化、意象营构等，然后无限地与其他文本打通，并注意与考点相连。这样做固然能捍卫语文的体性，甚至还能触及文本的类性、篇性，但是忽略与文本内部其他形式秘妙的联系、打通，且脱离思想内容，也很容易将语文课上成机械传授修辞学、写作学知识的课，进而阉割了语文课的生气。

有的将言语形式作为靶子。深入文本、融会贯通、批判创造，所有的听、说、读、写活动均指向言语形式秘妙的揭示，这堪称语文教学的化境。但这种始于言语形式，终于言语形式的教学取向也值得审视，因为缺少言语表现与存在的统摄，这种高质量的阅读还停留在读懂、吸收、内化的层面，属于占有式学习的范畴，并未进入走向言语创造的存在式学习。这样说并不是要求每节语文课必须有言语创造的环节，而是强调言语创造必须作为阅读教学的一种背景性存在、精神性存在。有没有这样一个存在，语文教学的质量和境界是不一样的。从这个角度说，言语形式在语文教学中应是引子、例子、靶子建构性的和谐统一。

谭老师以序幕、尾声作为研究性学习的切入点，然后组织学生对人物形象、剧本主题进行审辨性阅读，与小说《阿Q正传》的写作态度进行关联性阅读。尽管学生"旁征博引，谈得头头是道，研究意识与研究能力已初显端倪"，但这仅是将序幕、尾声作为引子，对序幕、尾声如何参与周朴园复杂情感、多重人性的塑造，又如何艺术化地表现作者的悲悯情怀，还有作者刻意营造的间离效果等，教者并未引领学生深入探讨。例子、靶子意识模糊得很，言语创造的精神指向亦难觅踪影。

2. 思维质量：空间、力量、个性？

研究性学习，一个无法绕开的话题是"思维质量"。是否会对占有的丰富资料进行梳理、辨析、提炼？分析是否深入？论证是否严谨？是否有体现新质的思维成果出现？……思维质量的谈论必须在捍卫语文体性的前提下进行，否则，很可能南辕北辙。

毋庸置疑，撇开序幕、尾声的艺术表现力这个轴心，谭老师和学生的思维质量还是比较高的。对周朴园情感真伪的辩论、冷暖两面人性的分析，对作者悲悯写作态度的讨论，尤见功力，一般的高中生恐难以望其项背。

但是，在既定的教学框架下，师生的思维质量还可再作提升：

从资料占有的角度看，学生的视野基本上限于教师提供的《〈雷雨〉序》《曹禺评传》，对学者研究的论文丝毫没有涉足。诚然，中学生在一个星期内能将全剧读完，还旁涉《〈雷雨〉序》《曹禺评传》，已经难能可贵。但是，如果读有余力，再适当参阅一下学者们的研究成果，则更能激活思维的能量，提升思维的质量。这一点，教者应该加以倡导或肯定。

从思维空间的角度看，完全可以冲破单极思维或两极对立思维的狭隘束缚，走向更开阔、更具活力的多极思维。本节课研究的焦点主要落在两个问题上：周朴园对鲁侍萍是否有感情？作者的写作态度是什么？而作者很在意的序幕、尾声的间离效果，将话剧当作诗来写的审美追求——我写的是一首诗，一首叙事诗，这诗不一定是美丽的，但必须给读诗的人一个不断的新的感觉,还有研究者们发现的"语言的在场性"①、剧本中的"第九条好汉",学生提出的另一个更有价值的问题(周朴园为什么总提"罪过")均被有意无意地摒弃或淡化了。

虽然课时有限,研究的题量必须限制,但仅围绕两个问题展开,挖掘、贯通的效果肯定会受到影响。即使讨论情感,也不必深陷有无之争,而应向文本深层的召唤结构继续漫溯——周朴园对侍萍朝思暮想三十年,为什么见了面又拿出五千元支票生冷地打发她走?这五千元真的是还感情债吗?侍萍的话语那么尖酸刻薄,冷嘲热讽,周朴园为什么还能对她那么情深义重?他"逼"蘩漪吃药的细节真的只是体现专制作风吗?好的问题固然可以规范教学内容,但不应左右思维的走向和深度。

从思维力量的角度看,谭老师的这节课在思维的博弈(关于周朴园的情感分析、人性分析)和互补(关于作者写作态度的分析)方面,迥出同侪。但因为没有紧扣序幕、尾声的艺术表现力这个核心,学生的个性思想并未用在刀刃上,令人不免有遗珠之憾。

3. 教师作为:顺势、出势、造势?

研究性学习是一种"以学生为主"的学习模式——在教师的辅助下,由学生策划、执行及自我评估,这便要求教师能顺势而为,基于真实的学情展开教学。但是,顺势而为的过程中,教师也要善于出势,或通过克势形成一种转势,以激发学生更大的思维能量,引领他们步入更开阔、更新鲜的研究境界,从而形成一种师生精神势能相互激发、相互补充、共同生长的造势状态。

谭老师的"顺势"体现在幸福地享受学生提出的两大问题:(1)周朴园对侍萍还有感情吗?他为什么总提"罪过"?(2)鲁迅先生对阿Q的态度是"哀其不幸,怒其不争",曹禺先生又是抱着怎样的态度来刻画周朴园这个形象的呢?谭老师的"出势"体现在引领学生对周朴园人性的分析上——"同学们已经在课余时间阅读了全部剧本,是否能把眼光扩大到全剧呢?"谭老师的"造势"体现在对曹禺悲悯情怀的阐发上——带有泛爱色彩,渗透在

---

① 孙绍振. 经典文本的深层结构(下)[M]. 上海:上海三联书店,2016:713.

剧本所透露出的浓厚宗教气息中。

但是，谭老师的出势、克势、造势做得还不是很自觉。

教学的第一环节直接让学生入势——学生虽然就序幕、尾声提出了两个研究选题，但都是在教者的思维势能统摄之下；第二、三环节虽然有出势、克势和造势，但总体上是顺着学生的思维在跑，教者只是略作拓展和补充，真正的克势、转势和造势并未形成。

当学生提出周朴园对侍萍是否还有情感，为什么总提"罪过"的问题时，谭老师并未冷静等待或提出别的问题造成一种克势或转势，以开拓学生的思维疆域，而是迫不及待地让学生投入了交流。

当学生提出"曹禺先生又是抱着怎样的态度来刻画周朴园这个形象"这个问题时，其他学生立刻兴致盎然地投入讨论，谭老师沉醉于学生的知人论世、激情燃烧，依然没有回归序幕、尾声的艺术表现力：疯了的鲁侍萍潜意识中的深情——每到腊月三十，就会从自己房间出来，到大厅窗户前站着；弟弟、姐姐的"语量"变化与第二幕中周朴园、鲁侍萍"语量"变化中所体现的情感潮汐；弟弟、姐姐的光明、欢乐形象，与剧中的周冲形象，对沉闷、压抑的气氛是一种反拨，对罪感人性是一种无声的救赎，以及对冲出命运枯井的一种微茫思考……

这在无形中加剧了她这堂课研究角度和研究内容的断裂。

在形意统一中实现"形"的高蹈

——熊芳芳《长亭送别》教学简案评析

引言:

与元稹《莺莺传》的凉薄、真实比,王实甫《西厢记》显得浪漫唯美,团团圆圆。即便如此,《西厢记》中最华美的章节《长亭送别》,仍然是以绝望为底色的。

莺莺情深深意绵绵,语切切泪涟涟,恨、怨、怅、痴、醉、愁、叹、盼、闷、思、忧,百感交集。泪染霜林,玉肌清减,茶饭不思,眼中流血,心内成灰,坐卧不安,牵肠挂肚,难舍难分,担忧张生功名难就、无颜回乡、一去不返,担忧张生孤身在外的健康平安,也担忧张生在异乡花草中流连栖迟。

因为相遇相知相得相爱来之不易,生离之痛更胜过死别,所以莺莺内心的绝望只能用一段又一段发自肺腑的唱词来宣泄;因为男人的世界是全世界,而女人的全世界是男人,所以莺莺内心的绝望只能用千叮万嘱来掩盖;因为风筝的线从此不在自己手上,而异乡的花草遍满天涯,所以莺莺内心的绝望只能用送了一程又一程来消减。

绝望的情感是一种悲剧美。作为美学范畴的悲剧美,是一种最高层次的艺术美。它使人产生深沉而巨大的同情共感和心灵震撼,并以其深刻的艺术感染力,引发人们深层次的审美感受。

因为绝望,成就了爱情的绝美,也成就了艺术的绝美。其实故事停在这里就可以了,真实的世界到这里常常就结束了。走散了就走散了,再也不回来。

不过,主题方面,王实甫的《西厢记》自觉不自觉地进步了不少。譬如人性的启蒙、自我的萌动；譬如对封建礼教的突围、对婚姻价值观的颠覆；譬如对传统的郎才女貌式的爱情的超越，而尝试去刻画二人在心灵上的契合。这些都是非常了不起的刷新，是一种惊人的先见与先觉。①

评析：从"绝望"的视角解读《长亭送别》，将之作为课眼，经纬课堂教学，与其他老师从"恨""泪""疾早"等视角切入，牵引出相关教学内容，各尽其妙，均能收到尺幅千里、纲举目张之效。

不过，以"绝望""悲剧美"来定性《长亭送别》，乃至整部《西厢记》，似有不妥。

长亭送别，莺莺恨、怨、怅、痴等情感杂草般丛生并非因为绝望，恰恰是因为有"强烈的爱"（教者语），美好的憧憬。如果心如止水，一片绝望，断不会生出如许的情愫。昨晚还恩爱欢聚，次日怎么会突然绝望？更何况，两人在酒桌上心心相印，茶饭不思，张生当时就"阁泪汪汪不敢垂"，分别后又"泪随流水急，愁逐野云飞"，有这么一个深情相和的丈夫，莺莺怎会绝望？

嘱咐张生"若见了那异乡花草，再休似此处栖迟"，不是因为担心"风筝的线从此不在自己手上，而异乡的花草遍满天涯"而绝望，恰恰是爱意滋生，关系亲密后的一种忧、嗔、顽、恋杂糅却又很率直的提醒，依然是爱得深，有所渴望的表现——隐忧的确有，一个上朝取应，志在必得——凭着胸中之才，视官如拾草芥，金榜无名誓不还，一个认为"但得一个并头莲，煞强如状元及第"，价值观不同，且相处的情感的确还未深笃，怕有个闪失，但绝对不至于到绝望的地步。用风筝线在手、绝望等心理来形容莺莺彼时的心理，有失允当。因为这个前提一旦成立，莺莺就是一个爱在强烈的控制欲和极易破碎的心理两极之间滑行的分裂人格的典型。这与她相国千金的典雅、持重，对母亲"三辈不招白衣女婿"加码要求的顺从，还有对丈夫远行饮食起居牵肠挂肚的贤惠形象是无法匹配的。

说"悲剧美"更是欠妥。《西厢记》是大团圆结构，无悲剧可言。因为《莺莺传》中的凄凉结局，还有刘兰芝、祝英台、孟姜女、织女等

---

① 引言部分有删减，留住了教者的核心观点，删去了联想、扩展的文字。

女性的悲剧，就硬说《长亭送别》也是悲剧性的，这种推理缺乏说服力。说《长亭送别》有悲剧底色——且不说此说能否成立，仅以底色定性一折戏是悲剧，或以一折戏来定性全剧是悲剧，又犯了以偏概全的思维错误。

说悲剧美，显然是将此剧定性为悲剧，可是按中西方文艺理论家关于悲剧的定义，比如亚里士多德的"过失说"（悲剧主人公遭受到的痛苦并不是由于他的罪恶，而是由于他的某种过失或弱点），黑格尔的"矛盾冲突说"（悲剧源于人们的伦理观念和道德理想之间的矛盾和冲突），尼采的"日神和酒神精神说"（日神代表着造型艺术的静态，酒神代表着音乐艺术的振奋，悲剧是两种精神的结合，"悲剧一方面像音乐一样，是苦闷从内心发出的呼号；另一方面，它又像雕塑一样，是光辉灿烂的形象"①），还有鲁迅的"毁灭说"（将人生有价值的东西毁灭给别人看），莺莺的"悲剧"符合哪一条呢？

具体到内容，我是这样设计和梳理的：

一、莺莺强烈的生命意识

1. 强烈的爱。（联系文本找相关句子，读、析、议。）
2. 勇敢的心。（联系课文节选部分及完整的故事进行讨论。）
3. 敏锐的灵。（莺莺的灵性世界相当敏感，所以心理活动十分细腻。联系文本找相关句子，读、析、议。）

评析：立足文本，从强烈的爱、勇敢的心、敏锐的灵三个方面引领学生感受莺莺强烈的生命意识，思维极富弹性和张力，但是必须明确：三者之中，勇敢的心最为重要，因为这指向了与门当户对爱情观的决裂，对功名利禄贪欲的鄙弃，以及掌控自我命运的努力。爱情意识觉醒的背后是个性意识的崛起，这是生命意识的核心。

---

① 蒋孔阳. 美学新论［M］. 北京：人民文学出版社，1993：395.

二、莺莺潜在的危机意识

1. "悔教夫婿觅封侯"的忧虑。(担心张生迷恋功名利禄,与自己的价值观和幸福观相悖。)

联系文本找相关句子,着重讲解"蜗角虚名,蝇头微利"典故的出处及大意。

结合材料讨论,理解莺莺的人生价值观和幸福观,并与崔母、张生等人的价值观进行比较。

2. "你若安好,便是晴天"的牵挂。(担心张生出门在外的生活起居,希望他健康平安地回来。)

联系文本找相关句子,改写课本剧,分角色表演。

3. "栖迟异乡,停妻再娶妻"的担心。(担心张生见异思迁,辜负自己。)

联系文本找相关句子,并引入相关的古代爱情故事进行讨论分析,深入体会莺莺的心情,理解中国封建制度下古代女子的尴尬处境和被动人生。

评析:分析中有"一分为三"的智慧,将人物内心世界的复杂性揭示得非常充分。聚焦价值观的龃龉,典故的出处及大意,这是向戏剧的类性(矛盾冲突)和篇性(抒情上的春秋笔法)逼近。让学生编演莺莺叮嘱张生外出"保揣身体"片段,更是生命融合的表现,而注意古代爱情故事间的打通,更是上出了教学的哲理品格。丹麦文论家勃兰兑斯在其《十九世纪文学主流》一书中说:"个人的哀伤仅仅是全民族哀伤的一个象征而已,它所体现的是当时举世存在的苦难。"教者由莺莺个体的担心牵出古代女子的尴尬处境和被动人生,挖掘出个体命运与群体命运的共性之处,教学的气象一下子步入了阔大之境。

三、两种意识的激烈冲突下,莺莺内心潜在的绝望

莺莺敏感地意识到时间和空间的距离可能会改变些什么,而她强烈的生

命意识又不容她顺其自然。她努力想要抓住她的爱情——她生命中最重要的东西；她努力想要将风筝的线攥在自己手中，却分明感觉到了力不从心。

史铁生说："爱情是孤独的证明。"他说，孤独不是寂寞，也不是孤单，更不是空虚和百无聊赖。"孤独的心必是充盈的心，充盈得要流溢出来要冲涌出去，便渴望有人呼应他、收留他、理解他。"他说，从亚当和夏娃偷吃了禁果知道了善恶之日开始，"每个人的心灵都要走进千万种价值的审视、评判、褒贬乃至误解中去（枪林弹雨一般），每个人便都不得不遮挡起肉体和灵魂的羞处，于是走进隔膜与防范，走进了孤独。但从那时起所有的人就都生出了一个渴望：走出孤独，回归乐园。那乐园就是，爱情"。（《灵魂的事》）

我不知道莺莺和张生的爱情有没有如此深刻。但是，莺莺是害怕孤独的，不管这个"孤独"如何定义。所以她才会在反复的矛盾挣扎中最后还是选择了靠近。而这种靠近，在当时被视为"移人性情"的洪水猛兽，说《西厢记》是"淫书之尤者"，"看了《西厢记》，到老不成器"。明、清两代统治者都曾明令禁毁《西厢记》，甚至道光二十四年浙江学政还在省城设局收毁之。后来类似情况还不断重演："《西厢》《玉簪》等，诸淫亵之戏，亟宜放绝，禁书坊不得卖也。"更有甚者，他们还编出一些谣言：《西厢记》作者"嚼舌而死"，死后被打入地狱不得超生，连那些推崇者，如李卓吾、金圣叹，也因评点《西厢记》而不得善终云云。这也是《红楼梦》中贾母有一次在看戏的时候拿莺莺、红娘做反面教材，含蓄地警诫女孩子们的原因。

莺莺对爱情的追求，恰是在与她内心的绝望作顽强的抵抗。这种内心的绝望就像《少年派的奇幻漂流》中与少年派同船的那只孟加拉虎，带给人死亡的威胁，却也激发了人的生命活力和强烈的求生欲望。

评析： 说莺莺以"靠近"的方式反抗孤独，庶几可以成立，但"抵抗绝望"则走向了偏激。将绝望视为"孟加拉虎"般可怕，却又激发了生命的活力和求生的欲望，看似深刻，但因前提的脆弱，强制性阐释的色彩更为突出。

四、"绝望"所成就的爱情的绝美

绝美的爱情往往是悲剧,或者充满了悲情。越是有绝望阻隔,爱情的力量越是无敌。

关于季羡林和伊姆加德小姐的真实故事,我几年前读过,直到现在看还是非常感动,觉得那只能是神话。神话想必只能发生在非凡之人身上。季老和伊姆加德小姐大概原本就不属于这个世界。

这也是一个"绝望"成就了爱情的绝美的故事:

青年季羡林在哥廷根留学的艰难岁月里,有一件事情曾给他带来前所未有的幸福与快乐。在季羡林住的街上,有一个叫迈耶的德国人,迈耶夫妇有两个如花似玉的女儿。大小姐叫伊姆加德,活泼可爱,尚未嫁人。季羡林当时不过30岁上下,年轻英俊,待人谦和有礼,正在读博士学位,又说得一口流利的德语。迈耶一家人很快就喜欢上了这个来自中国的年轻人,季羡林常去他们家做客。

季羡林正在写博士论文。他用德文写成稿子,在送给教授看之前,必须用打字机打成清样。可是,季羡林没有打字机,也不会打字。伊姆加德小姐表示愿意帮助季羡林打字。这样一来,季羡林在很长一段时间里,几乎天天晚上到她家去。季羡林的论文都是一些稀奇古怪的文字,又修改得很乱,对伊姆加德小姐来说,简直像天书一样。因此,伊姆加德小姐打字时,季羡林必须坐在旁边,以便咨询。往往每天都工作到深夜,季羡林才摸黑回家。

经过一段时间的接触,季羡林和伊姆加德小姐之间渐渐产生了感情。他们常常一起散步,看电影,买东西,走遍了哥廷根的大街小巷。伊姆加德美丽的姿容,悦耳的语声,嫣然的笑容,使季羡林怦然心动。季羡林初次尝到了爱情的滋味,心里充满激动和幸福。同样,伊姆加德也流露出对季羡林的爱慕之情。

但是,每当季羡林回到寓所,内心便充满矛盾与痛苦。他想,自己是一个有妻子儿女的人,尽管那是一种没有爱情的包办婚姻,现在他也必须面对这个现实。如果他敞开自己的胸怀，让爱情的激流涌泻出来，和伊姆加德由相爱而结合，自己未来的生活大概会是幸福美满的。但那样做，不仅意味着对妻子儿女的背叛和抛弃，也意味着把自己的亲人推向痛苦的深渊。这是违背他所受的教育和他做人的原则的。在很长一段时间里，幸福与痛苦、欢乐与自责的矛盾心理，一直折磨着他。

最后，他终于决定，为了不伤害或少伤害别人，还是自己来咽下这颗苦果。

1991年，80岁的季羡林在写长篇回忆录《留德十年》时，首次披露了他五十年前这段鲜为人知的爱情经历。季羡林写道：我就是怀着这样的感情离开迈耶一家，离开伊姆加德的。到了瑞士，我同她通过几次信，回国以后，就断了音讯。说我不想她，那不是真话。1983年，我回到哥廷根时，曾打听过她，杳如黄鹤。

然而，故事到此还没有结束。据说，近年来，有人专程到哥廷根遍寻伊姆加德小姐的下落，最后终于找到了她。今天的伊姆加德小姐已是满头银发的老人，然而精神矍铄，风韵犹存。她终身未婚，独身至今，而那台老式的打字机依然静静地放在桌子上。

评析：此处设计继续在脆弱的前提下进行思想延伸，因为沉湎于季羡林和伊姆加德的伤感爱情故事的描述中，而忽略了结合文本来揭示戏剧类性，有严重远离语文体性的倾向。

五、"绝望"所成就的艺术的绝美

1. 反向设问：如果莺莺欢欢喜喜地送张生去赶考，又欢欢喜喜地迎接高中状元的张生回来，作品的艺术效果会是怎样？

2. 正向设问：黛玉焚稿时的绝望，在艺术上有什么效果？

评析：第一问问得佳妙，因为触及了戏剧人物形象塑造的秘妙——让人物与周边人物、事物，甚至与自我发生冲突，从而使情感脱离正常轨道，还原出心灵的真实生态，这叫有戏，有张力，有魅力。第二问，因为没有更具体的文字阐述，显得有些突兀。如果是同质化的比较，依然是离文本主旨渐行渐远。因为黛玉焚稿，焚烧的是昔日的爱情，与心上人诀别；莺莺的长亭送别则是对爱情的倾情养护——她的送，是为了让心上人更早地回。

另外，《长亭送别》艺术上的"绝美"绝非仅限于莺莺内心的忧伤/绝望发抒，或对喜送—喜迎结构的超越，戏剧冲突的营造、曲词意象的优美、古典诗词的典雅与民间口语的活泼相融的和谐，都是绝美的表现，而且是更本色的绝美。

六、布置作业

课后查阅资料，独立思考，从作品的主题、人物、语言等角度评价一下王实甫对《莺莺传》和《董西厢》的改编。

评析：回到了言语表现，且注意了文本之间的打通，有夏丏尊"滚雪球"式读书思想（从单篇走向多篇、整本、多本的阅读），还有梁启超的"群文阅读"思想（每次阅读将十篇同类型的文章——如将记静态之文合成一组，令学生观其时间空间关系、组织、发动、转折、分析、总合等不同）的映现，既巩固、深化了所学，又树立了史的意识，从发展的角度看到王实甫的艺术创造价值。

总 评

形意统一强调的是言语形式和言语内容在教学过程中的有机融合与和谐生成。

相对于言语形式和言语内容的各各独立或机械拼凑，形意统一更强调立足学情，贴紧文本，有课眼统摄，有意脉贯穿，并指向言语表现智慧体悟和实践彰显主体精神生命的阅读创造。纯讲言语形式，语文课很容易沦为传授静态、机械、琐屑知识的写作学、文章学或修辞学理论课；单讲言语内容，语文课又很容易滑入政治课、历史课、文化课或哲学课的疆域。

关于形意统一，民国时期的很多语文学者均有强调。种因认为："文字本于语言，语言本于思想，思想清澈，语言文字不会不清澈。"① 袁哲说："离开内容、意义，就没有语言；不借语言的形式，就没有内容、意义，因为形式就是内容，内容就是形式，两者如一张纸的表里，不能分离。"② 因此，语文教学在处理形意关系时，必须有整体观、和谐观，不能顾此失彼或简单嫁接。

但是，形意又是矛盾的统一体。处理这对矛盾时，必须突出形，以形带动意的理解，以意推动形的魅力揭示，从而使形成为一种主体性的存在、动态性的存在、个性化的存在，充分实现形在语文教学中的高蹈，有力地守住语文的体性。

1. 主体性的存在：永远的主旋律。

主体性的存在是与背景性的存在相对而言的，它是检验是否捍卫语文体性的试金石。民国时期，顾树森、徐特立等学者提出的"主副目的说"——学习普通语言文字，养成发表思想之能力为形式方面，为教授国文之主目的；启发心智、涵养性情属于内容方面，为教授国文之副目的③。这是从课程目标的层面强调言语形式应成为教学中的主体性存在。当下语文教师黄玉峰、童志斌等人的教例，如《〈阿房宫赋〉教学实录》《〈项脊轩志〉教学实录》，则是从教学目标、教学实践的层面，将言语形式定格成了主体性的存在。

熊芳芳老师《长亭送别》的课眼有了——绝望，教学意脉也有了——莺莺强烈的生命意识—莺莺潜在的危机意识—两种意识的激烈冲突下，莺莺内心潜在的绝望—"绝望"所成就的爱情的绝美—"绝望"所成就的艺术的绝美，对形式秘妙的解读也有了——"蜗角虚名，蝇头微利"等典故的运用，对"喜送—喜迎"结构的超越，但是她在处理形意关系时明显是将"形"作为背景性的存在来处理了——理解蜗角虚名等典故是为感受莺莺潜在的危机意识服务的，理解忧伤送别的结构部分是为了体味莺莺绝望的心绪和爱情。

虽然无法窥见教者课堂上生成的"教学内容"，但是从她所呈示的加工后的"教材内容"看，这种重意轻形的反宾为主的现象，是很容易将《长亭送

---

① 种因. 对于现在中学国文教授的批评及建议 [J]. 教育杂志，1920 (5).
② 袁哲. 国语读法教学原论 [M]. 上海：商务印书馆，1936：31.
③ 顾树森. 实用主义生活教育实施 [J]. 中华教育界，1914 (4).

别》上成我国古代女性"被动人生"的文化课或绝望主题的悲剧美学课的。而《长亭送别》内在的形式表现之美，如颇富表现张力的戏剧冲突，19支曲词中的意象美、韵律美，典雅、活泼、个性的语言美则会被极大程度地忽略。

让言语形式成为背景性的存在不是完全不可以，但这种背景性的存在只能是一种结构性的存在，而不能成为实质性的存在。这一点，李仁甫老师的教学处理值得借鉴。教《长亭送别》，他是从"恨"字入手的，大体遵循了这样的教学意脉：曲词中使用频率最高的词是什么？（恨）—能说说"此恨谁知"的内容吗？—作者是怎么表现这种恨的？（与李煜、李清照的词比较）表面上是体悟"恨"这种情感（意），但是，没有一个环节，没有一处内容未聚焦"恨"的表现艺术（形），凄美的意境，"染""醉"中的拟人、设问修辞，"马嘶"反衬莺莺的孤单……

这种似宾实主的含蓄做法，使学生既感受了作者"写了什么"，又感受了作者"怎么写"，虽然在主旨意蕴的开掘方面不及熊老师片面的深刻，但的确使形意统一，以形为主的教学理念很好地落到了实处。

2. 动态性的存在：立足语境为要。

动态性的存在是与静态性的存在相对而言的。静态性的存在注重言语形式以静态、系统的知识形态呈现，动态性的存在更强调结合特定文本语境，在学习主体相互对话、相互激发之下，对言语形式知识的不断建构，从而使言语形式知识不断化为言语表现的智慧。

平时观课，我们发现不少老师并未将语文上偏，但是他们的课味同嚼蜡。因为他们所讲的意象营构、结构艺术、修辞特点，已完全游离文本的内容、言语表达个性，放到其他同类文本的教学中一样适用，这正是将言语形式当作静态性存在来处理所产生的一个恶果。

民国时期，夏丏尊的语文教育形式美学也有将言语形式静态化的倾向——他曾有一个宏愿，将"四书五经"及《红楼梦》《水浒传》中的相同句式提炼出来，如"穆穆文王""赫赫泰山""区区这些礼物"可以归为一类[1]，不过因为他学养渊深，审美触角纤敏，在具体的文本解读中，又能很

---

[1] 夏丏尊. 夏丏尊教育名篇［M］. 北京：教育科学出版社，2007：157.

好地将言语形式由静态性的存在化为动态性的存在。

引言中,熊老师提到了《西厢记》的进步,譬如对传统的郎才女貌式的爱情的超越,而尝试去刻画二人在心灵上的契合;在分析莺莺强烈的生命意识部分,提到了"莺莺的灵性世界相当敏感,所以心理活动十分细腻"。刻画心灵契合、心理的敏感和细腻,这是宏观介绍,属于静态性的存在。如何具体、细致、个性地刻画心灵契合、内心的细腻和敏感,让学生悟到、发现到,这才是让言语形式走向了动态性的存在。

熊老师在简案中提到了对莺莺心灵的敏感和细腻"读、析、议",但并未呈现如何"读、析、议",所以她如何让言语形式成为一种动态性的存在,无法置评。不过,引言中提到的"尝试去刻画二人在心灵上的契合",简案中并未展开,这便使王实甫可贵的艺术创造永远地处在了静态性存在的状态。

3. 个性化的存在,向着篇性漫溯。

个性化的存在是与共性化的存在相对而言的。

言语形式作为个性化的存在有三层内涵:一是历史视角下单篇文本言语形式上的创新之处,如《岳阳楼记》对实景、实事描写的突破,文本内部双声话语结构,三重情感的和弦,这在先前楼记、亭记类文体写法中都是罕见的;二是空间视角下单篇文本言语形式上的创新之处,即在与同时代作家所写的相类文本,或作家不同时期所写的相类文本所组成的互文语境下,审视该文本的言语形式创新,如同是意象抒情,徐志摩的《再别康桥》与戴望舒的《雨巷》到底有何微殊;三是教学视角下单篇文本言语形式上的创新之处,向着文本的篇性漫溯,既开掘出文本独特的言语表现智慧,又在文本解读和教学中实现自我的审美创造。

基于此,教学中能否将言语形式转化为个性化的存在,给语文教师带来了极大的挑战,也构成了语文教学的巨大魅力。

毋庸置疑,熊老师在教学简案中触及了《长亭送别》言语形式上的个性,如情感表现的线团化,对两人心灵契合的刻画,对莺莺灵性世界敏感、细腻的描写,通过典故表意抒情等,但是因为过分耽溺于"绝望成就了绝美"的悲剧美学思考,不断扩张相关事例的叙述,加上没有紧密结合元杂剧的文体特点，很可惜地与篇性开掘失之交臂。

比如，熊老师在史铁生"孤独说"的内涵（内心充盈，渴望呼应，隔膜与防范等）中反弹出莺莺的"选择靠近"，却忽略了结合文本分析莺莺的极化情感——碍于母亲和普救寺长老的面，无法单独和张生厮守，所以厮守的欲望更加强烈："厮守得一时半刻，也合着俺夫妻每共桌而食"；尝着酒食，竟觉得"似土和泥"；即将分别，竟然"泪添九曲黄河溢，恨压三峰华岳低"。最终致使曲词中的这些极化情感没有被坐实，因而别人眼中"淫亵"的"靠近"只能化作概念化的剪影。

至于莺莺与母亲、张生、长老、红娘的潜在冲突——这是《长亭送别》的一大文体特征，也是文本的篇性之一，不知怎么回事，熊老师也没有深入开掘，所以言语形式在本篇教学简案中有个性化的闪光，却没有走向表现存在。

熊老师读书浩瀚，思维灵动，创意蓬勃，是当下少有的实力派语文老师之一，可是因为对形意关系的处理不当，本篇教学简案，还有其他教例，如《〈紫藤萝瀑布〉教学设计》《〈窦娥冤〉教学设计》，都不同程度地偏离了语文的体性，成为遗珠之憾。

第五辑

寓言类文本教例评析

寓言类文本，教学内容如何择定

——黄厚江《黔之驴》教学实录评析

一、导入

师：今天和同学们一起学习柳宗元的《黔之驴》，知道柳宗元吗？哪个朝代的？

生：（齐声）唐代文学家。

师：他最擅长写什么？

生：杂文。

师：最擅长写杂文里的什么类型？

生：寓言。

师：真厉害！柳宗元是唐宋八大家之一，唐宋八大家主要是散文写得好，柳宗元不仅散文写得好，传记写得也不错，写得尤其好的是寓言。哪位同学说说寓言是一种什么样的文体？有什么特点？

生：寓言能以一个小故事表达一个大道理。

师：你概括了寓言的两大特点：一是有故事，二是用故事反映道理，当然不一定是大道理。而寓言故事又不同于一般故事，它还有什么特点呢？

生：简短生动。

生：里面人物都是动物。

师：这句话怎么理解？

生：里面的主要角色是动物或植物。

评析：寻常的知人论世与文类特性了解，教者上出了与众不同的神采。

一是让学生介绍作者。这是对照本宣科,春风过驴耳般的机械、僵化、低效导入的一种反拨。让学生介绍,沉睡的积淀才会被激醒,浸润了情感的体验和认知才会出场,教师的指点才会更加应时、应需。

二是注意思维的辨正。通过追问、辨析、点染,使学生的认识不断走向丰满和深入。"他(柳宗元)最擅长写什么?""最擅长写杂文里的什么类型?""传记写得也不错,写得尤其好的是寓言。"很生活化、个性化的谈话风,将生硬、冰冷的作者介绍一下子消解得无影无踪,而学生的认知却像吸收了雨露的花草,很劲拔地生长起来。

三是紧扣了文本类性。看似信马由缰的闲谈,其实充满了理性思考的张力。本环节只是初步完成了"知人"的任务,"论世"被教者有意识地放到寓意探究的环节了。这种平衡术或留白术也是一种理性的择定与设计。和学生一起聊作者:唐代文学家,擅长写传记、寓言;探讨寓言的类性特征:有故事、反映道理、形式短小、主要角色是动物或植物,一般不用人。这里更有理性的考量,即用作者擅长的寓言写作,引出对寓言类性特征的把握,再由此进入体悟寓意的教学环节,环环相扣,杂而不乱。

但是,本环节中相关结论或概念的认知需进一步辨正:

1. 寓言中的主要角色是动物或植物,一般不用人。这样的结论凭何得出?来自西方学者的定义吗?《朗文当代英语词典》这样界定寓言:A short story that teaches a lesson (a moral) or truth, esp. a story in which animals or objects speak。短故事,传递一种教训或真理,动物、物体会说话等内涵要素都具备了。可是,这仅是其中的一个义项,其他义项明确提到里面的形象也可以是人,只不过这种人在生活中是不存在的罢了。即使拿中国寓言说事,也不多是以动植物为主要角色,先秦诸子的寓言恰恰多以人为主要角色,如自相矛盾、月攘一鸡、齐人乞墦、刻舟求剑、守株待兔、五十步笑百步……

2. 寓言和寓言故事。在教者那里,寓言和寓言故事是同一个概念。其实不然:寓言是从情节与思想的关系角度来说的,有情节贯穿,但主要为表达寓意服务;寓言故事是相对于动物、风物、童话类故事而言的,不仅会关注情节中的寓意,更关注情节本身。亦即,"寓言是借故事的形式表达寓意,着眼点在寓意;'寓言故事'借寓言的形式表达思想,着眼点不仅在寓意,更关注故事性——这是'寓言'与寓言故事最本质的区别所在"①。

3. 寓言与 fable 对等吗？将寓言和 fable 对等翻译的是林琴南和严遽。"寓言"一词最早见于《庄子·寓言》："寓言十九，藉外论之。"唐人成玄英《庄子注疏》云："寓，寄也。世人愚迷，妄为猜忌，闻道己说，则起嫌疑，寄之他人，则十言而九信矣。"即寓己意于他人之口，以增强说服力。而"fable"则是指《伊索寓言》这一类短小的文学篇制。莱辛认为："要是我们把一句普通的道德格言引回到一件特殊的事件上，把真实性赋予这个特殊事件，用这个事件写一个故事，在这个故事里大家可以形象地认识出这个普通的道德格言，那么，这个虚构的故事便是一则寓言。"② 一个是表达己意，一个是表达众意，内涵指称是不一样的。纵观黄老师的整个教学流程，谈及寓言的类性特征时，用了 fable 一词的部分内涵；谈及寓意时，更多的是偏于寓言的所指。这样磨平差异的教学认知，可以吗？

二、整体感知

师：今天故事的主角是谁啊？

生：（齐声）驴！

师：哪里的驴？

生：（齐声）黔，贵州！

师：这个说法基本成立，严格来说则是不成立的，后面再说。"黔"怎么读？

生：（齐声）qián！

师：好的，那大家知道学习文言文首先要做的是什么？

生：（齐声）读！

师：对，首先要读。课文读过了吗？注释读过了吗？

生：（小声齐答）读了。

---

① 吴秋林. 论寓言的本质［J］. 贵州大学学报，1985（2）.
② 莱辛. 论寓言的本质［J］. 古典文艺理论译丛，1964（7）.

师：有点底气不足，注释要以默读为主，课文要以朗读为主。请同学读课文，谁主动来读？

（生举手）

师：女生优先吧。听的同学可以想想她读得怎么样，应该怎么读。

（一女生朗读课文）

师：读得怎么样啊？与你们心中的标准一致吗？有没有人觉得会比她读得更好？

（一男生朗读课文，读完学生鼓掌。）

师：读得是否更好一些？这也是应该的，因为你比女生后读。

（生笑）

师：女同学咬音很准，男同学把寓言中的语气都读出来了，像最后一句就有一种胜利者的姿态，你愿意带领大家一起读吗？

（生齐读）

师：谢谢这位同学，你的活比老师干得好！

评析：相较于偏情节梳理的整体感知，教者似乎放低了要求，仅了解了一下寓言中的主角，故事发生地点，更多的心力放到了读上：读准字音，读出语气。但是，这种感性的低要求，反而更能整体、具象地把握内容，因为学生在读中入情、入境，实现了生命的移形、移情——男生把文本最后一句读出了一种胜利者的姿态，还有比这更高水平的整体感知吗？在读中检测学生的整体感知力，让教学变得更为亲切、平易，且能调动学生的积极性，教者做到了。

透过实录文字，我们还不难感受到课堂中充满张力的思维气场，还有快乐、活泼的学习气氛，这得益于教者智慧而幽默的点拨。注释，以默读为主；课文，以朗读为主——多么契合学习规律！理性的，留给思考；感性的，留给朗读。女生读准了字音，男生读出了语气，后来居上，各有千秋，体贴地牧养每一个学生的自信心，多么好的教学润滑，多么强的能量补给！

不过，"黔"字的解释更正应该及时，无须留下悬念。教者说后面再说，可后面根本未说。这是不该产生的遗忘。

三、分析"驴"的形象

师：读寓言要抓故事，读故事要抓主要形象。下面我们一起来看看黔之驴是什么样的驴。请用自己的习惯标画出哪些语句主要写驴，从哪些方面写驴，写出了一头什么样的驴。

（学生标画）

师：来交流一下。

生："虎见之，庞然大物也，以为神"一句从虎的角度写驴外表的强大。

师：外表强大？请推敲怎么表达。

生：光从外表还看不出强大。

师：那就是写外表之大，刚才他说了"以为神"，这句话怎么译？

生：把它当作神。

师：很好，以之为神，从老虎的角度写驴外表之大。

生："驴一鸣，虎大骇"一句从老虎害怕的角度写驴鸣叫声之大。

生：这一句告诉我们，因为贵州本来没有驴子，所以驴一叫，老虎就怕了。

师：请注意围绕如何写驴这一核心话题思考！

生："驴不胜怒，蹄之"一句中体现了驴脾气的暴躁。

师：这能看出驴脾气暴躁。"不胜怒"是什么意思，能译一下吗？

生：禁不住愤怒。

生：这句也可看出驴没有真才实学却自以为是。

师：你是从哪里看出的？

生：从"蹄之"。

师：蹄不也是一种本领吗？怎么说它没有真才实学啊？

生：我来补充，"不胜怒，蹄之"，驴忍不住发怒了，但它除了蹄，实在没有其他强大的本领了。

师：很对，文中还有一句与之意思相似的句子，你能找一下吗？

生：觉无异能者。

师：谁觉？

生：（齐声）老虎！

师：对，你们看鸣、蹄这些本领确非异能，表明驴确实没什么真本领。

师：还有写驴的地方吗？谁注意过第一句话，"黔无驴"不也是在写驴吗？

（生点头）

师：这驴是从哪里来的？怎么来的？

生：从外地来的，是船载以入。

师："船载"是什么意思？

生：用船运过来。

师：译得好，这不就是写驴的来历吗？

师：读寓言要特别注意主角的结局，我们还不得不关注驴的下场，这很重要！文中哪句是写驴的结局？

生：（齐声）因跳踉大㘎，断其喉，尽其肉，乃去。

师：这句话还是从老虎的角度来写驴，如果从驴的角度该怎么说呢？

生：驴被咬断了喉咙，吃光了肉。

师：好的，那驴为什么会有这样的下场？

生：驴无异能。

师：这个问题一下回答蛮难的，待会儿再往深处想，我们先从前人说过的成语来看看。

生：黔驴技穷。

生：黔驴之技。

生：外强中干。

师："外强中干"是否出自本文还需考证，但用在这里很贴切。

生：庞然大物，工于心计。

师：成语积累很丰富，"工于心计"形容老虎也很贴切，但是否语出此处同样得考证。

师："庞然大物"在什么情况下使用？姚明在篮球场上叱咤风云，简直是庞然大物。这个例子合适吗？

生：不合适，"庞然大物"不能形容人。

师：好，有想法，但想法不一定对。请结合驴的遭遇，再看看这个词可以形容人吗？

生：能，"庞然大物"形容表面强大却没有真正能力的对象。

评析：分析驴的形象，紧紧抓住情节线"来历—经历—结局"展开；体会"无异能"的特点，紧扣"鸣—蹄"，整个对话纲举目张，非常清爽，还能时时暗扣寓言的类性特征——用情节、细节来表达寓意，做得妙然无痕，引人入胜。

引人入胜来源于师生隐喻对话的自觉。当学生说"蹄之"不是真才实学时，教者立刻反驳："蹄不也是一种本领吗？"当学生总结出驴"庞然大物，工于心计"的特点时，教者马上追问"庞然大物"是否可以用在人身上，比如姚明。不断挑起思维的对峙与冲突，从而将学生的思考引向了深刻，也引向了细腻。

引人入胜也与教者顺势而化的方法点拨相关。"读寓言要抓故事，读故事要抓主要形象。""读寓言要特别注意主角的结局，我们还不得不关注驴的下场。""驴为什么会有这样的下场？"瞄准所寓之意，极尽闪转腾挪之势，而解读方法如宝物一样很知心地及时降临，令人有不断的阅读惊奇。

然而，教者的部分引领与评价值得商榷。

1. 学生接二连三从老虎的角度认识驴的形象，教者不免有些着急，不断提醒"围绕如何写驴这一核心话题思考"。其实，大可不必如此板滞。正、侧面描写，在认知驴的形象时完全可以殊途同归。一味地强调正面描写，反而会局限学生的认知。

2. 学生从"虎见之，庞然大物也，以为神"见出驴外表的强大，教者引导学生是外表"大"而非"强大"。貌似客观、精准，其实曲解了文本——以为"神"还不能反映其强大，什么能反映呢？这是老虎起初对驴的认知，所以才会有"蔽林间""慭慭然"等一系列表现。倘若当时就觉得驴只是外表大而力量不强，它早就扑上去，断其喉，而不必又是窥探，又是试探了。

3. 由驴形象引发的哲理性认识。教者结合来历、结局，正、侧面描写，让学生认识黔驴技穷、外强中干固然没错，但是作者最后的感慨不应被忽略——"形之庞也类有德,声之宏也类有能,向不出其技,虎虽猛,疑畏,卒不敢取。今若是焉,悲夫!"也就是说,即使无德无能,如果不贸然进击,暴露己短,还是有全身而退的可能的。对这种肤浅的躁进,作者是持批判态度的。这样一来,教者默认的驴的"工于心计"的特点其实是立不住脚的。与虎的沉稳、成熟比,驴简直就是单纯到极致的大傻,与《伊索寓言》中那位借拔刺之机,将狼踢倒再开溜的驴比,更是蠢不可及。对即将到来的危险,它根本没有任何的预感、防范,还谈何工于心计?

四、分析"虎"的形象

师:好,驴的故事就大致读到这里。刚才有个问题同学们很为难,事实上作者的大量笔墨并没有用在驴身上,而用在老虎身上,为什么呢?我们先看看这是一头怎样的虎。

生:老虎是胜利者。

生:但老虎一开始怕驴。

师:从文中找依据说说。

生:"以为神""大骇""远遁""甚恐"。

师:找得好。

生:老虎工于心计,它慢慢了解,慢慢适应驴。

师:也从文中找依据说说。

生:"稍出近之""又近出前后""稍近益狎",老虎一步一步在试探,表明它工于心计。

师:说得真好。古人读《黔之驴》,从驴的角度概括出了很多成语,我们能不能从老虎身上也概括出几个词,可能以后会成为成语,同学们能试试吗?

生:黔虎之智。

生:黔虎识驴。

评析:让学生从虎的形象,用成语总结寓意非常巧妙,也极富难度。但这种难度反而极大地激活了学生的思维能量——黔虎之智、黔虎识驴,没有一定的体验力、理解力、概括力，无法做到。可是，这种"高端对话"似乎有为上等人说法的味道，学生中的普罗大众是否能清晰地认识，恐怕还是未知数。黔虎之智除了"工于心计"，还有什么？对当下的我们，是否有值得汲取之处？不趁势追问，学生的精彩回答充其量只是璞玉而已。

分析虎的形象，教者的过渡极其自然："刚才有个问题同学们很为难，事实上作者的大量笔墨并没有用在驴身上，而用在老虎身上，为什么呢？我们先看看这是一头怎样的虎。"这是非常智慧的发问，因为触及到了文本的形式秘妙：正面写虎的笔墨比驴多，题目为什么叫"黔之驴"？驴并非产自黔地，是被好事者运来的，为什么题目还是叫"黔之驴"？这便击中了命题艺术的核心，作者说理的重心。可是，教者仅是将之作为认识虎形象的引子，而虎形象中寄寓的理也未探析透彻——离开对驴形象的立体、深入的认识，对虎形象的认知必然受限，令人不免有些遗憾。

五、分别从驴和虎的角度讲述故事

师：同学们概括得真好！学了驴、虎的故事，下面就来讲故事，小时候我们讲故事怎么开头的？

生：（齐声）很久很久以前……

师：谁来用自己的话讲这个故事？注意，可以有自己的语言但不能脱离原文。

（一生讲述故事）

师：这位同学注意了故事性，但有个细节，驴到底有没有踢到老虎啊？

生：没有踢到，老虎是很机智的。

师：我们再把讲故事的要求提高一点，分别用虎和驴的口气来讲，挑战一下吧。

（一男生以驴的口气讲述故事）

师：讲得很生动，故事性强。对方言的感情也挺深，味道不错！

（生笑。然后一女生以虎的口气讲述故事。）

师：也不错，把老虎的心理表现得很细腻，层次分明。故事讲完了，同学们还有疑问吗？

（生迟疑）

评析：按正常的逻辑，这一环节完全可以放在整体感知课文内容之后。但是，教者的这一陌生化处理，反而产生了"一会儿地动山摇，一会儿柳似花朵"的审美效果——表面上的放松，原来是为下一环节的寓意探究积蓄思维能量。但是，教者并未让学生停留在简单的内容复述上，而是变着花样不断提升"讲"的难度——以传统故事的形式讲述——分别以虎、驴的口气叙述。

学生讲述的时候，教师的艺术点染相机进行：细节、故事性、味道、心理描写，全部命中形式秘妙。因此，整个教学环节层层推进，却又能做到张弛有致，真正形成了教与学的和弦。没有渊深的语文学养，很难做到。

不过，对文本讲了"驴、虎的故事"的定性似乎不妥——文本不是讲述了两个故事，而是一个故事，虎的故事是作为驴的故事的辅线、暗线存在的，是驴的故事的一个组成部分而已。

六、探究故事的深层寓意

师：老虎的故事比驴的故事生动全面，那课题怎么是黔之驴，不是黔之虎呢？

生：是用黔驴反衬黔虎的聪明机智。

生：柳宗元借驴讽刺当时昏庸无能的官员。

师：这位同学讲得很深刻，学古文要知人论世，从当时的背景出发，柳宗元生活的中唐时代，朝中很多官员地位显赫却无多少本领，作者就借驴讽刺朝廷中那些位高权重却昏庸无能的大臣们。同学们以后生活中遇到这样的人也可以联想到这头黔之驴！

生：（齐声）好！

师：刚才有个同学说大家都不喜欢驴，老师有些疑问，有人喜欢驴吗？

生：现实生活中驴还是很有用的。

师：老师也喜欢驴，它勤劳、踏实、可爱，不工于心计，北方人家里的驴都是宝，帮人拉磨拉车。而文中说驴"至则无可用"，不是说驴没有用，这怎么理解？

生：没有把驴放到合适的地方，导致驴没有用。

师：人如果这样，恐怕结局也如此啊！那到底是谁导致了这个悲剧呢？

生：（齐声）好事者！

师：柳宗元不敢讽刺好事者，好事者是谁啊？

生：是当时的皇帝。

师：那前面的问题我们也可以解决了，黔之驴的悲剧是因为好事者的无事生非，能从好事者的角度概括一个词语给后世留下些教训吗？来尝试一下。

师生：（齐声）载驴入黔！

师：一起记住这个悲剧故事的教训吧，同学们长大以后可不能做这样的事！

（生点头）

评析：提问直逼篇性特征："老虎的故事比驴的故事生动全面，那课题怎么是黔之驴，不是黔之虎呢？""文中说驴'至则无可用'，不是说驴没有用，这怎么理解？"不过，师生的探讨没有充分利用好这些问题：如深入到文本的复线结构，烘云托月的主旨表达，对好事者的暗讽，对人生之用的哲学思考——并非教者所说的"不敢讽刺"，而是旗帜鲜明地讽了，"好事者"这个名称即可见出，驴的命运也有所暗示。

注意了多方打通：驴与位高权重却昏庸无能的大臣的打通——文本与生活的打通——现实生活中外强中干的人与这头黔之驴；将驴放到不该放的地方，导致了驴从有用变没用——将人放到不该放的位置，亦然！但是，这一寓意，教者引申得不是很明朗，仅以载驴入黔作结。放置的位置不对会适得其反的教训，也没有被举一反三——如马谡、关羽没被用到合适的地方，既丢了命，也大伤了蜀国的元气。我们现代社会是否也存在这样的黔之驴、好事者？我们自己是否也有黔之驴、好事者的影子？拷问自我，拷问社会，打通才会走向深入！

七、结课

师：今天我们读了一则寓言，知道了关于驴、虎和好事者的三个故事，了解了古人概括和我们自己概括的八个成语，明白了一些道理。好，下课！

评析：是三条线经纬而成的一个故事，而非三个故事。虎线、好事者之线，都是为了支撑、架构驴的故事而存在。

总评

说寓言类文本，而不说寓言文本，主要是鉴于寓言与 fable，寓言和寓言故事，以及寓言与含寓言色彩的神话故事之间的区别。"寓言类"可以将上述的文体全部囊括。

寓言类文本的教学内容如何择定？黄厚江老师的《黔之驴》教学实录为我们作出了示范——围绕寓言的类性特征进行。

本节课，他主要是从故事、形象和寓意这三个层面来引导学生感知寓言的类性特征，并以之为轴心，带动对作者"写什么""怎么写""为什么写"的探究，节奏张弛有致，内容精粹饱满，整个教学如行云流水，一气呵成。

故事，精赏驴的故事，略赏虎的故事，好事者的故事则轻轻掠过。赏析过程中，黄老师比较注意线索的理清。驴的故事：来历—无异能—结局。虎的故事抓住了老虎的心理线、行动线，但不是很自觉，因而也不到位。让学生分别从虎、驴的视角讲述故事，明显有了回归重视情节的倾向，因为点评两名叙述者时，黄老师用到了"故事性强""表现细腻""层次分明"等词语，均涉及了对情节完整性、曲折性的评价。情节中的因果联系也涉及了，这挺难能可贵的。

形象分析，黄老师除了立足情节，还结合了具体的细节、文本中的矛盾张力，总体上颇具说服力。因为注意了与现代生活的打通，如问学生庞然大物可否用在人身上，从虎的角度概括几个词语，力争使之成为成语，所以分析显得既实在又灵动，可谓上出了个性，上出了新意。

有了对情节、形象的具象体验与认知，寓意的提炼便水到渠成。但是，与一般教师不同的是，黄老师在这个环节精准捕捉到了两个凸显篇性特征的矛盾，开启了高质量的审美启悟：老虎的故事比驴的故事生动全面，课题怎么是黔之驴，不是黔之虎？现实生活中的驴是有用的，作者也说"至则无可用"，并未说驴没有用，这怎么理解？因此寓意的总结非常独到、深刻，耐人寻味。

不过，仅是将教学内容锁定在类性特征的开掘与感受上还远远不够。高水平的教学，内容必须涉及篇性特征的审美。

对篇性特征的审美开掘，黄老师也注意到了，但他只是限于语境中相关要素的关系比照，文本形象对现代生活的启示，比如在驴、虎、好事者这三个人物形象的相互比照中，认识各自的特点（驴的外强中干、急躁冒进，是因为有了虎的精明强干、工于心计的参照；好事者的颟顸愚蠢，无事生非，是因为有了驴的悲剧映射；悟出不能成为黔之驴、好事者之流，也是因为有了文本中的黔之驴、好事者与现实中的黔之驴、好事者的隐性比对），从而触碰了文本的象征属性、哲理品格。

黄老师忽略的是通过文本间性烛照篇性特征。

任何文本或多或少都回荡着其他文本的声音，如《堂吉诃德》之于一大批骑士小说，《包法利夫人》之于一大批浪漫小说，后继的文学之中永远包含了已有文学的折射，这便需要在解读中不断关注文本间的相互折射。

落实到《黔之驴》的教学，以下的文本应该引起关注：同单元中的其他文本，如柳宗元《三戒》中的另两篇《临江之麋》《永某氏之鼠》，文学史中的其他寓言，等等。

道理很简单，你不与先秦诸子的寓言比照，你便不会发现《黔之驴》的含蓄之风，作者对情节细腻性、曲折性所作出的贡献；你不联系柳宗元的诗文，恐怕也不会想到，他的寓言在戒他的同时，也戒己，甚至有自我拷问的色彩——黔之驴、临江之麋身上真的没有柳宗元自己的影子吗？他在诗词中用践乌（《践乌词》）、木炭（《行路难》其三）自况、自怜、自省："左右六翮利如刀，踊身失势不得高。支离无趾犹自免，努力低飞逃后患。""盛时一去贵反贱,桃笙葵扇安可当。"为什么寓言中就没有呢?

当下,很多学者在呼吁"教学上的连续性"。将文本放在历史的长河中观照,放在当时写作的语境中观照,放在语文新课程的视野中和单元教学的目标中观照,形成一种文本的互联网,同时注意与现实生活的打通,与自我生命的融合,教学的连续性才会得以真正的发生。

不知黄老师以为然否?

教学意脉与文本意脉的合一或重构

——余映潮《狼》教学实录评析

一、思维预热，把脉学情

师：我们今天学习的课文是蒲松龄的《狼》。现在，请你们说说我们这节课学习什么，但是不要重复老师刚才的话。

生：这节课上的是《狼》，蒲松龄写的。

师：这是重复老师的话，只是颠倒了顺序。

生：今天我们学的是两只狼与一个屠户较劲的故事。

师：还有文体的角度呢？或者其他的角度，都可以说。

生：今天我们上的是蒲松龄写的文言文——《狼》。

师：文言文，这是一个角度。还有什么？

生：今天我们上的是选自《聊斋志异》的课文——《狼》。

师：从故事情节或者从另外的角度来看……

生：今天我们阅读的是两只狼与一个屠户搏斗的精彩故事。

师：还有，这是一篇短篇小说对不对？《聊斋志异》是小说故事集。再从文章结构来看，我们学的是——

生：一篇按照事情发展顺序写的文言文。

师：请大家读一读课文。

（生读）

师：看看文章的结构，它实际上分两块，你们看着练习题来思考。现在大家看课文，大声地读起来。

（生读）

师：有两个地方要注意一下：第2段这个"之"要读得很轻，（范读）"而两狼之并驱如故"，这个"之"不要读太重；还有一个地方，"少时，一狼径去，其一/犬坐于前"，不要读成"其一犬/坐于前"。刚才，大家读得很流畅，但故事的味道没有读出来，速度比较平缓。再读一次，请自读，不要齐读。

（生读）

师：好，请大家读课文注释，读起来……

评析：这一环节属于思维预热。和学生商定学习内容，意在使教学开发基于真实学情，同时也悄然缩短师生的心理距离；在学生读顺语气、读准节奏、读懂内容、读明结构的基础上，再提出读出味道的要求，的确可以不断刷新学生的阅读体验和审美认知。

但是，先确定学习内容，再通过朗读检测预习效果的教学顺序似有不妥。要想基于真实学情展开教学，感性的朗读应该放在第一步，这是最灵动、最自然，也是最真实的检测。一旦发现问题，可以立刻化之为教学内容，比直接硬生生地和学生商榷学习内容更靠谱——学生对学什么答非所问，教者苦引无果，只好自己道出答案：文体、情节、结构。这种尴尬现象的发生，固然和指导不力有关，但认知逆行是不可忽视的根本原因。

另外，将文本界定为短篇小说也不够精准。准确地说，应该是"寓言体小说"。通览教学全程，教者对情节、人物形象分析用力较多，对文本的寓意置若罔闻，正是对"寓言体"认知不到位造成的一个不该发生的失误。

二、习题检测，夯实语基

师：这一节课，我们完成四个学习任务。第一个学习任务是（屏显）：

1. 请同学们进行联想，写出含"狼"的成语。
2. 理解下面四组字词。

（1）标出拼音：窘（　　）倚（　　）瞑（　　）隧（　　）

(2) 指出含义：丘（　　）犬（　　）洞（　　）隧（　　）

(3) 区别词义：去（　　）股（　　）盖（　　）耳（　　）

(4) 解释意思：少时（　　　）顷刻（　　　）变诈（　　　　）
　　　　　　　几何（　　　）

3. 辨析下面多义词的意思。

(1) 目似瞑意（　　　　）　　　暇甚意（　　　　）

(2) 恐前后受其敌（　　　）　　盖以诱敌（　　　　）

4. 写出下面一句话的意思，说明它在文中的作用。

狼亦黠矣，而顷刻两毙，禽兽之变诈几何哉？止增笑耳。

师：大家看一下练习，这叫课堂智能练习。这份练习有四道题目，咱们分组来做，一个组做一题。

（接下来进行交流）

成语：学生或自说或在教师引导下说出了下列成语——狼吞虎咽、狼心狗肺、鬼哭狼嚎、狼子野心、狼狈为奸、引狼入室、如狼似虎。有学生说"豺狼虎豹""一片狼藉"也是成语，被教者纠正。教者同时指出：绝大多数与狼有关的词语都是贬义词，这篇文章中写到的狼是凶狠的。

正音：读"少（shào）时"错误，读"少（shǎo）时"正确。

释字："犬"，像狗一样；"洞"，打洞；"隧"，打洞。

译句：学生译完句子，说该句起总结全文的作用，揭示了一个道理：动物当然是狡猾的，但是它们再怎样高明也高明不过人。教师趁机点化：这是一篇叙议结合的文章，前面是叙，后面是议，有了这些议，就体现了作者写这篇文章的意图，就讲明了一个道理。

评析：注意夯实学生的文言基础，对易误解处有意逗留，强化学生的认知，精神可嘉。但这个环节讲得越细，越体现学生自学的低能、教师包办积习的严重。即使要讲，也应放到教学的起始环节，且不能面面俱到。针对学生的易误解处，以点带面地查一下即可，算是别样的提醒；让学生自说预习困惑或经验，并相互间解答、分享更好；最理想的是随文检测，既不中断教学意脉，又能让学生结合特定的语境去动态地理解，还能便于集中精力感悟文本的形式秘妙。

课堂上大讲特讲字词句知识，说到底是应试思维在作祟。积染成习，更是不少老师掩盖平庸思想、薄弱学养的遮羞布。

解释"犬"字，明显枝蔓——上一环节提醒"其一犬坐于前"的朗读时，可一并解决。

三、品味语言，生命融合

师：我们第二个学习任务是：师生诵读品评。（屏显）

分三步走：第一步，从屠户的角度评点段落内容；第二步，从狼的角度评点段落内容；第三步，从语言的角度评点段落内容。评点内容放在前四段"叙"这一部分。我们这样做：大家读第1段，然后停下来，这个时候应该有个同学起来说："这一段的大意是……"或"这一段的作用是……"

学生阅读思考后，师生交流：

第1段：写屠户遇狼，交代故事的起因，点明时间、地点，这是故事的开端。

第2段：写屠户惧狼，这是故事情节的发展。

第3段：写屠户御狼，这是故事的进一步发展。

第4段：屠户毙狼，这应该是故事的高潮和结尾。

师：挺好，刚才是从屠户的角度评说课文，下面从狼的角度来评这四段。老师提个建议，大家可以这样说："这一段写两狼怎么样……"

生：第1段写两狼跟踪那个屠户。

师：用课文的话来说，"两狼缀行甚远"。很好，第2段呢？

生：第2段是写"两狼之并驱如故"。

师：给你换一种说法，"两狼穷追不舍"。第3段呢？

生：两狼对屠户虎视眈眈。

生：我认为是两狼很邪恶地……

师：咄咄逼人。

生：我觉得这一段是两狼与屠户对峙。

师：两狼与人对峙，简单地说就是两狼逼人，把人逼到柴堆边了。第4段呢？

生：两狼被毙。

师：好的。下面再从语言的角度来评说。你们朗读课文，我来评。一段一段地读，一段一段地评。

（生读"一屠晚归……"）

师：这一段开门见山，二十个字就点明了记叙的要素。两狼跟踪逼人，写出了紧张的气氛，情景扣人心弦。

（生读"屠惧……"）

师：这一段描写细腻，"投""复投"写出了屠户的一再退让，"并驱如故"表现了狼的联合作战。这时候的情景是，强敌压境，不容乐观。

（生读第3段）

师：这一段动词用得非常好。"恐""顾""奔""倚""驰""持"一连串的动作写出了屠户的紧张，也写出了他保持着清醒的头脑。"奔""倚""驰""持"使这一段故事更加紧张，危险一触即发。

（生读"少时……"）

师：这一段手法用得好，"一狼径去"给我们留下了悬念。"其一犬坐于前"也是一个悬念。这两个悬念其实写的是一个阴谋，"转视积薪后"写出屠户的警觉，"数刀毙之"写出了屠户的果断，故事到了这一段，真是一波未平一波又起。

评析：此环节完成了两大学习任务：一是分别从屠户、狼的角度梳理情节，也涉及了叙事视角的感知；二是评点小说的修辞、气氛渲染、形象塑造、悬念设置等，皆是着眼于形式表现智慧，捍卫了语文的体性。两个任务相辅相成，相互促进，其间的变式则使学生触目皆新，学趣盎然。将传统的印象主义批评，从纸面搬到形声兼备的课堂上，更是体现了教者的大胆化用。

遗憾的是，这种听评不是针对学生审美愤悱时的及时点化，而是改头换面的灌输，彰显的是比较扎实的教情，而非学生拈花微笑般领悟的学情，因此只能属于夭折的教学化用。

"段"是"自然段"的上位概念，将"自然段"直接说成"段"，这种常识性的错误不该发生。

四、聚焦语言，深化体验

师：好，咱们的课文评读品析就到这儿，下面我们完成第三个学习任务：语言欣赏体味。（屏显）

每位同学认真地找一个地方，或者找一个词，或者找一个句子，或者找一个段落，谈谈"这个地方写出了什么，表现了什么？"

老师先举个例子，比如，一屠晚归，"晚"说明当时路上已无人了，一个"晚"字，就渲染出气氛。好，开始。自选内容，品味语言。方法是用你的笔，圈出一个地方，然后写上一两个关键词来表示你的点评。

（学生自学一段时间后，师生交流。）

生："场主积薪其中，苫蔽成丘"，写出了屠户的冷静。如果他没有冷静的头脑，他就什么都不能做了，等着狼来吃他。

师：写出屠户在情急之中能抢占有利地形，保护自己。

生："乃奔倚其下"，这"奔"的动作很快，说明当时的形势很紧张。

师：是啊，"奔倚其下"，快跑，跑到柴堆旁，靠着。放下担子，马上把刀拔出来，写出了屠夫的紧张，还有情形的惊险。

生："担中肉尽"，说明情况很危险。

师：这个地方是故事的伏笔，一扔再扔，没有东西可扔了！

生：我说的是"缀行甚远"。狼很饿，它们就是不放过屠夫，写出了气氛的紧张。

师：这里有两个含义：一个含义是饿，还有另一个含义是在探虚实。狼不敢靠近人，远远地跟着，在观察形势。

生：第2段"后狼止而前狼又至"，这个"止"和"至"表现出狼的合作性和贪得无厌。

师：是啊，不断地给屠夫强大的思想压力和心理压力，"后狼止而前狼又至"，多危险啊！

生：我讲的是"身已半入"。这个"半入"说明狼作好了从后面攻击屠夫的准备。

师：是啊，狼在后面打洞，已打了一半了，还在继续往前打，形势也是够紧张了。

生："目似瞑，意暇甚"这句话写出了狼的狡诈。狼的战术是想让屠夫放松警惕，然后就可以得逞了。

师：是的，狼很狡猾，假装睡觉，迷惑屠夫，但正是这个机会被屠夫抓住了，因此，就有了"屠暴起"这个动作。

生："屠大窘，恐前后受其敌"说明当时跌宕起伏，情况紧急，容不得屠夫细想。

生："骨已尽矣，而两狼之并驱如故"，这说明屠夫已将担中的骨头扔完了，但两只狼还穷追不舍。

师：还有吗？

生："屠暴起"写屠夫在瞬间用很快的动作、很大的力气把狼杀死。

师：速度快，力气大。第一刀劈了一下，第一只狼死了，连声音都没有，如果它有嚎叫的声音，另一只狼会知道……这一刀很厉害！再想一下，这篇小说为什么写一个屠户啊？他有刀啊，而且是杀猪刀。

师：大家说得很好。时间不够了，老师小结一下：这篇文章语言简洁生动，开头二十个字，写出了时间、地点、人物、环境，渲染了紧张的气氛；结尾二十个字，点明了主旨，使文章的含义深刻；中间一百多个字写出了一个扣人心弦的故事。作者的生动描写，把狼的狡诈、屠夫的机智表现得淋漓尽致。

评析：相对于上一环节的"段"评，本环节的"句"析因为有了学生思维的出场，变得生气盎然。从"场主积薪其中，苫蔽成丘"见出屠户的冷静，学生并未讲清其间的逻辑联系，教师跟进补充"在情急之中能抢占有利地形，保护自己"，学生从"缀行甚远"中见出狼很饿，气氛的紧张，教师补充"另一个含义是在探虚实"，语言"约而达，微而臧，罕譬而喻"，堪称令人耳聪目明的高质量对话。

"这个地方写出了什么，表现了什么"的鉴赏方法仍有应试指导的僵化面影。师生鉴赏整体上并未将文本的形式秘妙说透，如人物形象塑造上用的复调手法——狼的狡黠与愚蠢，凶狠与怯懦，屠户的恐惧与冷静，紧张与细心——这种写法迥异于传统寓言的漫画化、平面化；情节发展中，双方力量强弱的太极式转化，教学也未涉及。但是，这种鉴赏中的"虫眼力"培养功不可没。假以时日，不愁学生审美上没有井喷式的突破。

五、趣味诵读，延宕审美

师：我们下一个任务是什么？（屏显）

课文趣味诵读。朗读课文最后一段，要求加进一个"啊"字。

（生思考，试读。）

师：你的"啊"加在哪里？

生：加在"盖以诱敌"前面。叙述完一件事后感叹一下，（大声喊）"啊，盖以诱敌"！

生：我是加在最后一段开头，"啊，狼亦黠矣……"

师：你加在哪里？

生：我加在"亦毙之"后面，"啊，都死了"。

（众笑）

师：他很高兴啊。你加在哪里？

生：我加在"乃悟前狼假寐"前面，"啊，乃悟前狼假寐"，恍然大悟。

生：我加在"屠暴起"前面。（大声朗读）"啊，屠暴起"，表达屠夫从内心发出的吼声。

（众笑）

师：你们的答案丰富多彩，可就是跟我的不一样！

（众笑）

生：我加在"以刀劈狼首"后面，狼的惨叫声后面应加一个象声词，

(大声朗读)"以刀劈狼首,啊,又数刀毙之"。

师:(笑)狼就"牺牲"了。我来说一个地方,(朗读)"少时,一狼径去,转视积薪后,啊!一狼洞其中"。加在最紧张的时候,这个时候屠夫突然发现一狼在他的身后打洞,加在这个地方最合适。你们加的大多数都对,但有些地方不对,"啊!狼死了"不对。(众笑)好的,就在老师刚才加"啊"的地方,我们读起来啊,这个"啊"字要读得很传神。

生:(齐读)少时,一狼径去,其一犬坐于前……(啊!)一狼洞其中,意将隧入以攻其后也……

师:这一课咱们就学习到这里,同学们很辛苦、很聪明、很积极,谢谢大家,下课。

评析:用加感叹词"啊"的形式开展趣味朗读,的确将文言文教活了。为什么?埋在文字中的情感显形了!用俄国形式主义理论的话说就是延宕读者的审美时长,更易实现生命融合!这样做的确可以更好地开拓审美空间,激活学生的审美想象和体验,因而也更易一窥学生的审美素养。

可惜的是,在这个节点上,教者依然未能把握好契机,将审美推向高潮。

添加有两种方法:一是如教者所说,在"一狼洞其中"前添,表达屠户的吃惊和庆幸;二是在"狼亦黠矣"前添,表达作者的感叹和嘲讽,相当于文言文常用的"噫""呜呼"之类。其他所有添法都会阻断文气,搅乱叙述视角。比如在"乃悟"前加,只要让学生用白话练说一下,荒诞和滑稽就会立见。

因此,学生的几种添法只有一种是正确的,教者为学生的畅所欲言所惑,说"你们加的大多数都对"纯属误判。

总评

理想的语文教学一定是教学意脉与文本意脉的合一或重构。

文本有了意脉,便会形散神聚;教学有了意脉,整体感、生命感、美感便会有足够的保障。课堂教学再怎么生成万千,意脉是不能随意被割裂或抛弃的。想有序性教学、群文教学、注重课程的综合与打通，对意脉的梳理和持守是永远的前提。想让文本解读或语文教学创新，可是对意脉却不甚了了，谁信呢？你尽可采用凯洛夫"五环节教学法"，中国的"红领巾教学法"，或魏书生的"六步教学法"。可是，如果没有注意教学意脉与文本意脉的合一或重构，文本整体气韵被摧毁得七零八落，就是必然的。为什么有些老师的课，看上去高大上，科学性十足，实际上却是东一榔头西一棒子，散漫得不成体统，更谈不上有一点儿语文味，跟忽略文本意脉的合一或重构，不能说没有一点儿关联。

教学须立足文本，教学意脉也须立足文本意脉。教学意脉与文本意脉可以合一，也可以重构。合一有表面形式的合一，如教学《藤野先生》，按"相识—相处—相别"的情节线，或按"平夷、和悦（添改讲义、纠正血管图）—激动难耐（关心解剖实习）—淡淡失落（询问裹脚法）—悲哀、不舍（依依惜别）"的情感线组织教学；也有内在意蕴上的合一，如按"狗的悲剧—人的悲剧—时代的悲剧"设计《小狗包弟》的教学。重构则更多地携带了主体的精神创造，就像朱光潜先生所说："一首诗的生命不是作者一个人所能维持住，也要读者帮忙才行。读者的想象和情感是生生不息的，一首诗的生命也就是生生不息的。"[①] 融入了主体更多的情感、想象和思考，比如按"女儿情态的木兰—英雄情态的木兰—文化情态的木兰"组织《木兰诗》的教学，感受"文化情态的木兰"便是对文本意脉的重构。

余老师的这堂课被称为"板块式"结构，有不断"爬坡"的感觉，显然是肯定这种设计带来的柳暗花明的效果。但是，这种魅力的取得恰恰是在不知不觉中暗合了文本的意脉。比如，学生翻译卒章显志句，余老师点明文章结构上"叙议结合"的特色；让学生按"遇狼—惧狼—御狼—毙狼""缀行—对峙—被毙"的顺序评点段落内容；在"语言欣赏体味"环节，按"开头—结尾—中间"的次序小结行文特色。不过，对文本意脉的教学价值，余老师重视得还不够：关注了"叙"，忽略了"议"，使寓意的体悟完全处于虚位状态；只讲蒲松龄笔下狼的狡黠、凶狠，不点染学生狼也有慈爱、坚

[①] 朱光潜. 谈美 [M]. 合肥：安徽教育出版社，1997：5.

强的一面（如《若尔盖草原狼的故事》中的狼即是明证）。

那么，教学意脉与文本意脉的合一或重构，该注意些什么呢？

1. 立足体性，即在形意兼顾中突出"形"——言语形式。文学评论家可以走从言语形式到言语内容的批评路子，语文老师不行。语文老师必须再多走一步，返回形式，引领学生体悟作者到底是如何巧妙、有力地表现内容的，这便是立足体性、持守体性。否则，语文课很容易被上成文化课、思想品德课或别的什么课。这方面，余老师有着极为清醒的认识。他想将文体、情节、结构的体认确定为教学内容；引领学生按不同的视角，梳理小说情节；在评段、析句、揣摩人物心理时，紧扣气氛渲染、形象塑造，均是着眼于语文体性捍卫的自觉实践。

2. 紧贴类性，即注意把握文本的类性特征，不要将各种文类的教学同质化，更不要将文本类性张冠李戴——如将人物形象分析定为诗歌教学的目标，将环境分析定为散文的教学目标，将情感体悟定为小说的教学目标。余老师教学《狼》注意了小说情节营构、气氛渲染、形象塑造方面的类性特征，却遗落了寓言体——蒲松龄在《聊斋志异》中明确提到："集腋为裘，妄续幽冥之录；浮白载笔，仅成孤愤之书。寄托如此，亦足悲矣！""寄托"指的就是"寓言体"。因此，当学生浅表化地道出寓意，余老师没有及时地进行深度引导、阐发，导致教学的不完整，殊为可惜。

3. 开掘篇性，即在立足意脉的前提下，引导学生在文本独特的形式表现智慧上多多用力。篇性常常是作者跨体写作或创体写作的核心所在，也是作者突破他人、超越自我的鲜明表征。教学中，如果捕捉到文本的篇性特征，往往可以使审美教学收到势如破竹、会通奥窔、触处生春的奇效。比如，本篇中的哲理品格、复调叙事、情节上的太极式转化、屠户形象塑造上的不断"翻转"，这是文本的深层魅力，也是真正动人的魅力。

可是，因为受应试答题模式的影响，或受基于学生认知能力的"有效教学"说的遮蔽，共性化解读的惯性强力遏制了个性化的深度发掘，余老师对上述的篇性特征要么浅尝辄止——没有顺势阐析寓意，也没有与蒲松龄《狼三则》中的另外两则寓言比较（那两则便缺失哲理品格）；要么言不对路——起因、发展、高潮、结果的评点只是小说、故事、寓言的共性，而非

《狼》的个性，正如孙绍振先生指出的那样："把情节划分为开端、发展（再发展）、高潮和结局平行的四个要素，属于形式逻辑的划分，是极其落伍的。充其量只是素材的形式外部形态，正等于把人分为头部、躯干、四肢，并不能揭示其内部的机制。"① 《狼》的言语表现个性是上文提到的复调叙事、情节上的太极式转化、屠户形象塑造上的不断"翻转"。可是对这些独特之处，余老师竟统统忽视了，致使学生对作者言语表现智慧的体悟，基本上处于半尘封的状态，而作者教学的扎实、灵动和创造也因之大打折扣，这是颇值得深思的。

---

① 孙绍振，孙彦君. 文学文本解读学 [M]. 北京：北京大学出版社，2015：290.

返回童话，更好地在现实中诗意栖居

——黄维陆《盲孩子和他的影子》教学实录评析

一、回忆：为盲孩子和他影子的出场蓄势

师：同学们，在你们的生命记忆中，曾经和哪些童话故事相遇过呢？（学生枚举看过的童话故事）

师：是啊，我们曾经无数次地走进美丽的童话世界。在那里，我们认识了可怜的卖火柴的小女孩，历经艰难而梦想不灭的丑小鸭，还有高贵的白雪公主和七个善良的小矮人……

这节课，让我们跟随作家金波再次走进美丽的童话世界，去感受一个盲孩子和他影子之间发生的神奇而美丽的真情故事。（PPT显示课题和作者）

评析：有效地导入新课，是"认知教学理论"非常重的一个教学原则，即动机原则。学生的学习取决于他们的准备状态和心理倾向。倘若他们的好奇心和学习欲望被成功地唤醒和激发，参与探究的激情便会迅速生长！

黄维陆老师的诗意激发显然有这样的教学追求。通过回忆昔日熟知的童话故事，让学生自然进入本则童话的美丽意境。但是用"美丽"提炼童话的"共性"特点，这仅是"共识"，而非教者的"独识"。对学生来说，"陌生化"效果未能充分突显，恐怕难以形成有效的思维张力和兴趣动力。

倘若从"曲折""神奇"的角度引入，是否更能点燃学生的阅读激情呢？

比如：卖火柴的小女孩在现实世界饱受饥寒和孤独，在理想世界却拥有了光明、温暖、快乐和爱；丑小鸭饱受各种欺凌、侮辱，甚至险些被猎杀，

但靠着理想总能遇难成祥；白雪公主吃下了致命的毒苹果，被邻国王子深情一吻，竟然能死而复生……那么，作家金波笔下的盲孩子和他的影子又有着怎样奇特而曲折的命运呢？

二、联系：走进盲孩子和影子的神奇经历

师：请同学们速读课文，结合这个童话故事的首尾，用自己的话谈谈盲孩子发生的变化。

（生速读课文）

生：盲孩子的生活发生了变化——故事的开头，盲孩子是生活在一片黑暗之中；结尾部分，盲孩子看见了一切。

生：盲孩子的心情发生了变化——开始的时候，盲孩子过得很寂寞，他是孤独的；后来盲孩子看见了光明，变得快乐了。

师：请同学们找出在故事的开始关于盲孩子生活状况的语句来。

（生认真地读课文，找语句。）

生：课文的第2自然段到第6自然段。

师：我们一起来看这部分文字。

（PPT显示，生齐读。）

师：你觉得读这部分文字应该用一种什么样的感情基调？

生：悲凉的。

师：为什么要用悲凉的语气？

生：因为盲孩子过得很寂寞，仿佛他是在一个人的世界里。

师：不是仿佛，他就是在一个人的世界里啊。你能用你的声音，把盲孩子这种悲凉的内心世界给我们展示一下吗？

（生读这部分文字）

师：是的，盲孩子的生活真的是很悲凉。他的世界没有光亮，没有色彩，那是一个怎样的世界？请同学们闭上眼睛，感受一下盲孩子的世界。现在你们眼前看到的是什么？

生：（齐声）黑暗。

师：老师告诉你们，现在大屏幕上的颜色变了，变成了五颜六色，你们看到了吗？

生：（齐声）没有。

师：请同学们睁开眼睛。亲身体会了盲孩子生活的那个黑暗的世界，感觉好吗？

生：（齐声）不好。

师：现在我们接着看文章，"他是一个永远生活在黑夜里的孩子"，读这一句的时候，你们觉得应该读出什么样的感情？

生：（齐声）应该用同情、缓慢的语调来读。

（一生读该句）

师：缓慢的感觉有了，但是同情的感觉还有点不够。现在老师来读读可以吗？（师朗读，读完，掌声起。）

师：谢谢同学们的鼓励。在读这一句的时候，我们应该重点抓住哪些词来体现自己的情感？

生："永远"。

师：你和老师的想法不谋而合。现在，我们就把目光聚集在这个"永远"上。怎么理解这个词呢？我们经常会说"我们永远是好朋友"，那文章里的永远是什么意思呢？

生：永久、长远。

师：哦，那你能说说这句话是什么意思吗？

生：就是说盲孩子永远也得不到光明了。

师：这样的一个孩子，他的内心是非常孤独的。请你把这种孤独的感觉展现出来。

（该生读）

师：你不仅强调了"永远"，还把"生活"和"黑夜"也重读了，读出了盲孩子的孤独。请坐。

师：他是一个永远生活在黑夜里的孩子，那盲孩子是怎么生活的呢？我们一起来看文章的第3自然段。

（生齐读该段）

师：读得很整齐。在这里，老师把"只能"作了颜色上的处理。他只能静静的，不能去做别的事情。为什么？

生：因为他是一个盲孩子，他无法亲近别的小伙伴。

师：所以后来作者说，他的日子过得很寂寞。不是一般的寂寞，是"很"寂寞。这个"很"字体现出了作者对盲孩子一种什么样的情感？

生：同情。

师：一般小孩子在这个年龄都应该是怎样的？

生：快乐地生活着。

师：那盲孩子呢？

生：过着无聊的、寂寞的生活，陪伴他的永远就只有黑暗。

师：通过刚才的交流，我们知道了，盲孩子的生活是一片黑暗的。他的心情是寂寞的。盲孩子是否就这样一直处于黑暗之中呢？在童话的结局，盲孩子的生活发生了怎样的变化呢？请同学们从文章中找出依据来。

（生认真地浏览课文）

生：在课本第157页的第79—85自然段。

（生齐读该部分文字）

师：文章前面说他永远都处在黑夜中，现在怎么又看见周围的一切了？这在行文上有矛盾吗？我们该怎样理解呢？

生：他是在爱的力量下看见一切的。

师：你觉得在我们的现实生活中，一个天生的盲孩子能不能重新看见光明？

生：不能。

师：那我们怎么看文中盲孩子的变化？

生：这正好体现了童话的特点，在作者叙述的故事中，加进了奇特的、丰富的想象，寄寓了作者的美好愿望，于是作者就让盲孩子后来什么都能看见了。

师：你的理解很到位。其实在我们文章的第79自然段中就有这样的提示，那就是作者用了一个感叹号。谁能说说这个感叹号饱含着作者什么样的感情？（此刻有学生在底下小声地说"惊喜"）

师：好一个"惊喜"！能说说你的体验吗？

生：让盲孩子看见周围的一切是所有人的心愿，所以当盲孩子真的如愿以偿的时候，作者内心不禁惊喜起来。

师：是啊！因为爱心的驱动，作者和盲孩子一起经历了重见光明的神奇，这怎能不惊喜万分呢？你能将这种惊喜的感情读出来吗？

（该生情动于衷地朗读）

师：读得很用心，很用情，和作者一样，你与盲孩子融为一体了。同学们，盲孩子惊喜地看到了什么？

生：太阳、月亮、萤火虫组成的灯、弯弯的彩虹，还有各种颜色的花朵，还有绿草，还有明亮的露珠。

师：呵呵，这么多的"还"字，是不是很话痨啊？

（生沉默不语）

生：作者用了这么多"还"，是想渲染盲孩子的喜悦之情，那么多的景物，令他感觉很新鲜，很激动，还有一种急于表达的冲动，所以不知不觉地用了这么多的"还"字！

师：说得多好啊！情到深处，"话痨"恰恰成了最好的表达方式！不这样，就无法表达生命获得新生的大喜悦、大激动！就像某个想去北京的同学，有朝一日，终于梦想成真，去了北京，回来的时候跟同学聊天，他一定会说他看见了天安门，还看见了长城，还看见了颐和园，还看了很多很多的东西，用了这么多的"还"字，正是为了表达这种情感的极限状态！现在，让我们一起用朗读来表达盲孩子的那种大喜悦、大激动吧！

（生齐读该部分文字。读毕，掌声起。）

评析：让学生"速读课文，结合这个童话故事的首尾"，了解盲孩子的变化，或许会被视为实用理性的表现，带有技术化、形式化的教学倾向，甚至有违反"真实阅读"的嫌疑，但因为黄老师能巧妙地化繁为简，引导学生见微知著，反而成了言语表现智慧的引擎了。

以盲孩子的"变化"启动学生的思维，易于迅速地检索到相关信息，获得高屋建瓴的整体感知。从多种回答中挑选出"从孤独走向快乐"的情感变化，进行层层剥笋式的鉴赏、体悟，因为紧紧地盯住"人"，追踪"情"，所以既能切中文学的本质，又能发挥教者的创造个性。

在这方面，黄老师的教学处理堪称朴实而精微。

很执着，很激情地鼓动学生以读传情，是谓"朴实"。不满足于眼睛看到，心灵悟到，还得嘴巴"找到"，这种要求貌似简易，实则异常艰辛。把持不好，变成走过场，结果破了气场，倒了胃口的例子多了去了。

但黄老师非常艺术地杜绝了这种负效应的产生。他的"秘笈"很地道：变着花样"折腾"。比如为了读出第2—6自然段的悲凉语气，他不仅让学生说出悲凉的理由，还要求学生全部闭上眼睛"看"大屏幕上五彩的画面。学生深情朗读一遍，他觉得不够味，又自己玩穿越，进行入情地朗读。这样还不尽兴，他又引导学生如琢如磨，该在哪个词上重点发力。等学生悟出要紧扣"永远"一词来抒情时，他又不依不饶，问学生怎么理解这个词。如此不断地"折腾"，学生对盲孩子的不幸命运岂能无动于衷？学生只是几秒钟生活在黑暗之中，盲孩子却是永远啊！带着这样的前理解和同情心去朗读，岂能不入境？岂能不入情？岂能不"审美自失"？

没有曲径通幽的艺术追求，没有对文学复杂性、精微性，还有对学生灵魂的深切关注，以及对"审美秘妙"的苦苦追寻，是不会产生这样有意味的"折腾"的。

此之谓"精微"！

三、探究：盲孩子的生命奇迹，谁给了力

师：因为"想象"，我们再现了作者笔下的情境；因为"立心"，我们体验到了盲孩子重获光明的欣悦。但是，激动之余，我们不禁要问，到底是什么力量让盲孩子从黑暗走向了光明，从寂寞走向了快乐？

生：爱的清泉！

师：你怎么会说出如此富有诗意的答案啊？

生：我看了文章的导读部分，很认同他们的体验。（情不自禁地读相关语句）

师：呵呵，老师要纠正你读错的一个词，"汩汩"应该读"gǔ gǔ"。"汩

泪"是什么意思呢？

生：（沉默了片刻，然后很轻声地说）应该是水流动的声音吧。

师：所以你说这是爱的清泉！由水的流动想到爱的流动，你的想象真的像水一样灵动！

是啊，因为爱的滋润，因为爱的支撑，盲孩子的生命世界真的枯木逢春，见证奇迹了！那么，这股爱的清泉是由哪些溪流汇聚而成的呢？

生：影子的爱。

生：太阳的爱，月亮的爱，还有萤火虫的爱。

师：作者重点强调的是谁的爱？

生：影子和萤火虫的爱。

师：我们先来找找体现影子的爱的语句吧。

生：我找的是"从此，影子常常牵着盲孩子的手，带着他去牧场听牛儿哞哞地叫，羊儿咩咩地叫，还攀上山坡去采摘野花野果，走过小木桥去听潺潺的流水声"。

师：你为什么认定是这一句呢？

生："牵"字用得好，体现了影子对盲孩子的关爱。

师：若是换成"拽"，你觉得怎样？

生："拽"不好，"牵"含有轻轻的意思，是爱的表现。而"拽"用的劲儿肯定很大，不能表现出影子对盲孩子的爱。

师：分析很到位。还有别的字词吗？

生：还有"常常"。"常常"说明是经常的意思，不是偶然的一次、两次，说明这是一种经常性的行为，影子经常带着盲孩子去感受生活中的美好。

师：有爱心，才会有真正的耐心和细心！在影子的精心呵护下，大自然的声音之美一定像清泉一样，已经悄然渗进盲孩子的心田了！这时候的他一定是快乐的。还有哪些句子？

生：盲孩子似乎感受到了光明，看到了色彩。他很快乐。

师：请说说你的理解。

生：原来，盲孩子很寂寞，总处于黑暗之中，现在他实际上已经有光感,可是他不敢相信,以为是幻觉,所以说"似乎感受到了",但这已经让他足够快乐了。这是一个知足常乐的人。

师:多么精致入微的体验啊!

生:"人们常常看到他俩在阳光下、月光下,像好朋友似的说说笑笑;在没有阳光,没有月光的夜晚,盲孩子就点起一盏灯。有了光明,影子就来了,它陪着他唱歌,讲故事。"在这句话中,我看到了影子对盲孩子的爱,影子陪着盲孩子唱歌,讲故事,就是对盲孩子的爱。

师:老师发现这句话中也有一个"常常",你怎么理解这个词?

生:这个"常常"说明影子不是偶然地关爱盲孩子,而是持之以恒地相依相伴。

师:还有哪些句子能体现影子的爱?

生:课文第8—17自然段,也体现了影子的爱。

师:哦,这是盲孩子和影子之间的对话。这些对话也体现了影子对盲孩子的关爱。现在我们就一起通过对话的方式来感受一下这种爱。请两个同学分角色朗读一下。

(两生分角色朗读该部分文字)

师:读得很有感情。这些对话中,老师有一处不解,影子说"我长得和你一样",为什么又补充说"我像黑夜一样黑。我还有一双黑眼睛"?影子在说这句话的同时,隐藏着怎样的潜台词?

(生讨论交流)

生:反映出盲人世界的凄凉。

师:盲孩子的世界真的是很凄凉,但影子的补充说明,不是在揭盲孩子的心灵疮疤吗?

生:不能理解为揭疮疤,因为影子想陪伴盲孩子,使他快乐起来,言外之意就是说我和你一样,你不必感到孤单,不必感到寂寞。

师:呵呵,你的情感触角很纤敏,把握得很精准。现在我们一起来读这一句,把影子对盲孩子的那种深邃的爱读出来。

(生齐读"我像黑夜一样黑。我还有一双黑眼睛"。)

师:再读得深沉些,读出那种爱的感觉。

（生再读该句）

师：刚才我们从若干个细节，比较具体地感受了影子对盲孩子深眷的爱。萤火虫是怎么关爱盲孩子的呢？请找出相关语句赏析。

生：当盲孩子提着他的灯，灯光里有他的影子陪伴他往家走的时候，他的心情好极了。因为今天他看见了萤火虫的光，虽然那光模模糊糊的，小得像小米粒儿，但毕竟是他亲眼看到的啊！

师：请说说你的理解，好吗？

生：原来盲孩子什么都看不见，生活里全是黑色；现在，他亲眼看见了萤火虫的光，他的眼前不再是黑色，因此他的心情好极了，人也快乐了。这都是萤火虫给他的。所以我觉得这一处能体现萤火虫的爱。

生：那一夜，萤火虫陪伴他们玩了很久很久，一会儿从手掌上飞起，给他们带路，走近一丛蔷薇花；一会儿又落在手掌上，闪闪发光。

师：这句话中的哪些词能让我们感受到萤火虫的爱？

生："陪伴""很久很久"这两个词说明萤火虫陪伴盲孩子玩得时间很长，不是一会儿功夫，而是很久很久，这是需要一定的奉献精神的。愿意奉献，乐意奉献，正是源于爱！

生：文章的第61—65自然段。

师：这是萤火虫在跟盲孩子说话。一开始是一只，然后是几只，最后是好多好多只。现在我们就一起来读读这几句话。

（请一个同学读一只萤火虫的话，请四个同学读几只萤火虫的话，请全班同学一起读好多好多只萤火虫的话。）

师：同学们读得真好！从你们的朗读中，我深深地感受到了萤火虫对盲孩子的关爱。一只萤火虫的光是微弱的，几只萤火虫的光也不是很强，但是一群萤火虫的光足以照亮盲孩子的世界。这个时候谁又回来了？

生：（齐声）影子。

师：是的，因为有光，影子又回来了，萤火虫的爱得到了完美的体现！

评析：这一部分教学体现了教者为文本中人物形象立心，并与他们"生命融合"的审美努力。

一是积极捕捉"有意味的瞬间"，在刹那间见永恒。如用"还原法"启悟学生,从"牵""常常"等词中发现了影子的耐心、细心,而这些品质正是源于爱心;在"似乎感受到了"这一稍纵即逝的心理中,读出盲孩子不敢相信已经获得光感的现实,却又很恬然知足的性格特质。黄老师的教学实践启示我们:心灵的独特发现需要等待,需要生长,需要彼此言语智慧的启迪和生命情感的润泽。这恐怕是讲求大容量猛灌,考什么教什么的功利主义者一辈子都无法参悟,也无力参悟的教学智慧。

二是在无疑处激疑,让不同的灵魂迅速相遇、相融。盲孩子的世界真的是很凄凉,但影子的补充说明——"我像黑夜一样黑。我还有一双黑眼睛",这不是在揭盲孩子的心灵疮疤吗?这真的是神来之问,惊心动魄的一问,尽管教者后来没有在此处逗留太久,但是这一问足以让学生感受影子的真诚、体贴,以及盲孩子的单纯与善解人意。没有换位思考的自觉,没有将自我生活融进文本世界的追求,绝对不可能产生这样有价值的审美追问!

四、升华:盲孩子和他影子的爱心启示录

师:同学们,这时候我们再来看看文章的题目,"盲孩子和他的影子",分享了他们之间的很多故事之后,你们觉得盲孩子和他的影子之间是一种什么样的关系?从文中能不能找到依据?

生:人们说他们像一对孪生兄弟。

生:他伸出双手,拉住了他这位黑色的好朋友,他们久久地拥抱在一起。

师:孪生兄弟、好朋友,这些美好的词语道出了友情的一种境界,也彰显了友情的一种力量,化腐朽为神奇的力量——让盲孩子见到了光明,让虚幻的影子获得真实的肉身!从中,你们感悟到了什么呢?

生:爱可以创造奇迹!

生:奉献可以产生美好的境界!

生:生活因爱而美丽!

生:让别人幸福,自己也会跟着幸福!

……

师：呵呵，你们的感悟很纯洁，很动人，令我情不自禁地想到了著名画家凡·高说过的一句话："爱之花开放的地方，生命便能欣欣向荣。"金波先生童话的结尾便展示了这种欣欣向荣的生命境界！大家觉得读这一段的时候，应该用什么样的语气来读呢？

生：自豪、赞美的语气。

师：试试看。

（该生动情地朗读，重读了"都是""光明"这两个词，语气间充满着自豪的感觉。）

师：语速应该再沉稳些，中速最好，更能展现洋溢自豪之情。我们一起来读一次。

（生齐读）

评析：让爱心启示贴着文本的细节"生长"出来，而非从参考资料中移植，或依靠老师的片言只语进行生硬地嫁接，这体现了教者对话艺术中"悟性思维"的特点——没有理性思维那么生冷、抽象，也没有感性思维那么随意、任性。这体现了"存在式学习"的精髓，而非"占有式学习"。教者适时引进凡·高的生命体验——"爱之花开放的地方，生命便能欣欣向荣"，并指出"金波先生童话的结尾便展示了这种欣欣向荣的生命境界"，既开拓了学生的认识境界，也提升了教者自身的教学品质。

有思想的高度，教学的境界自然阔大！

五、延伸：返回童话，更好地在现实中诗意栖居

师：金波先生用《盲孩子和他的影子》这篇童话故事为我们展现了爱的奇迹，爱的神力，爱的美好。其实用心回味，我们的生活中也不乏这样真挚、纯洁的爱，如亲人之间的爱，同学之间的爱，师生之间的爱，甚至陌生人之间的爱。"送人玫瑰，手有余香"，沐浴在爱的阳光下，我们不仅要懂得分享爱，更应学会主动付出爱，让爱的种子在生活的每一片土壤生根、发芽，茁壮成长！

（视频播放《生活中的爱》，里面有若干感动人心的画面，最后视频定

格在四只相互紧握的大手上。)

师：四只有力的大手，紧紧地握在一起，很能象征、传递我们今天所学课文的主旨：爱就是力量。同学们，徜徉在爱的世界，你们能用语言表达心中的爱吗？请以"我爱"两个字开头，说一句话，表达你们的爱吧！

生：我爱我的祖国。

生：我爱我的爸爸妈妈。

生：我爱我的老师和同学们。

生：我爱大自然。

生：我爱所有帮助过我的人。

生：我爱世界万物。

……

师：同学们，听了你们爱的表白，老师的心里暖融融的。通过今天的学习，我们感受到了盲孩子和他影子之间的那份纯纯的、真真的爱，这份爱像一泓清泉，润泽着我们的心灵，又像是一股暖流，在我们的心中涌动不息。罗曼·罗兰说过："爱是生命的火焰，没有它，一切都会变成黑夜。"这与金波先生对爱的理解不谋而合。因为有爱，我们的生活才更加美好；因为有爱，我们的社会将更加光明。最后，老师也想用"我爱"说一句话来结束今天的课堂，那就是：我爱我的学生，我爱我的事业，我爱我的生活！

评析：很美的教学追求，返回童话只为在现实中诗意栖居。

用形象的图片深化对爱的理解，用真诚的告白定格对爱的信心，用诗意的总结萃聚爱的能量，这是教者用心、用情、用力的人格特质的再次熠熠闪光！与情感教学理论的代表人物，美国人本主义心理学家罗杰斯倡导的"维持着某种滋育学习过程的心理气氛"学说，异曲同工！

通观黄老师的教学全程，我情不自禁地想到了20世纪英国伟大的物理学家和思想家戴维·伯姆在其著作《论对话》中所写的一段话："集体心理和个体心理同时存在于共享的过程里，二者之间流淌着意义之溪。此时，观念本身已无关紧要。最终，我们将落脚于所有这些观念之间的某个位置上，同时开始超越所有的这些观念，朝另外一个新的方向发展，这个方向如同圆弧上发出的一条切线，引领我们进行新的发现和创造。"

是的，亮出各自的观点，彼此共享，不论它是深刻还是浅易，是生涩还是流畅，是幼稚还是成熟，只要忠于体验，真诚亮出，意义之溪就会潺潺地流淌。这不仅是对话的本质，也是语文教学的一种理想。

总 评

本课的教学，透着一种富有生气的精致之美！

1. 结构的精致美。回忆：为盲孩子和他影子的出场蓄势；联系：走进盲孩子和影子的神奇经历；探究：盲孩子的生命奇迹，谁给了力；升华：盲孩子和他影子的爱心启示录；延伸：返回童话，更好地在现实中诗意栖居。清新而时尚的教学架构体现了黄维陆老师"情本体""心本体"的价值取向，而非将文本大卸八块的"物本体""工具本体"的价值取向，让说教的冷漠面孔远遁，所以，生活化、个性化的色彩非常浓郁。以回忆开始，中经联系、探究、升华，最后以延伸作结，极大地活跃了学生的各种心理机能，自成体系，却又具有极大的伸缩性、包容性和开放性。

2. 点染的精致美。在我看来，最能见出教者智慧、学养、个性神采的地方主要体现在教师的"点染功夫"上。成功的教学点染，可以使教学曲径通幽，又能柳暗花明；拍案惊奇，却又润物无声。像万绿丛中的一点红，美得清新、艳丽，令人心醉；像观音菩萨的净瓶中水，可以化腐朽为神奇，真正的触处生春！

黄维陆老师的教学点染，便趋向了这种境界。比如针对盲孩子见到光明后，作者所用的那么多的"还看见"，他故意逗学生这是否很"话痨"，在学生深入讨论的基础上，他这样点染——"情到深处，'话痨'恰恰成了最好的表达方式！"不这样，就无法表达生命获得新生的大喜悦，大激动！类似于这样的像浪花一样不断跃动的隽妙点染，在他的整个教学流程中俯拾皆是，以至他忽略对盲孩子情感"乐而不淫，哀而不伤"的中和之美的赏析，还有忙不迭地抛出自己人生体验的冲动，依然不减他语文教学的朝气和诗意！

3. 朗读的精致美。黄老师的课着实体现了他"优游涵泳，玩绎方美"

的审美追求。理解、想象、质疑、移情、朗读，形成了一个饱满的"朗读复合体"，为了真正做到"得之于心而寓之于口"，他对语气、语调、重音，甚至标点符号也不放过，不仅细腻地指导学生以读抒情，还亲自示范，如对文中第79—85自然段的朗读指导，真的是丝丝入扣，见情见性，想让人不动情都很难。一个大老爷们，拥有如此的婴儿眼光、赤子情怀、纤敏视角、细腻体验，让人平添无限的感动！

第六辑

传记类文本教例评析

翻转：重在思维的掘进与突破

——王夫成《五人墓碑记》教学实录评析

一、导思：该怎样称呼"五人"

师：今天学习一篇文言文。我们先看看题目该怎么读。

生：五人/墓碑记。

生：五人/墓碑/记。

生：我跟他们的读法不一样。我读成：五人墓/碑记。

师：能说说你这样读的理由吗？

生："五人墓"是五个人的合葬墓，这三个字应该看作一个专有名词，不能拆开来读。而"碑记"呢，它是一种文体的名称。

师：说得很好！我们来齐读一遍——五人墓/碑记。接下来，哪位同学给我们说说作者张溥的情况？

生：他是明朝末年的文学家。小时候学习非常刻苦，读的书一定要抄写七遍，因此后来用"七录斋"为自己的书房命名。

生：他还是一位政治活动家。青年时代的张溥结交社会上讲气节、有学识的读书人，发起组织了一个名叫"复社"的爱国社团。课文中"吾社"，指的就是"复社"。

师：很好。本文所写的五个人，是在抗暴斗争中牺牲的。我们怎样称呼他们才恰当呢？义士、勇士，还是国士？（板书：义士、勇士、国士）

评析：从读题明文体，到学生简介作者，再到抛出阅读思考题，有一种思维预热的味道，但绝不散漫、拖沓，因为其间有思辨的运行、预习的结晶，还有精神自我出场的呼唤。

　　称抗暴牺牲的五人是义士、勇士，还是国士，更是举重若轻的深问、妙问。这是课眼，也是教学的意脉。完整的教学意脉应为：义士？—勇士？—国士？—人？按下最后一环节不表，这是教者的大智慧。因为这样做可以激起更大的头脑风暴，深化学生对作者命题匠心的思考。

　　美中不足的是：学生读题时已道出文体——碑记，但通观后面的教学，教者并未对之引起重视，错过了捍卫语文体性的契机。

二、探讨："义士"的理由

　　生：（异口同声）义士！

　　师：能说说理由吗？

　　生：我查过资料，这五人中除了周文元是周顺昌的轿夫，跟周顺昌有关系外，其他四人跟周顺昌向来没有交往。颜佩韦是一个为人慷慨、喜欢打抱不平的生意人，杨念如是开服装店的，沈扬是一个中介，马杰是一个习武玩棒卖艺的。而且，这五人过去也互不相识。在周顺昌被捕时，他们完全是出于义愤自发参加斗争的。五人被捕后，对自己的所作所为毫不隐讳，理直气壮，最后慷慨就义。因此，我认为称五人为"义士"再恰当不过了。

　　生：这篇文章的作者张溥也说五人是"激于义而死"。

　　师：能把这句话翻译一下吗？

　　生：这五个人是为正义所激奋而死的。

　　师：五人本是普通百姓。他们为正义所激励，为正义而拼争，最后为正义而献身。这让我自然联想到孟子《鱼我所欲也》中的一段话——

　　生：（齐声背诵）生，亦我所欲也；义，亦我所欲也。二者不可得兼，舍生而取义者也。

　　师：可以说，五人的这一义举是对孟子"舍生取义"观的生动诠释。不知大家发现没有，本文所写的义举不止这一桩，请看一下还写了哪些？

　　生：吴郡一些贤明的士大夫给当地的行政长官写信，请求拆掉宦官魏忠贤的生祠来埋葬这五位义士，并且建一座碑来记载、赞扬他们的伟大行为。

生：还有，周顺昌被逮捕时，复社里的一些人替他伸张正义，并且带头募捐来为他送行。

生：文章还写到吴郡的老百姓在魏忠贤爪牙逮捕周顺昌的时候，将他们打倒在地，特别是呐喊着去追打魏忠贤的亲信毛一鹭等人，读起来真是太过瘾了！（众大笑）

师：好。还有没有呢？

生：五人就义后，有一位士大夫，拿出了五十两银子，买下五人的头颅，让五人以全尸入棺。我认为，这种不怕招致灾祸的勇气挺让人感动佩服的，也称得上"义举"。

师：说得很好。我再补充一条：张溥和复社中的几个人，为五人之墓虽然有石碑却没有记载他们光辉事迹的文字而感到惋惜，因而写了这篇碑记，这也是"义举"啊！请同学们找到这句话，结合注释看看该怎么读。

生：故/予与同社诸君子哀斯墓之徒有其石也，而为之记……

师：对了，"也"表示句中语气的停顿。想一想，作者在这篇碑记里写这些"义举"有什么用意？

生：想说明五义士的事迹令人肃然起敬，影响很大。

生：写吴郡市民与魏忠贤一伙作斗争，是想说明五人的身后是成千上万被激怒的群众，这样就更能表现五人行为的正义性和代表性。

生：也是为后文写"大阉亦逡巡畏义""死生之大，匹夫之重于社稷"这一中心作铺垫。

师：同学们的发言都很精彩。请大家注意这样一个问题：作者除了写这些"义举"之外，还写了一些"不义之举"，这样写的目的很好理解，就是通过对比来体现五人的光明磊落、高风亮节。那么文章具体写了哪些"不义之举"或者"不义之人"呢？

生：写到了宦官魏忠贤掌权时的一些"缙绅"。

师："缙绅"是什么人？是什么样的"缙绅"？

生："缙绅"就是做官的人。作者骂的是那些"易其志"的"缙绅"。

师：什么叫"易其志"？

生：就是变节了。

师：对，就是屈服了，甚至投靠阉党，跟他们同流合污了。在阉党横行的时候，有很多身居高官尊位、坐食朝廷厚禄的官员装聋作哑，甚至助纣为虐、为虎作伥。

生：作者还写到"高爵显位"的种种"辱人贱行"，在文章的第6自然段。（读课文）

师：能用自己的话说说这段话的意思吗？

生：有的脱身逃跑，如丧家之犬，似漏网之鱼，但是由于他们平时为非作歹、臭名昭著，远处近处的人都不愿意接纳；有的自知走投无路，把头发剪了，关起门来，装疯卖傻想逃避法律的制裁。这些不知廉耻的偷生者人格卑鄙龌龊，行为低级下流，为世人所不齿，为国法所不容。与五人的磊落与崇高相比，这些人多么猥琐与渺小！这让我想起诗人韩瀚为纪念张志新烈士而写的一首诗：《重量》。在此，请允许我给大家朗诵一下："她把带血的头颅／放在生命的天平上／让所有苟活者／都失去了／重量。"（同学们报以热烈的掌声）

师：除了写"缙绅""高爵显位"的"不义"外，还写到什么人的"不义"？大家可以讨论一下。

生：文章第1自然段写"除魏阉废祠之址以葬之"，可见在魏忠贤大红大紫的时候，许多地方官员溜须拍马，为他建生祠。这也是一种"不义之举"。

生：我看过一本故事书，讲魏忠贤掌权的时候，地方官员中的一批无耻之徒纷纷投靠他，认贼作父。其中有个叫顾秉谦的，由于年龄比魏忠贤大，自己也觉得直接认魏忠贤做干爹不合适，就带着儿子叩见魏忠贤，恳求魏忠贤把他的儿子收作干孙子。还有一些官员，为讨好魏忠贤，想出了为其立生祠、塑雕像等招数，每天对着魏忠贤的木雕泥塑三跪九拜，高呼"九千岁"。这些人饱读诗书，可这个时候把礼义廉耻抛到爪哇国去了。（众鼓掌）

生：这些腐败分子（众笑）是"不义"的，但我觉得宦官魏忠贤迷惑君主、专断朝政、结党营私、迫害异己、阴谋篡位，乱臣贼子的行为才是最大的"不义"。

评析：以"义士"为探讨核心，按如下意脉组织教学：把握"义"的内涵—熟知"义"的表现—体味写"义"用意—了解不"义"表现,尺水兴波,气象万千。

如果说前半段侧重于"写什么"(五人义薄云天的品行)的感知,后半段更侧重于"为什么写"(弘扬舍生取义的生命价值)、"怎么写"(反衬)的体悟。皆不是走马观花,而是充分地批文入情,生命融合——学生读民众呐喊着追打毛一鹭的细节觉着过瘾,将附逆魏忠贤的缙绅、高爵显位、地方官员概括为"腐败分子",无不是入情入境,打通古今的表现。

将五人激昂大义、蹈死不顾,与孟子的舍生取义论,还有韩瀚的诗句(她把带血的头颅/放在生命的天平上/让所有苟活者/都失去了/重量)联系起来,更是教学的灵动一笔,将学生的情操陶冶、思想认识提到了一个崭新的高度,教学境界为之大开。

不过,当学生对"义"的理解停留于"义愤""正义"的抽象层面时,教者并未让学生结合当时的历史背景,谈谈其具体内涵,从而错过了更为深入的知人论世,如朝廷的横征暴敛,魏忠贤的滥杀异己,周顺昌的嫉恶如仇。五人生于编伍之间,素不闻诗书之训,却是周顺昌的精神兄弟;他们能明辨是非、善恶,义与不义,且挺身而出,蹈死不顾,正是社会的良心,中国传统文化的脊梁。吴之民鼓噪围攻缇骑,与之相类。

对比是文本重要的篇性特征之一。教者抓住"义"与"不义"的对比,学生在启悟之下能说出魏忠贤迷惑君主、专断朝政是最大的不义,实属不易。但教者没有在学生回答的基础上趁势点化文本对比的特色——明比与暗比,叙事中比与议论中比,五人与"他者"之比,五人激于义而死与假设中的庸碌而死之比,手法非常丰富,且全部指向为义而死的光辉价值,也没有采取还原、省略等方法,深化学生对这一形式秘妙的体悟。因此,对比之秘妙,学生很可能理解得有些缥缈。

三、掘进:可否称之为"勇士"

师:通过以上分析,我们认识到这五人称得上"义士"。那么,"勇士"的称呼对于他们是否恰当呢?

生：我认为，称他们为勇士也是合适的。五人敢与前来捕捉周顺昌的朝廷人马对抗，被捕后对于自己的所作所为又毫不隐讳，确实称得上勇士啊！

生：文章对五人就义时的情景有这样一段描写："然五人之当刑也，意气扬扬，呼中丞之名而詈之，谈笑以死。断头置城上，颜色不少变。"意气扬扬，谈笑而死，想一想，这是怎样一个震撼人心的场面！用惊天地、泣鬼神来形容恐怕不过分吧！大义凛然，视死如归，我想，不是大勇者是做不出来的！

师：我插一句，同学们怎么理解"颜色"这个词？"颜色不少变"怎么讲？

生："颜色"就是"面色"，整句话是说"面色没有一点儿改变"。

师：这样翻译似乎可以了，但又觉得情理上有点讲不通，能换一个词语吗？

生：我想可以把"面色"换成"神态"或"神情"。

师："神态没有一点儿改变"，这一换就合乎逻辑了。好，同学们可以接着刚才的话题讲下去。

生：读这几句话时，我的耳边响起歌剧《洪湖赤卫队》中韩英的歌声（唱）："为革命，砍头只当风吹帽；为了党，洒尽鲜血心欢畅！"（热烈鼓掌）

师：是的，《五人墓碑记》和《洪湖赤卫队》一样，谱写的都是一曲"正义歌"。韩英为党抛头颅，五人为谁洒热血呢？

生：为周顺昌。

生：不对。他们为正义！

评析：从被捕前、被捕时、就义时五义士的表现，论证"勇士"之称的名副其实，并且从"正义歌"的视角打通五义士、革命烈士的精神境界，逻辑谨严、联想纵横，学生预习的到位、思辨的流畅、积淀的深广、会通的自觉，令人叹为观止。

但是，从引领的角度讲，还有阅读空间可开掘：

一是相关史料的顺势引入。有学生说到五人敢与前来捕捉周顺昌的朝廷人马对抗，被捕后对于自己的所作所为又毫不隐讳，说明他是读过相关史料的。教者此时请他呈示，不仅对发言学生是一种莫大的褒奖，对其他学生利用资料说话的严谨学风的培养也大有助益，对深化五义士凛然骨气的理解更是不言而喻。

二是强化对血勇、脉勇、骨勇、神勇的辨析。这种辨析高一学《荆轲刺秦王》时遇到过，此时温故恰逢其时。因为学生说到了"大勇"，教师也问及了"颜色"的意思，五义士谈笑以死，连断头置城上，颜色都不少变，完全符合"神勇"的境界——神勇之人，怒而色不变。上升到这一高度，学生对为正义而死的崇高之美，可能会有更深的认识。

三是对五义士赴死时的细节赏析可再细化一下。学生认为五人意气扬扬，谈笑而死，很震撼人心，不妨追问："意气扬扬"是何意？从哪些词语中可以见出？去掉"意气扬扬"可否？通过这样的审美延宕，学生对五人激昂大义、蹈死不顾的悲壮美以及作者一泻千里的崇敬之情便会有具象的感知。

四、刷新：可否称之为"国士"

师：他们是为捍卫正义而死。凛然正气使他们嫉恶如仇，笑对屠刀。五人既是义士，同时又是勇士，勇因义生，勇因义贵。最后，我们来看"国士"的称呼是否适合他们？

生：我觉得不太适合。"国士"是指一国当中最优秀的人才，应该是英雄人物、伟大人物，而这五个人只是普通百姓，是"草野之无闻者"。

生：我不同意他的看法。什么是"国士"？我认为，国士者，救国之士也。（生笑）像岳飞、文天祥竭力挽救将倾之大厦，苦心修补已缺之金瓯，称得上"国士"。再看这五个人，他们的义举点燃了人们的怒火，吓得毛一鹭一伙屁滚尿流，吓得魏忠贤"不敢复有株治"，以致"逡巡畏义，非常之谋难于猝发"，作者也正是从这个意义上讲"匹夫有重于社稷"。所以说，五人尽管没有运筹帷幄决胜千里，也没有驰骋沙场浴血奋战，但一样具有不可磨灭的救国作用。

生：我在《古文观止》里面看到编者对《五人墓碑记》有这样的评语：

"当与史公伯夷、屈原并垂不朽。"我觉得评语除了体现出编者对《五人墓碑记》写作水平高妙的极为推崇外,还体现出他对五人行为的高度评价,那就是论五人的"义"可比伯夷,"忠"可比屈原。所以,"国士"之称,五人当之无愧!

评析:"勇因义生,勇因义贵",这样的总结辩证深刻,高屋建瓴,很能提升学生的认识。中学时代,学生血气方刚,一方面,勇往往因缺少崇高之义的统领而走向盲动、野蛮,甚至残忍;另一方面,因缺少崇高之义的支撑和激励,往往又对困难畏首畏尾。因此,教者总结既是对五人形象的哲理性概括,也为学生树立了一个崇高的自我心像。

五人可否称"国士"的辩论,再次彰显了学生渊博的积累和不凡的见地——在"忠"上,将五人与屈原联系起来(屈原忠于自己的祖国和人民,五人忠于心中的大义),虽未展开,但透过现象见本质的洞察力,令人惊叹。

理解"国士",通常在下述三个层面上进行:一是勇力冠于全国的人,偏蛮力;二是一国中才能最优秀的人物,偏才能;三是热血担当之大才,偏德行。质疑的同学是在第二个层面上说的,反驳的同学更倾向于第三个层面,各有其理,但教者未作点拨。

学生说"国士者,救国之士也",将五人的义举导致魏忠贤"逡巡畏义,非常之谋难于猝发"视为救国行为,似有不妥。因为无论是崇祯皇帝,还是他的朝廷,都难以称"国",与岳飞、文天祥面对外族入侵,奋起抗击,性质上也是有差别的。这一点,教者也未指正。

五、翻转:为什么只称"五人"

师:综合以上分析,我们可以这么说:五人称得上"激昂大义蹈死不顾"的"义士",称得上敢于直面黑暗现实、敢于正视淋漓鲜血的"勇士",也称得上"有重于社稷"的"国士"。但在五位义士合葬墓的石碑上,镌刻的却是"五人之墓"四个字,为什么不刻"五义士(勇士、国士)之墓"呢?

生:他们并不是出身显赫的家族,也没有令人艳羡的功名和官职,就是普普通通的人。称他们为"五人",我想还是表明他们普通百姓的身份。

生:五人在国家危难之际挺身而出,蔑视强暴,反抗邪恶,笑对屠刀,捍卫了"人"的尊严,显示了"人"的力量,就"如何自立于天地间,做一个'大写的人'"这个重要问题,给世人作出了漂亮的回答。

生:这五人凭借什么让四方豪杰对他们赞叹?就凭他们光芒耀眼的人格。五人墓碑上只写一个"人"字,警示世人不要辱没这个字,要做黜恶扬善、顶天立地、流芳百世之"人",不做碌碌无为、变节易志、苟全性命的"不人"之"人"!

师:"人"字一撇一捺,头顶苍天,双脚着地。一个真正的人,应该正大光明,顶天立地,不倚不靠,不屈不挠。所以,"人"字的称呼,看似随意实则蕴含深意,朴素中显示出无上至尊。在这堂课的最后,我请同学们将自己所思所感写成对联,用这一形式来表达对这五位义士、勇士、国士,五个"人"的赞颂与缅怀。

附部分同学写的对联:

除魏阉祠人心大快,埋义士骨大地有幸

享尽荣华终难免身名俱灭,出身草野竟能与日月齐光

铁骨铮铮一试贼子利刃,笑语朗朗且让鼠辈猖狂

得势轻义贪利失势苟且偷生,生前舍生取义身后豪杰仰慕

墓中五人:义士、勇士、国士,碑上一文:祭文、赞文、檄文

评析:提问翻转得漂亮!将义士、勇士、国士的内涵上升到"大写的人"的高度来认识,高远、大气!从身份、正义、勇敢、力量、人格、尊严等角度全面展开,回答得饱满、有力!以对联抒心声,更是将五人人格、襟怀的赞美推向高潮——学生的不少对联暗暗化用了文本的对比手法,更是令人拍案叫绝。

教学形质相称,情韵悠长!

读王夫成老师的教学实录,仿佛在读侦探小说,步步惊心;也似在下象

棋，处处充满博弈的张力。当下流行的翻转课堂，他显然早已谙熟于心，且大幅度超越——学生课堂下的自学，不仅完成了知识的学习，更完成了文本的深度探究与鉴赏，所以课堂上师生的对话真的成了美好的遇见。

王老师的翻转，颇类亚里士多德所说的"发现"或"突转"①——不论大环节，还是小环节，层出不穷。方法、活动不断更新的背后，其实是思维的不断掘进与突破。

这种充满创造的翻转，最明显地体现在教学范型的转变上——授受为辅，对话为主。授受是为了更好地对话，对话是为了更好地共享与生长。所以，不论朗读、质疑、阐释，还是辩驳、演唱、总结，都能见到师生颇具深度的思想对话。对"五人"国士的定性，还有对大写的人特质的发掘，竟然全是学生通过对话、补充、修正的方式完成的——思维的发散、论证的严密，预习的体验、平时的积累，上课时思想碰撞所产生的灵感，悉数如花绽放，美不胜收——迥异于徒具形式的浅对话、空对话、伪对话。这是一讲到底的填鸭式教学，放任自流、缺乏引领的"非指导性教学"，还有指导了，却因学养不足，致使认知无法推进、学养无法积淀、智慧难以生长的"阳痿式"教学永远难以望其项背的。

翻转更体现在文本内涵的深入开掘上。怎样称呼抗暴牺牲的"五人"，义士、勇士，还是国士？五位义士合葬墓的石碑上，镌刻的是"五人之墓"四个字，为什么不刻"五义士（勇士、国士）之墓"？四个层次的发问，步步推进，使得"明生死之大，匹夫之有重于社稷"的内涵得到真正立体的呈现，充盈着撼动心魄的力量。

不仅如此，各个子环节之间，也有着个性化的辨正与掘进。探讨："义士"理由的环节，就是在把握"义"的内涵—熟知"义"的表现—体味写"义"用意—了解"不义"表现这一思维框架下展开的。每个子环节内部更有精致的思想景深——如写"义"的用意，学生就是从义举的影响大，有代表性，为后文写"明死生之大，匹夫之有重于社稷"这一中心作铺垫

---

① 亚里士多德认为"发现"或"突转"是悲剧复杂情节的重要特征，但"发现"与"突转"必须从情节的结构中产生出来，成为前事的必然的或可然的结果。

的。不论老师，还是学生，其逻辑的思辨都有一种气贯长虹的力量，不时刷新我们的体验。

当然，决定教学翻转的根本性力量还在于教者"教学心像"的自觉塑造上。王老师的教学实录中，我至少看到了三种心像：

1. 马虻。这是苏格拉底的自喻，瞄准雅典这匹纯种马的臃肿处、溃烂处叮咬，促其踔厉风发。王老师也有这种马虻意识，盯准作者思维的另类处，咬出他的创作匠心，如对"五人之墓"命名的质疑，实际上就是为叮咬出命题的深意。盯准学生思维的单薄处、欠妥处，咬出他们思维的浑圆与严谨，如：学生觉得可称五人为"义士"，并进行了酣畅的论证，他却突然追问"可否称勇士"；当学生批文入情，觉得称"勇士"也可以时，他又乘胜追问"是否可称国士"。关于"颜色"之解，也属于别样的"叮咬"。

2. 钻探者。一旦发现有价值的问题，便深深地钻探下去，绝不走马观花。引导学生寻觅、思考写了哪些不义之举或不义之人，当学生说出缙绅、高爵显位这一作者刻意对比的显在信息时，王老师没有匆匆收兵，而是继续追问还写了什么人的"不义"，于是学生蓦然发现，为魏忠贤建生祠的地方官员，还有迷惑君王、迫害异己的魏忠贤本人都是不义之人。这属于文本的隐秘信息，就是这样被钻探出来的。

3. 会通者。以文本为平台，实现古今会通，内外会通。将五人的"激于义而死"与孟子的"舍生而取义"、当代诗人韩瀚歌颂张志新烈士的诗句联系起来，将五人的义和忠与史公伯夷、屈原联系起来，都是灵活会通的表现，这是真正的沉浸浓郁，含英咀华！

但是，思维掘进与突破的过程中，王老师过分关注文本所蕴之理的阐发，忽略类性、篇性特征的审美开掘也是事实。

碑记是叙述死者生前事迹，评价、歌颂其功德的一种文体，夹叙夹议成为最大的类性特征。但是与别人比，张溥的夹叙夹议的独特性体现在哪里？这是教学的重要内容之一，需要认真审视。

整体来看，《五人墓碑记》的叙议结合与别的碑记无异：先叙后议，叙中含议，议中含叙。但是，其特色又是鲜明的，集中表现在歌颂五人之"义"的三次回旋上：开头，叙中点"义"——"激于义而死焉者也"；与缙绅相比，议中明"义"——"激昂大义，蹈死不顾"；以老死户牖之下衬托五人的壮烈之死，议中赞"义"——"亦以明死生之大，匹夫之有重于社稷也"。以五人之义的礼赞为行文的主旋律，开始冲决而出，后来的议论又反复回荡，因而显得激越铿锵、掷地有声。这种轰腾澎湃，不断回旋、上扬的抒情写意结构，与陶渊明的《归园田居（其一）》和郁达夫的《故都的秋》有异曲同工之妙。

张溥叙议结合的手法，与《明史周顺昌传》对比，更是明显——后者是纯粹的叙事，非常冷静、客观，文字中并无哲理的渗透，情感的宣泄。但张溥不同，叙事中意和情相当炽热，如写周顺昌被捕一段中的"吾社之行为士先者，为之声义"和"是时以大中丞抚吴者为魏之私人"，里面有着鲜明的价值判断。至于写五人赴死的片段，"意气洋洋"这一抒情性很浓的句子更是劈空而来，如同火山喷发。

遗憾的是，王老师在这些秘妙的核心部位均未作任何逗留。一些老师提倡不同版本比较：人教版为"除魏阉废祠之址以葬之"，苏教版是"除逆阉……"；不同文本比较：《五人墓碑记》写毛一鹭"匿于溷藩以免"，《明史周顺昌传》则笼而统之写"旗尉东西窜，众纵横殴击，毙一人，余负重伤，逾垣走"。其间有何门道，王老师也未触及，以致这堂偏于"激于义而死"的生命价值阐发，深意与新意并茂的教学，整体上有了偏离语文体性的倾向。

学法引领，应该着眼于何处

——田玲《邓稼先》教学实录评析

一、导入新课，明确目标

师：（屏显邓稼先与杨振宁合影）今天，老师向大家介绍两位卓越的科学家，他们是同乡，亦是好友。一个蜚声世界半世纪，一个却隐姓埋名二十八年，他们是谁？

生：（齐）杨振宁、邓稼先。

师：谁能根据自己预习所获，用一句话介绍一下杨振宁或者邓稼先？

生：杨振宁是美籍华裔物理学家，曾获诺贝尔物理学奖。

生：邓稼先是我国"两弹"元勋，为我们研制发展核武器作出了重大贡献。

生：我补充一下，中央军委追授邓稼先"两弹一星"功勋奖章。

师：何谓"两弹一星"？

生："两弹"就是原子弹和氢弹，"一星"就是人造卫星。

师：看来这两位科学家都非常杰出，认识他们很荣幸。今天，就让我们随着杨振宁饱含深情的笔墨，一起去追忆他的挚友——邓稼先（板书课题）。学习这篇课文，我们一是要学习使用多种阅读方法去解读文本，理清思路，提高筛选信息、概括信息的能力；二是要走近邓稼先，了解他的伟大贡献，感受他的崇高品格。（屏显学习目标）

评析：在了解预习效果的过程中注意追问，是检测，也是引领，对培养学生自学中严谨、周密、深刻等思维品质功不可没。但是，教师的语言一定要"约而达，微而臧"——开头导思纯粹为问而问，且与后面的总结句矛盾。既然说两位是"卓越的科学家"，又何必恍然大悟地说"看来这两位科学家都非常杰出"？

另外，目标定位也欠妥。使用多种阅读方法仅是手段，应像盐溶于水般融入其他目标的学习中，不应成为单列的主要学习目标；提高筛选信息、概括信息的能力，非一篇课文的学习所能承载；了解邓稼先的伟大贡献、崇高品格亦非主要目的——探究作者如何表现邓稼先的伟大贡献、崇高品格，以及深眷情感，为将来的传记类文本写作，乃至整个的言语表现蓄势，才是教学的主要目的。

二、浏览阅读，把握"诗眼"

师：如果把这篇散文看成一部壮美的"史诗"，那么小标题就是它的"诗眼"。请同学们运用浏览的方法，看看本文的六个小标题，说说它们有哪些特点。

（屏显学法指导：浏览法，就是大略地看一看，把握大致的内容。）

生：小标题说的是：一是历史，二是荣誉称号，三是两位科学家，四是两种情感，五是邓稼先的话，六是杨振宁的评价。

师：你不但浏览得很快，而且很善于总结。那么，这六个小标题有没有一些共同的特点呢？

生：我认为第一部分是在对比历史，从"任人宰割"到"站起来了"，是两段完全不同的历史；第三部分是在对比人物，这是两个截然相反的科学家。

师：发现对比，而且有理有据，发言很有条理，说明你预习时读得很到位。谁还有发现？

生：第二、五、六部分的小标题都是引用，第二部分是引用张爱萍将军的赞语，第五部分是引用邓稼先的话，第六部分是引用杨振宁唁电里的评价。

师：举一反三，善于归类，了不起！

生：第四部分和其他的都不同，我觉得是在质疑，或者说是一种疑惑。因为这部分结尾杨振宁说想不清楚到底是哪一种情感。

师：对呀，因为想不清楚，所以才发出疑问嘛。同学们真了不起，你们发现了三种拟写小标题的方法。谁来写在黑板上？

(生板书：对比、引用、质疑)

评析：基于充分的预习，引导学生探讨小标题命制艺术，的确可以从整体上更深入地把握文本内容。但如果是初始阅读，或预习不充分，这样做便会有违教学规律。

相较于阅读中的悟法、得法，教者的直接"授法"还是显得有些急躁，在舛误处纠正，在愤悱处启悟，在精彩处总结，做得尚不够到位。

散文、史诗、诗眼，说话太绕。教者其实想表达：小标题就是文眼。这可以在学生整体感知课文的基础上点化，但这依然不是准确概括，因为文眼是最能揭示主旨、升华意境、涵盖内容的关键性词句，不能一下子冒出六个。六个小标题只能是六小节各自的文眼，不可能是全篇的。要想成为全篇的文眼，必须具有巨大的统摄力，如第六个小标题"永恒的骄傲"，但教者并未点出。

将文本定位为"散文"而非"人物传记"或"人物评传"，只看到了两者的共性，并未看到人物传记的特性，这必然会导致教学的偏颇。

三、速读全文，理清思路

师：学以致用，我们能不能根据自己的理解，尝试用这三种方法，小组群策群力，给六个部分重新拟写一组小标题呢？要求每个标题使用两个四字词。有不小的难度呢！

生：(跃跃欲试，七嘴八舌) 可以！没问题！

师：那老师就拭目以待。不过老师是个急性子，所以请大家采用速读的方法来完成。

(屏显：速读法，就是以每分钟500～1000字的速度进行快速阅读，快速捕捉文中主要信息的方法。可以通过筛选，抓住关键词句提炼生成。)

生：我们组的标题依次是：对比历史，引出稼先；两弹"元勋"，当之无愧；巅峰对比，凸显稼先；打破谣言，情感震荡；身先士卒，不怕牺牲；忠诚纯正，永恒骄傲。

师：你们掌握了速读的精髓，快速抓住关键词，生成了这一组凝练的小标题。而且你使用"依次"，让语言更凝练。其他组分享时如果雷同的就不用重复了。请把你们拟写的标题工整地写在黑板上。

生：我们组对第三、四、五部分拟写得更胜一筹。依次是：对比凸显，稼先至纯；澄清谣言，自强不息；环境艰险，身先士卒。

师：能不能说说更胜一筹，那胜出的"一筹"体现在哪里？

生：第三部分，我们凸显了邓稼先"纯"的品质；第四部分，"澄清"比"打破"更恰当，而且这件事体现的是中国人自强不息的精神，是靠自己研究的，没有借助外来力量；第五部分，我们强调了戈壁滩的恶劣环境。

师：掌声响起来，只为你精彩！确实更胜一筹！（生鼓掌）请你将修改后的标题工整地写在黑板上。（生板书）大家发现我们在拟写小标题的时候除了运用上面发现的三种方法外，还多了什么特点？

生：工整对仗。

师：请你将"对仗"写在黑板上。（生板书）方法与实践完美结合在一起。（板书：方法、实践）

（接下来有学生认为，第一部分用"对比历史，推出稼先"更好，因为"推出"更具力量，教者引导学生一起有感情地朗读百年前任人宰割的段落，体会对比描写是突出邓稼先的贡献巨大，并趁机点染：一个国家的军事和国防力量决定了它在世界上的地位。国庆阅兵式不仅仅是庆祝祖国生日，也是在展示军事力量，向世界宣告我们的强大和不可侵犯。邓稼先正是在国防武器的尖端领域创造了奇迹。）

师：如果说对比历史是为了突出在巨大转变中邓稼先的贡献，那么对比他和奥本海默，意在何为呢？

生：表现他的忠厚平实，他是最具有中国农民朴实气质的人。

生：我觉得杨振宁也是想说明美国和中国的社会背景不同，邓稼先的品质特别适合领导中国原子弹工程。

师：有见地！大家想想看，倘使奥本海默在中国，可以在"文革"时期领导成功研制氢弹吗？

生：不可能。他锋芒毕露。

师：有道理。拔尖的奥本海默锋芒毕露，常打断别人的报告。你欣赏这种做法吗？

生：欣赏。这才是学术自由的体现，如果没有真才实学，他也不敢如此。不过这在中国是行不通的。

师：为什么？

生：老师会生气啊，专家会罢讲啊！（生笑）

师：这就是中国讲究礼仪尊卑，千百年的文化积淀形成的中庸之道。

生：其实我不欣赏他的这种做法。有问题下来再讨论嘛，当众打断别人多没礼貌，也不尊重老师，没有老师的指导，他怎么会取得巨大成绩呢？

师：也对。我们爱真理，但我们更尊重别人。我想，也正是因为尊重别人，朴实无私，邓稼先才能在"文革"中说服同事，成功研制氢弹。

评析：活用标题命制方法，重拟小标题，意在深化理解课文内容，体味标题命制匠心，与下一环节的创制对联，讴歌邓稼先的品格，构成了一种思维的和弦，形式颇为新颖。

对百年前后中国的对比，邓稼先和奥本海默的对比之写作意图发问，因为触及传主的巨大贡献、个性特征，以及不同文化的特点，堪称神来之问。

美中不足的是，学生的标题命制视角不一，有的是纯粹写法视角（对比历史，引出稼先），有的是讴歌传主视角（忠诚纯正，永恒骄傲），有的是状写作者视角（打破谣言，情感震荡）。既然要让小标题成为摄神的"文眼"，偏离传主品格、个性概括的标题设计，岂非南辕北辙？遗憾的是，教者并未理性地看到这一点。

四、精读品评，领悟崇高

师："两弹"元勋，邓稼先当之无愧。在好友杨振宁眼里，他是怎样一个人？大家都是怎么评价邓稼先的？请同学们从第二部分筛选出相关评价。

生：这一部分概述了邓稼先的生平，最后两段是对他的评价。

师：让我们一起读赞语，热情赞美邓稼先吧！

（师生齐读）

生：我觉得这一部分和第一部分有一个前后照应。"两弹"爆炸成功标志着中华民族完全摆脱任人宰割的危机，和屈辱的一百年之前任人宰割相照应。

师：你很善于发现特点。让我们一起欢欣鼓舞地记住"两弹"爆炸的日子，因为这是中华民族新生的日子！

生：（齐读）1964年……

生：老师，我想给大家补充一下，第一颗人造卫星是在1970年4月24日发射成功的。

师：这下"两弹一星"就齐全了，请同学们将这个重要的日子记录在书上。

师：其他部分还有没有对邓稼先评价的语段？请朗读并分享。

生：第三部分："邓稼先则是一个最不引人注目的人物……""邓稼先是中国几千年传统文化所孕育出来的有最高奉献精神的儿子。""邓稼先是中国共产党的理想党员。"

生：第六部分唁电中的话均是评价："稼先为人忠诚纯正……"

师：走近名人，就是走进不朽的乐章；走近名人，就是走进纯洁的心灵；走近名人，就是走近崇高的理想。请同学们精读这些评价，尝试用多种形式品评邓稼先的崇高品格。（屏显）

精读法，就是对文本中的经典语段进行多角度精细的品味。就本文而言，是提炼人物灵魂精髓，聚焦人物身上的亮点，评出人物的特点。品评形式：深情朗读文中赞美句段、提炼词语评价、写对联、拟颁奖词、写诗歌等。

生：我拟写了一副对联——上联是"两弹蘑菇云升腾举国欢庆"，下联是"稼先核武器成功世界瞩目"，横批是"两弹元勋"。

生：他的对联很霸气，我的颁奖词也不赖：戈壁滩风沙呼啸，你置生死于度外；"文革"斗争复杂，你忠厚平实无私创造奇迹；美国谣言见诸报端，你澄清谣言自强不息。你是中华民族核武器事业的开拓者，"两弹"元勋，邓稼先，你当之无愧！

师：立足人物，各有千秋！

生：我精读了前两个部分，拟写了一副对联——两弹雪洗百年耻，一星放飞千秋梦。横批：民族英雄。

生：我精读了第二部分，也写了一副对联——呕心沥血造两弹，鞠躬尽瘁报国家。横批：国之栋梁。

师：我们需要这样的民族英雄和国之栋梁。你们的理解和工整的对联让老师看到国家的新希望！

生：我精读了第三部分，写了首小诗：奥本稼先本不同，拔尖人物两极端。锋芒毕露美国喜，忠厚平实中华爱！题目：截然不同。

师：通俗易懂的小诗，虽然不讲韵律，但抓住了对比，很不错哦！同学喜，老师爱！

生：我用第三人称给邓稼先写了颁奖词：他在苍凉大漠中用蘑菇云的升腾吼出雄狮的愤怒，他用"两弹"让中华民族昂首挺立在世界东方。殷红热血，精忠报国，他是共和国忠诚的奠基人；鞠躬尽瘁，死而后已，他是中华民族不倒的脊梁！他，就是"两弹"元勋——邓稼先！

师：用词精准，高度评价，未来的民族脊梁就在你们中间！

生：我想给大家朗读一下我心目中的邓稼先，来自课文，作了一点变动：邓稼先是中国几千年传统文化所孕育出来的有最高奉献精神的儿子，中国共产党的理想党员。他忠厚平实，真诚坦白，从不骄人，气质朴实，"纯"字最能代表他的品质。为了中华民族的核武器事业，他"鞠躬尽瘁，死而后已"，鲜为人知的他，是璀璨的民族之星！（朗读声情并茂，学生鼓掌。）

师：是啊，鲜为人知是研究工作保密的需要，尽管邓稼先不像歌星、影星那样家喻户晓，但是，他为祖国的巨变奠基，在蓬断草枯的戈壁滩奋战，让我们深入戈壁，深入了解这颗民族之星艰苦的奉献！请同学们默读《吊古战场文》，看看这是怎样的实验环境。

生：苍凉。

生：人迹罕至。

生：荒无人烟。

师：应该以什么样的情感朗读？

生：悲壮！

师：请你给同学们作个示范。

（生大声朗读）

师：让我们像他一样读出苍凉悲壮来！

（生齐读）

评析：着眼于评价文字、两弹爆炸时间，以对联、颁奖词、诗歌等形式予以再评价，既感知了传主的历史贡献、伟大人格，也得到了家国情怀的熏陶，还使学生走向了言语表现，可谓一石三鸟。而对《吊古战场文》的深情朗读（这一点常被老师们忽视），与前面评价文字的撰写，可谓虚实相生，更是将教学掀向了另一个审美高潮。

这是送教下乡的一个课例。乡村中学的学生，在总体上用词竟是那样精准、多姿，立意竟是那样多变、开阔，形式上又是那样不拘一格，令人叹为观止！这除了教者灵动而激情的启悟外，该班学生长期重视语文素养的积淀和高品质预习习惯的养成，恐怕是更为重要的原因——有些学生在预习中，提要钩玄，像印象主义批评家那样即兴写下一些精约的评语，也很有可能。如是，真的令人振奋！

五、小结全文，启发感受

师：在这样的环境中，邓稼先身先士卒，不怕牺牲，他是真正的中国男儿，正因为有一批像他一样默默奉献的科学家，我们的五星红旗才能在联合国大厦前高高飘扬！（播放电视剧《五星红旗迎风飘扬》片尾曲《中国男儿》视频）让我们一起来认识他们！（屏显：聆听昂扬向上的歌曲，感受大漠苍凉，认识我国的"两弹一星"。）

师：亲爱的同学们，让我们一起追随这样的"星"（画一颗星笼罩课题），宣扬他们的丰功伟绩，让他们家喻户晓，成为我们人生的启明星！

评析：曲终奏"雅"，立意与作者的深情讴歌同声相应，使整个教学有一种余音绕梁的艺术效果。

总评

这是一堂用阅读方法（浏览法、速读法、精读法）贯穿始终的课。其间还涉及了标题创制方法（对比、引用、质疑、对仗）的总结，多种人物评价方法的浸淫（对联评价、诗歌评价、颁奖词评价），整体上灵动摇曳，引人入胜。

田老师或许是想以《邓稼先》这篇带有小标题的"散文"为例文，指导学生通过浏览小标题以把握文章整体，通过速读进一步加深理解，再通过精读，把握局部，从而实现概览与玩绎的统一。不过，阅读方法是无法成为教学意脉的。理想的教学意脉，要么与文本意脉融合，要么对之重构。田老师的教学之所以整体上非常成功，恰恰是因为她的把握文眼—理清思路—精读品评的教学意脉，大体吻合了文本的意脉：卓越功勋（第一、二部分）—独特品格（第三、四部分）—情笃意深（第五部分）—永恒骄傲（第六部分）。而她的小结全文，则可视作对文本意脉的延伸或重构。

田老师的读法引领关注了传主的功勋、品格等具体的细节，甚至赞美学生"未来的民族脊梁就在你们中间"，这是她教学"实"的部分。但其教学的最大魅力是让学生找、读文本中评价邓稼先的文字，且果断将之作为精读的内容，并通过写对联、颁奖词等形式予以再评价。为什么？因为切中了文本的类性特征——评传。如果说把握文眼、理清思路还停留在"传"的层面上，精读品评便转到了"评"的层次上。这是文章"虚"的部分，也是最能见情见性见神的地方。读法着力于此，确实有着令人惊美的审美纤敏。

不过，因为对文本类性把握得不够精准，导致不少篇性特征的审美开掘或被淡化，或被忽略也是事实。

一是多维衬托的表现手法。一般的人物传记通常是一维的衬托，如用社会的庸众或某一人衬托传主的超凡脱俗，本文至少用了四种衬托方法：

1. "历史衬托"——用百年中国的前后变化，衬托邓稼先贡献之巨。这一点，田老师抓住了，也让学生读了、思考了，但是方法上还不够"陌生化"。若用还原法：删除第一部分，直接从第二部分开始写邓稼先（长春版教材选文便是如此），可以吗？学生定然能印象更深刻，也会为今后感知《陋室铭》《爱莲说》烘云托月的艺术表现力打下一个坚实的铺垫。

2. "人物衬托"——用奥本海默的锋芒毕露衬托邓稼先的朴实谦逊。这一点，田老师把握得也不错，但是点化不是很到位。比如，将邓稼先的忠厚平实，不与老师争短长，概括为中国的"讲究礼仪尊卑"就欠妥。中国学生也是可以与老师争胜的，所谓"弟子不必不如师，师不必贤于弟子"（韩愈《师说》），但是真正优秀的学生一定是"师逸而功倍，又从而庸之"（出自《学记》，后半句译为"将功劳归功于老师"）的。用"从而庸之"这样的谦冲自牧的品格概括邓稼先，或许更能体现中国传统文化的精髓。

3. "功绩衬托"——两弹研制成功时间之短，衬托邓稼先工作之投入，功绩之巨大。这方面可与美国、苏联研制原子弹的时间比，实现文本内外的打通。这方面，田老师没有涉及，所以文本与外在的精神联系没有实现。

4. "环境衬托"——用作者眼中"蓬断草枯的沙漠"，衬托邓稼先工作环境之恶劣，工作意志之弥坚。史料记载：邓稼先当初接受特殊使命，和妻子告别时就说过："我的生命就献给未来的工作了。做好了这件事，我这一生就过得很有意义，就是为它死了也值得！"课堂上适时地引入相关背景资料，教学建构一定可以更饱满，更动人。

二是对人之"特"情的点染。文本中至少有两处"特"情描写：1. 收到邓稼先的"澄清信"——中国原子武器工程中，除了最早于1959年底以前曾得到苏联的极少"援助"以外，没有任何外国人参加，杨振宁顿时热泪满眶，乃至到洗手间整容。2. 作者对邓稼先心情的揣摩：在蓬断草枯的沙漠中埋葬同事、埋葬下属的时候是什么心情？在关键性的方案上签字的时候，手有没有颤抖？对于前者，教师完全可以让学生探讨：作者因何而哭，且不能自制？是因邓稼先的真诚人格而哭，还是因感激邓稼先为民族争光而哭，抑或因忏悔而哭？对于后者，如果引入探讨，是更能认识邓稼先的深情与坚毅、智慧、严谨、果断的。田老师将文本定位为散文，偏偏放松了对其间独特之情的体悟，令人匪夷所思。

三是"传记"的典型、真实。集物理学家、传记作者于一身的杨振宁，对资料的征引，措辞的考量是十分严谨的。尤其是数据的运用，不仅真实、准确，而且起到了抒情上的春秋笔法作用，如列强"租借"中国相关地区的年限陈列，原子弹、氢弹爆炸时间的介绍，邓稼先直肠癌三次手术的时间以及去世时间的描述，背后的愤慨、屈辱、惊叹、自豪、哀婉、沉痛之情触之可及，却又含而不彰。田老师抓住了两弹爆炸的日子，引导学生朗读，并体味其间重大的历史意义和价值，对其他数据未予关注，或许是出于详略安排的考虑，但未上升到传记典型、真实的特点，稍感遗憾。

四是"纯"字等艺术留白。作者在第三部分点到了邓稼先一生喜欢"纯"字所代表的品格，并在最后一部分说他"为人忠诚纯正"，选用了"纯正"一词。那么，六个部分的重新命名或整合，乃至整个文章的命名，是否也可以考虑以"纯"字为中心，进而挖出作者的言外之意？还有，这篇文章偏重了对邓稼先"神圣"情感的描写，对其"日常"情感的描述（如分别二十多年的朋友相聚、夫妻告别，他有怎样的表现）比较稀薄，套用康德的话说就是，注重了"灵魂和精神世界的描述"，淡化了"日常的经验世界"[①] 的描述，这样是否合适？梁启超十分肯定《史记·廉颇蔺相如列传》的写法——记廉颇"专写他的小事"，如与蔺相如吃醋怄气，如何负荆请罪，对他的赫赫战功用了不到"二十字"。怎么看待专注于写大事或专注于写小事这两种截然不同的表现模式？

这些艺术留白属于传记中的文学性，但田老师在课堂上并未进行审美开掘，恐怕也是对文本的传记文类定位不准所致。这样看来，学法引领没有落实到文本类性特征和篇性特征审美开掘上，教学火候是远远不够的。

---

① 李秋零. 康德著作全集 [M]. 北京：中国人民大学出版社，2010：4.

第七辑

新闻类文本教例评析

体知：不能仅限于类性的揭示

——宁鸿彬《人民解放军百万大军横渡长江》教学实录评析

一、研读：感受新闻的结构

师：今天学习《人民解放军百万大军横渡长江》，请同学们打开书和笔记本。（板书：人民解放军百万大军横渡长江）

本文作者是毛泽东主席，文体为新闻。这是毛泽东主席为当时的报纸写的一篇新闻稿。这则新闻报道的是解放战争时期渡江战役中的事。

下面准备读课文。读课文之后请同学们用三种方式把这则新闻的内容表达出来。第一种方式：用一句话说出这则新闻的内容；第二种方式：用一小段话说出这则新闻的内容；第三种方式：用几段话说出这则新闻的内容。听明白了吗？

生：（齐）听明白了。

师：下面按座次读课文。

（文章共一段，一人读完全文。）

师：读得比较好！吐字清楚，声音洪亮，也注意了语气。有两个字的读音需要注意。第一个字是"由于人民解放军英勇善战，锐不可当"中"锐不可当"的"当"，不读 dǎng，读 dāng，这里是抵挡的意思。跟我一起读：dāng。

生：（齐）dāng。

师：再读。

生：（齐）dāng。

师：第二个字是"渡至繁昌、铜陵、青阳、荻港、鲁港地区"中的

"荻港"读 dí gǎng，跟我读：dí gǎng。

生：（齐）荻港。

师：再读。

生：（齐）dí gǎng。

师：注意"荻港"的"荻"与"收获"的"获"这两个形似字的区别。"荻"的右下方是"火"字，"获"的右下方是"犬"字。

师：下面给大家两分钟的时间准备，然后分别用一句话说出这则新闻的内容；用一段短话说出这则新闻的内容；用几段话说出这则新闻的内容。发言时，可以用自己的话来说，也可以用课文中的原话来说。

（众生翻书思考，师巡视。用时两分钟。）

师：大家先用一句话说出这则新闻的内容。

生：我以为这句话应该是"人民解放军百万大军，从一千余华里的战线上，冲破敌阵，横渡长江"。

生：我认为这句话应该是"人民解放军百万大军横渡长江"。

生：我认为这句话应该是"人民解放军消灭一切抵抗之敌，冲破敌阵横渡长江"。

师：谁还说？（无人举手）大家提出了三种说法，哪种说法最符合要求呢？

生：我认为第二种说法最符合您提出的要求。他用课文的题目"人民解放军百万大军横渡长江"极为简练地说出了课文的内容。

生：我也同意第二种说法，因为用课文的标题说出课文的内容，正好是一句话，而且这句话比另外两种说法更简练。

师：对，就是这样。既要做到是一句话，又要做到简练。这样，才能和用一段话说出这则新闻的内容具有明显的区别。下面请大家用一段话说出这则新闻的内容。

生：我认为应该是"人民解放军百万大军，从一千余华里的战线上，冲破敌阵，横渡长江"。

生：我认为应该是"20日夜起，长江北岸人民解放军中路军首先突破安庆、芜湖线，渡至繁昌、铜陵、青阳、荻港、鲁港地区，24小时内已渡过

30万人"。

师：现在有两种说法。大家想想，哪种说法准确地说出了全文的内容呢？

生：我认为第一种说法简明地说出了全文的内容。第二种说法不对。因为这篇文章是说百万大军横渡长江，而第二种说法只说了30万，还差70万呢！（众生笑）从渡江人数看概括得不全面。

生：第二种说法不仅人数概括得不全，而且渡江时间说得也不准确。渡江从20日夜开始，23日才渡完。而他只说了20日夜起24小时的渡江情况。

生：第二种说法只说了中路军的渡江情况，还有东路军、西路军没说呢。所以我认为第二种说法不对。

师：对。从渡江人数、时间、三路大军都要渡江来看，第二种说法说得不够全面，但这种积极发言的精神应该发扬。我们再看第一种说法是否准确地说出了全文的内容呢？

生：我认为是。课文的主要内容就是百万大军横渡长江。

师：用一段话概括这则新闻的内容，不可能把全篇内容全说出来，只能简明地说出主要内容。什么人（人民解放军），多少（百万），什么事（渡江）。从记叙的要素考虑，他说的这段话还差什么内容没交代清楚？

生：渡江地点。

师：对。应把渡江地点说出来，地点是记叙的要素之一。谁能把第一种说法改一下？

生：我认为应该是"人民解放军百万大军，从一千余华里的战线上，冲破敌阵，横渡长江。西起九江，东至江阴，均是人民解放军的渡江区域"。

师：对。用课文开头的第一、二句话就简明准确地说出了全文的内容。大家同意吗？

生：（齐）同意。

师：以上我们用一句话介绍了全文的内容，又用一段话介绍了全文的内容，下面请同学们用几段话说出全文的内容。

生：我觉得应该是"20日夜起，长江北岸人民解放军中路军首先突破安庆、芜湖线，渡至繁昌、铜陵、青阳、荻港、鲁港地区，24小时内已渡过

30万人。21日下午5时起，我西路军开始渡江，地点在九江、安庆段。至发电时止，该路35万人民解放军已渡过三分之二，全部23日可渡完"。

师：先看这种说法对不对。

生：这样说只说了中路军、西路军的渡江情况，东路军的渡江情况没说。所以我认为不对。

师：分析得不错。还有别的意见吗？

生：我认为，为了把三路大军的渡江情况说清楚，可以把全文都读了。

生：我认为具体详细地介绍三路大军的渡江情况是从第三句"20日夜起"开始的。第一、二句是简明概括地介绍，所以应从第三句读起。

师：同学们同意哪一种说法？

生：我认为第二种说法更为准确。因为它把中路军、西路军、东路军的渡江情况分为三层进行了具体详细的介绍，而且没有多余的内容。

师：有不同意见吗？

生：（齐）没有。

师：我们用三种方式介绍了这则新闻的内容，大家应该从中明确以下几点。（1）新闻要有标题。（板书：标题）所谓标题就是用极为简练的语言概括一则新闻的最主要的内容，也就是说标题是新闻的提要。（板书：提要）（2）新闻要有导语。（板书：导语）导语是新闻开头的一小段话，大多是简明地概括出报道的事实或中心。导语是新闻的概述。（板书：概述）（3）新闻要有主体。主体是新闻的主干，是事实的叙述和展开。它要求对所报道的内容具体述说。（板书：详叙）。大家记住：用一个语句单独介绍新闻的内容叫标题；用一段短话在开头介绍新闻的内容叫导语；用几段话具体介绍新闻的内容叫主体。同学们抓住了"一个语句""一段短语""几段话"这三个要点，就能比较顺利地区分新闻的标题、导语和主体了。

师：课文开头括号部分"新华社长江前线22日22时电"，这叫电头。（板书：电头）电头要交代清楚发电时间、发电地点、发电单位。以上我们研究了新闻的结构，它包括标题、电头、导语、主体四部分。大家明白了吗？

生：（齐）明白了。

评析：让学生先后用一句话、一段话、几段话概括新闻内容，这一设计神妙至极。为什么？可在不动声色中令学生全然把握新闻的结构要素：标题、导语、主体。不是浅层的了解，而是深刻的内化；不是单向地硬灌或死记硬背，而是精心引领下学生的自由建构。这体现了教者重体知而非认知的教学智慧，将古代的"和易思"教学思想和西方现代的建构主义学习观有效地统一起来，贯彻得水乳交融，浑然天成，由不得人不为之惊叹、拜服。

不过，就师生的对话，从语法的角度说，措辞是有问题的。准确地说，这里一句话是指"一个单句"，几句话是指"一个复句"或"几个单句"，几段话是指"一个句群"。因为指向不明，一个学生以自己理解的"一句话"给出答案："人民解放军百万大军，从一千余华里的战线上，冲破敌阵，横渡长江"，他的理解是正确的，却被视为错误。出现这样的理解错位是不应该的。如何表意准确，又让学生心领神会，还能淡化语法知识的教学，值得好好探讨。

针对易混淆字音、字形加以纠正和提醒，力量用在了刀刃上；对发言不够全面的学生，注意肯定其发言勇气，令人温暖。许多学生从乐于言说走向可怕的缄默，正是受到否定或嘲笑，没有得到这样及时的鼓励所造成的。

按座次读课文似未落实。不过，新闻字数不多，文字也比较浅显，因此按座次逐个读去实在也没有必要。

二、探究：感受新闻的类性

师：下面思考这样一个问题：把标题"人民解放军百万大军横渡长江"改成"人民解放军百万大军胜利渡江"行不行？最好结合课文说明自己的看法。

生：我觉得这样改不行。"横渡"是说渡江有一个艰难曲折的过程，"胜利"是说渡江已经完成。

师：发言最好是有理有据，结合课文作解释、说明，这样说服力才强。大家考虑一分钟。（生翻书思考）

生：我认为不能改。因为导语部分用了"横渡"，所以标题也得用"横渡"。

师：能否用这则新闻的内容证明只能用"横渡"，不能用"胜利"？

生：我认为不能改。因为至发电时止，西路军的35万人已渡过三分之二，还差三分之一，23日才可渡完。东路军也是23日才能渡完。

师：说得不错。请看课文"至发电时止，该路35万人民解放军已渡过三分之二，余部23日可渡完"，这是西路军的渡江情况。"至发电时止，我东路军已大部渡过南岸，余部23日可以渡完。"既然至发电时止渡江任务还没完成，那么新闻稿能在标题中出现"胜利"二字吗？

生：（齐）不能。

师：对。新闻必须具有真实性。（板书：真实性）真实性是新闻的特点之一。

师：这则新闻写完了先不发表，等着渡江战役胜利了再发，不就可以用"胜利"二字了吗？

生：不行。因为全国人民正急于了解渡江战役的进展情况，当毛主席及时地把渡江战役顺利进行的好消息告诉全国人民时，全国人民欢欣鼓舞。如果晚发就没有意义了。

师：对。新闻要体现一个"新"字，要及时地把国内外的大事告诉全国人民。这是新闻的特点之二，即新闻必须具有及时性。（板书：及时性）

评析：围绕"胜利"激疑：1. 把标题"人民解放军百万大军横渡长江"改成"人民解放军百万大军胜利渡江"行不行？2. 这则新闻写完了先不发表，等着渡江战役胜利了再发，不就可以用"胜利"二字了吗？真是"提领而顿，百毛皆顺"！既让学生深化了对文本内容的理解，又能进一步体味新闻语言的准确性，还能加深对新闻另外两大类性——"真实、及时"的体知，可谓一举多得！这是真正的有效教学，也是真正的生本主义，更是教学智慧的绚丽绽放！

不过，对本则新闻报道目的的介绍——把渡江战役顺利进行的好消息及时告诉全国人民，有些失之简略。至少还有：震慑、瓦解敌人军心，抒写自我胜利在望的喜悦等。

感受新闻"真实"的类性，是否还要引入新闻史上的造假现象，如当下很多明星、政要被死亡的报道，以使学生更强劲地获得捍卫新闻真实性的道德认同感，为培养真诚的言语人格而努力。还有，新闻的真实性，其实是与"倾向性"密切统一的——这一点如果不点化，是否会有失辩证？

三、辨析：领略人物的形象

师：以上我们结合这则新闻研究了新闻的结构和特点。下面请大家从文中选出恰当的词语，概括一下这篇新闻所报道的敌我双方的情况。敌方如何？我方怎样？

生：敌人纷纷溃退，我军英勇善战。

生：敌人纷纷溃退，我军锐不可当。（众生点头）

师：敌人纷纷溃退，我军锐不可当。谁还有不同意见？（生不语）看来意见比较集中。谁来解释一下"溃退"？（出示卡片：溃退）

生：溃退，意思是溃败，狼狈而逃。

师：差不多。

生：溃退的意思是敌人崩溃了，无作战能力而逃跑。

师：很好。"溃退"的"溃"是大河决堤，河水一下子涌出而不可收拾。退，是后退、败退。这个词在文中的意思是被打垮而败退。（师略停，众生记录。）

师：谁来解释一下"锐不可当"？（出示卡片：锐不可当）

生：锐不可当的意思是锐利无比，不可抵挡。

师："锐"，什么意思？

生：锐利。

师："当"什么意思？

生：抵挡。

师：完全正确。记下来。（众生记录）

师：这则新闻，毛主席不仅报道了敌我双方的情况，而且还就一些情况作了分析。关于分析的内容我们就不研究了。下面，大家回顾一下这堂课讲的内容。这堂课我们讲了新闻的结构，它包括标题、电头、导语和主体。标题是新闻的提要，导语是新闻的概述，主体是新闻的详叙。为了好记，请大家抓住"一个语句""一段话"和"几段话"这三个要点。

这堂课我们还讲了新闻的两个特点。写新闻要做到真实和及时，否则就失去了新闻的价值和意义。

下面检查刚学过的两个词。（出示卡片：溃退）

生：溃退的意思是被打垮而败退。

师：对。（出示：锐不可当）一起说。

生：（齐）锐利无比，不可抵挡。（响铃）

师：对！这堂课我们就上到这里，下课！

板书设计：

人民解放军百万大军横渡长江
（1949年4月22日）
毛泽东

标题	提要 ⎫	真实
电头	⎬	
导语	概述 ⎭	
主体	详叙	及时

评析：把握新闻所报道的敌我双方情况，这一设计举重若轻。因为看似要学生理解本则新闻的精要，其实也涉及了双方形象的简单分析——新闻的语言也有文学性的一面，就像王君老师所说的那样"有形象、有情怀"。教者这方面的意识虽不是很自觉，但是凭借其教学的敏感能触及到，可贵。

板书紧扣教学内容，简明扼要，纲举目张，既是教学思路的体现，也可视作课堂教学的微缩版，难得！

美中不足的是，教者的教学有比较浓重的保姆心态，教学语言也比较冗余，常常一个要求能说多遍，而对重点词"溃退""锐不可当"的前教后习，也似无必要。

总评

读宁鸿彬老师的教学实录，我情不自禁地想到了"体知"一词。

据有关学者考证，"体知"一词最早出于《后汉书·志第一·律历·律准》："音不可书以晓人，知之者欲教而无从，心达者体知而无师，故史官能辨清浊者遂绝。"① 这里的"体知"有朱熹所说的"将自家这身入那事物里面去体认"之意，和波兰尼的"亲知"（personal knowledge）说也有相通之处。不过，在中国古代传统中，体知更侧重于知"道"，即对于本体的证会，这一证会作为人之所以为人的自觉，必然表现为一个现实的转化过程。这样一来，体知便不是一个平面范畴，而是"一个认识论、工夫论、本体论的立体有机统一体，既是'以身体之'的亲知真知，又是'身体力行'的着实践履，以及'体之于身'而'以天下万物为一体'的生态存在"②，是一种更科学的"知"。以身体之、身体力行、知"道"通达——在阅读实践中建构新闻本体性知识，这些宁老师都做到了。

重"体知"而非"授知"体现了崭新的教师观——不是单维的知识传授者，而是学生学习过程的引领者、促进者；崭新的学生观——不是接受知识的被动学习者，而是探索、建构知识的主动学习者；崭新的课程观——不再是狭隘的教材层面的知识，而是与师生的生活经历、生命体验融为一体的动态的知识生成。在语文新课程改革尚未展开的1997年，宁老师有如此的教学境界，确有大家风范！

宁老师的教学侧重于新闻类性的体知和揭示：结构要素的体知与揭示可谓类性体知的前奏；体知、揭示新闻的真实性、及时性尽管用时不多，却是新闻教学的高潮；敌我双方情况的概括、体知是类性体知的尾声——既有对新闻要素"何事"的体知，也有对作者跨体写作的揭秘。围绕类性展开的对话、纠错，对教师是固有新闻知识的温习，对学生则是全新的体知与发现。整个教学流程看似行云流水、家长里短般的漫聊，其实背后有着认真的思维沉潜、深度的生命融合和别出心裁的教学思量。

不过，整个教学仅限于新闻类性的体知和揭示显然是不够的。高质量的教学，不仅要揭示共性的文本类性，更要揭示个性的文本篇性。前者是教学

---

① 景海峰. 中国哲学"体知"的意义 [J]. 学术月刊，2007（5）.
② 张兵. "体知"探源——中国哲学创造性转化的个案考量 [J]. 人文杂志，2011（2）.

的基础，后者才是教学的重点和升华。不上升到篇性的发掘，教学上的个性化创新很难有足够的保障。这一点，朱光潜先生早就看到了。他说："如果画家只能够把鼻子画直，眼睛画横，结果就难免千篇一律，毫无趣味。他应该能够把这个鼻子所以异于其他直鼻子的，这个横眼睛所以异于其他横眼睛的地方表现出来，才算是有独到的功夫。"①他谈的是绘画创作，但是对写作、教学一样适用。求类性之同仅是满足于教学的温饱，求篇性之异才会真正触及教学的发展和教学主体生命的自我实现。

那么，《人民解放军百万大军横渡长江》的篇性主要表现在哪些方面呢？

首先，主体结构上的烘云托月。先介绍渡江较为顺利的中路军和西路军，最后介绍遭遇敌人殊死抵抗的东路军。看似客观写实，其实是变相地突出东路军的顽强、勇猛和执着——在21日下午至22日下午的整天激战中，已歼及击溃一切抵抗之敌，作者的欣赏、自豪、快意之情溢于言表。倘若按地点顺序忠实介绍，这种个性化的表达魅力便无从产生。有老师在教学中设计了如下问题：东路军很烦恼，因为他们的位置被毛主席安排了这则新闻的最后，他们觉得为什么不把他们东路军安排在前面呢？前面才能显出作用的重要啊。现在你要在文中找出依据来说服东路军，安抚他们的心灵，告诉他们作者这样安排是有道理的。②这便是针对了文本篇性的妙问。但是，关于结构上的篇性，宁老师的教学并未涉及。

其次，形象塑造上的自然穿插。形象塑造是戏剧、小说的本色手段，但是在本篇新闻的写作中，作者也不由自主地用上了。如对敌军"都很泄气""纷纷溃退"，我军"英勇善战""锐不可当"的描写，对汤恩伯极具反讽意味的颠顶而尴尬的描写。这些形象塑造的笔墨，突然减缓新闻叙事的节奏，产生一种类似古典小说"一会儿地动山摇，一会儿柳似花朵"的表达效果，是很有生气的笔墨，值得好好玩味。这种跨体写作的智慧，当下不少优秀新闻作品也在用，如《那山，那树，那人》《三十年前惊世一跪，三十年后一座丰碑》，使新闻的知识性和文学性熔为一炉，完全可以用来比较教学。宁

---

① 朱光潜. 谈美［M］. 合肥：安徽教育出版社，1997：83.
② 王君、符婷.《人民解放军百万大军横渡长江》教学实录［J］. 语文教学通讯（B），2012（4）.

老师引导学生体味"溃退""锐不可当"时，其实触及了本则新闻形象塑造上的篇性，但却将之视为"分析的内容"而不加研究，不免有点儿可惜。

再次，言语表现上的潜隐个性。如语言的雅俗共陈，庄谐并出——说"一千余华里的战线"而不说"500余千米的战线"是雅，说国民党士兵"听见南京拒绝和平，都很泄气"，不说"都很心灰意冷"是俗，其间蕴藏了丰富的意蕴；"我"字在文中的万斛泉涌，汩汩不止，其实是胜利在望的大喜悦、大自信、大自豪之情的悄然流露；攻占的地区，说一两个足可代表，却不厌其烦地一一枚举，这也是幸福、自得之情的欢快奔涌。有诗人说毛泽东"用平平仄仄的枪声写诗，二万五千里是最长的一行……"，毛泽东的这种横槊赋诗的激情、自信和霸气，在本篇新闻的写作中也有所体现。教学中，完全可以用还原法让学生体知："一千余华里"可否换成"500余千米"？去掉"我"字，行不行？地点描述，说一两个如何？有了这些比较，对作者叙事上的春秋笔法，学生便会有更深刻的体知。

另外，还应注意不同文本的贯通。比如，将毛泽东的《七律·人民解放军占领南京》（钟山风雨起苍黄/百万雄师过大江/虎踞龙盘今胜昔/天翻地覆慨而慷/宜将剩勇追穷寇/不可沽名学霸王/天若有情天亦老/人间正道是沧桑）与本则新闻进行比较教学；将本则新闻的单纯文字表述与当下新闻图片、音频、视频相结合的特点进行介绍，以使学生对新闻的解读能"跟上新媒体时代的步伐，引导学生重视和运用创新思维，在对新闻生产过程中使用新的传播技术、新的文本形式和新的报道思维"[1] 有所认知，进而更加强化对本则新闻类性和篇性的体知。

不知宁老师以为然否？

---

[1] 董小玉，何华琳. 求实·审美·创新——新闻解读的三种意识 [J]. 语文建设，2016（13）.

揭秘文体特征背后怒放的篇性

——陈成龙《奥斯维辛没有什么新闻》教学设计评析

【教学内容分析】

《奥斯维辛没有什么新闻》是语文版《普通高中课程标准实验教科书语文》（必修1）第一单元的第三篇课文。本单元是新闻单元，从体裁上细分，有通讯、报告文学、消息。本篇是一篇消息，发表在1958年8月31日的美国《纽约时报》上，美国普利策奖主席霍恩伯格称赞这是国际报道奖得主迈克尔·罗森塔尔"写得最好的作品"。

1958年，当《纽约时报》记者到布热金卡奥斯维辛集中营旧址采访时，已不知有多少记者来过，昔日法西斯的大屠场似乎已经没有了恐怖，只见阳光和煦，白杨树整齐地挺立着，小孩在嬉戏，似乎没有什么新闻可写了，然而迈克尔·罗森塔尔却凭着他高度的新闻敏感，从独特的角度发现了这平静之下的风暴、无新闻处的新闻。文章在客观记述事实的基础上，进行适当描写，字里行间渗透着作者的感受，用实物、实景、实情痛斥了令人发指的德国法西斯的滔天罪行。

本文是消息写作的范例。学习本文，既可使学生加深对消息体裁的了解，同时也是对学生灵魂的洗礼，使学生在鞭挞残暴、声讨邪恶的同时，珍惜和平，追求善良，心灵受到震撼，人格得以提升。

评析：将文本独特的写作视角、非零度写作、文体特征，以及鞭挞残暴、声讨邪恶、珍惜和平、追求善良的写作主旨作为教学内容，既捍卫了语文的体性，也触及了文本的类性和篇性，还落实了情感、态度、价值观的熏陶,可谓重点突出(揭秘篇性为主),一石多鸟。

但将文体定位为"消息"不妥。在美国,新闻被分为纯新闻(Straight news)和特稿(Feature)。纯新闻相当于我国的消息——狭义的新闻,报道某时某地发生了何事,有比较固定的结构和写作程式,如常用倒金字塔结构,有导语和主体,报道客观,记者只报道事实,不加入意见,追求时效性,等等。除此之外的新闻报道都被归入特稿(大致相当于我国的通讯)。[①] 本文时效性不强——奥斯维辛集中营大屠杀后十多年才写,结构并非"导语—主体"式金字塔结构,纯客观写实被颠覆——更关注自我的观感呈现,风格并非简洁明快,体量并非篇幅短小,因此将文本定位为特稿或通讯更为适恰。

另外,将主旨聚焦于鞭挞残暴、声讨邪恶、珍惜和平、追求善良的层面,尚未触及更深意蕴的开掘——罗森塔尔所说的"在奥斯维辛,没有可以作祷告的地方",与德国哲学家狄奥多·阿多诺的"在奥斯维辛之后写诗是野蛮的",还有亲历奥斯维辛集中营生活的埃利·威塞尔的质疑"词语都必须重新定义,净化,重新发明。一个词如'夜'——一个美丽、诗意、浪漫的词对我们不再意味着它曾经意味的东西了",本质上都是相通的,充满了对罪恶历史、卑污人性的恒久警惕、质疑与拷问,带有哲学审视的色彩。因此,写作本则特稿/通讯也表达了作者面对人类曾经犯下的滔天罪行的不安、悔恨,有"让黑暗、死亡、阴冷永远矗立在那里,就像圆明园永远残缺在那里,荒芜在那里,痛苦在那里,让整个人类时时受到良心的拷问,让所有的人浑身发抖,灾难才不会重演"[②]的目的。

【学生学情分析】

学生在初中已先后学习了两个新闻单元,对新闻"迅速及时、内容真实、语言简明"的基本特征有所了解,对消息的写法有所了解。在内容上,

---

① 夏德勇.《奥斯维辛没有什么新闻》赏析[J]. 中学语文教学,2013(10).
② 赖瑞云.《奥斯维辛没有什么新闻》解读和教学的四大缺失[J]. 语文学习,2013(9).

学生已学过同属于声讨法西斯反人类罪行的文章《南京大屠杀》《落日》，加上历史课上所学知识，他们对第二次世界大战中，德、意、日法西斯戕害人类的暴行已有一定的了解。本文的教学，应在这基础上让学生进一步掌握新闻消息的写法，对法西斯暴行更加愤慨，培养学生的正义感、善良心。

评析：注意与以前所学课文的打通，是有序性教学、群文教学的本质体现。进一步掌握消息的写法，虽未明确道出消息写法的新质，但深化、拓展的意识十分鲜明。

"对法西斯暴行更加愤慨"一语措辞不妥。面对历史上人类的罪行，语文教育应引导学生深刻认识其危害，更自觉地荡涤人性的劣根，防止惨剧再次发生，而不是累积仇恨。

信奉形式、内容兼顾的教学模式，但在形意兼顾中应突出"形"，即形式表现上的篇性。唯其如此，才能真正捍卫语文的体性，使语文教学臻于化境。

【教学设计思想】

1. 这是一篇思想性很强的文章。课标要求：要让学生"在阅读与鉴赏活动中，不断充实精神生活，完善自我人格，提升人生境界，逐步加深对个人与国家、个人与社会、个人与自然关系的思考和认识"，本文教学应特别注意对学生进行声讨暴行、热爱和平、追求善良的美好情感的熏陶。

2. 注意扩展学生的文化视野。当代青年必须具有开阔的文化视野，唯有如此，才有助于正确思考、分析、创新，有助于形成正确的人生观、世界观与价值观。可启发学生将欧美国家记者对反法西斯的报道与我国记者对反法西斯的报道进行比较阅读，增进对文章的理解，开阔学生的视野。

评析：在语文课程视野下设计教学，有利于将课程目标和教学目标有效会通、落实。比较阅读，开拓学生的文化视野，也适应了统整与开放、国际化、综合化的世界课程改革方向，站点高，很大气。

但重思想情感教育，与教学内容分析中的偏重形式秘妙揭示的理念有龃龉。这说明，重形式秘妙揭示的教学追求，在教者的心中还未形成自觉。倘若真的按这种设计思想进行教学，很容易将语文课上成思想品德课或历史课。

【教学目标设定】

1. 使学生理解新闻写作中将情感蕴含于叙事之中的写法，学习作者将正面叙写与侧面描写相结合的方法，引导学生在鉴赏中学习本文的写作技巧和方法，提高鉴赏水平。
2. 使学生在感受本文思想的基础上，提高思考的层次；联系历史知识，结合当前的国际形势，唤起对战争恶魔的憎恶，教育他们牢记历史教训，珍惜和平，珍惜幸福，抵制邪恶。

消息的特点是客观、平实、公正，可本文在客观叙述事实的基础上渗透作者的感受，这种寓情于叙事之中的写法是本文教学的重点。

奥斯维辛集中营是德国法西斯建造的魔窟，但作者笔下的奥斯维辛集中营距德国法西斯覆灭已有十三年了，文章的开头与结尾部分用一定量的文字描写今日奥斯维辛集中营的"乐景"，这是以乐景衬悲情——文章的一个特色。因为学生较少接触这类文章，这也是学生学习此文的一个难点。

评析：重难点悉数瞄准文本的篇性，这是渊深的语文学养悄然绽放的思想之花。不过，目标中的"使"字暴露了教者比较浓重的教师本位思想，这是设计中的"蛇足"。

【教学过程设计】

一、导入

新闻是指社会上发生的新鲜事情，从新闻工作者的角度来说，事情还必须是有价值的。如1939年纳粹德国对邻国发动突然袭击，悍然发动第二次世界大战，这在当时是新闻；1945年，法西斯德国在世界人民的反法西斯斗争中终于举起了双手,宣布无条件投降,这在当时是新闻;2005年,德国总理克勒,在奥斯维辛集中营旧址前虔诚下跪,代表德国政府向受害国和人民请罪,这惊世一跪在当时也是新闻。

还有德国法西斯战败后,在奥斯维辛建造杀人魔窟,残酷杀害400万无辜者的罪行暴露于天下,引起世人的极大愤慨,这在当时也是新闻,而且是重大的新闻。但十三年后,当《纽约时报》记者迈克尔·罗森塔尔到奥斯维辛集中营采访时,昔日德国法西斯铁蹄下的大屠场已没有什么重要事情发生,有的只是每天来自世界各地的参观者以及在和煦、明亮阳光下矗立的那一排排高大的白杨树,似乎没有新闻。然而迈克尔·罗森塔尔却以《奥斯维辛没有什么新闻》这篇新闻报道获得了美国新闻界的最高奖——普利策新闻奖,被美国普利策奖主席称为他写得最好的作品。

这是什么原因呢?

二、学生带着问题阅读课文

(屏显)掌握下列词语:

毛骨悚然(sǒng)　和煦(xù)　废墟(xū)　不寒而栗(lì)
踉跄(liàng qiàng)　祈祷(dǎo)　呆滞(zhì)

三、师生互动,理解课文

1. 教师提问:文章题目为"奥斯维辛没有什么新闻",你是怎么理解"没有什么新闻"的?

启发学生从三个方面回答:①这里发生的臭名昭著的纳粹法西斯行径,世人早已知道,没有什么好说的;②这里除了世人皆知的法西斯恶行之外,没有什么值得张扬的事;③虽然这里没有什么新闻,但是我还要写,要继续揭露纳粹法西斯的罪行,让世人永志不忘。

2. 再度启发:在一个或许被人认为没有新闻的地方,作者却执着地去写,而且果真写出了大新闻,反映了"以史为鉴,反对战争、珍惜和平"这样一个大主题,从而获得了新闻界的大奖。那么这篇文章肯定有成功之处,你认为成功之处表现在哪些方面?请结合实例来分析。

尽量启发学生主动说出自己的见解,如果学生一时打不开思路,可作如下指导:

(1) 屏显奥斯维辛集中营中法西斯残暴屠杀妇女的图像,问:面对这种情景,善良的人们会怀着什么样的心情?学生自然会指出:应该怀着悲愤的心情。文中第2自然段即表达了这种感情。但除了与这种情景相吻合的悲情描写外,文章的开头和结尾却都写了欢乐的情景,这种乐情描写不是与悲景不协调吗?

此问题旨在使学生理解文章第1自然段的含义与作用。文章写了布热金卡太阳和煦、树木繁茂、儿童嬉戏的祥和景象,这是写实景。但作者觉得这种祥和之景出现在最令人毛骨悚然的地方,是"一场噩梦"。这是以乐写悲,以乐衬悲。虽然今天的奥斯维辛早已是"太阳和煦、明亮""一排排高大的白杨树长势喜人""在并不远的草地上,儿童在嬉笑、打闹",呈现一派欢乐的景象,但在作者和了解法西斯暴行的人眼里,这里曾是血流成河、尸骨成山的地方,是善良的蒙难地,人们心头的阴霾难除,总觉得在此地出现此景,是难以接受的,是使人更感"毛骨悚然"的。这是以乐写悲,更增其悲。

(2) 文章写参观者"喉咙就像被人扼住了一样。又有一个参观者走了进来,她跟跄地退了出去,在胸前直画十字","恳求似的你望着我,我望着你,然后对导游讲道:'够了'"。此外,文中还有许多这样的描写,如"默默地迈着步子""脚步就逐渐放慢,简直是在地上拖着走""目瞪口呆""毛骨悚然""不寒而栗"等等,作者为什么要用较多的篇幅写参观者的表现呢?

要使学生理解:是从参观者的角度来写奥斯维辛集中营的恐怖,这是从侧面来写奥斯维辛集中营的状况,从而衬托德国法西斯的暴行。文章从第8自然段开始,基本上把参观者在奥斯维辛集中营的所见与所感交织在一起写,或在写实中渗透着作者的感情,或在写集中营某一状况后,直接写参观者的感觉,这些感受都是参观者在受到震撼后的自然流露,从侧面反映出奥斯维辛集中营的恐怖。

（3）文章适当穿插对奥斯维辛集中营总体情况以及地理位置和人口的介绍，也是增强文章表现力的一个重要原因。

3. 引导学生理解文中较含蓄的句子。

文中有些句子比较含蓄，如"在奥斯维辛，没有可以作祷告的地方"，"假若在布热金卡，从来就见不到阳光，青草都枯萎凋残，那才合乎情理"，是什么意思？

4. 援引诗歌《奥斯维辛以后》与课文进行对比阅读。

这是法国诗人阿多尔诺写的一首诗。你觉得它与《奥斯维辛没有什么新闻》在内容上有什么共同的地方？

奥斯维辛以后

（奥斯维辛以后诗已不复存在）

——（法）阿多尔诺

奥斯维辛以后

活着是对死者的无辜愧疚

蝉翼的爱欲

美丽的诗和祈祷

活活地被钉死在十字架下

奥斯维辛以后

幽灵与幽火的本质

和悲哀与痛苦的脑袋

在践乱的遗迹、寻回希望的超验之光

奥斯维辛以后

恐怖让我惶恐失措地忘却

却总那么软弱无力

我不再承受望不到头的幻灭、卑琐和孤独

但地球正板着脸质询暗遣的年华的生存

>奥斯维辛以后
>
>焚尸炉的烟囱矗立
>
>美丽的田野，背后是
>
>绚烂的阳光
>
>依旧清新的空气……

启发学生概括出二者内容上的相同之处，即鞭挞战争与罪恶，以史为鉴，珍惜和平与幸福。

四、教师总结

从1945—1958年，十三年间，奥斯维辛一派和平景象，没有什么新闻；从1958年到现在，几十年又过去了，奥斯维辛仍是一派和平景象，没有什么新闻。但那默不作声的毒气室、焚尸炉、窒息室、女囚绝育室在警示着人们：为了明媚的阳光、儿童快乐的嬉闹不再让人毛骨悚然，请不要忘记历史！

同样，几十年过去了，哈尔滨侵华日军的细菌实验室也在静静地躺着，河北卢沟桥上的石狮子仍然蜷伏着，南京大屠杀纪念碑前每天都会迎来许许多多的参观者，在那里，也没有什么新闻。但那些地方的一草一木时时都向我们发出呐喊：以史为鉴，建设我强盛之中华！

五、布置作业

《奥斯维辛没有什么新闻》于1960年荣获普利策新闻奖。假设你是普利策奖工作委员会的工作人员，需要为《奥斯维辛没有什么新闻》写一段200~300字的颁奖词，你怎么写？

评析：从"价值新闻"的视角激疑导入，视角开阔，扣人心弦，启人深思。但是中间横插一个字音提醒——尽管无声，还是有中断教学意脉，冷却学生刚刚萌生的探究热情之嫌。说到底，这是"后红领巾"教学模式的惯性所致,也是对学生自学能力的不信任。

赏析课文只聚焦一个问题:在别人认为没有新闻的地方,却写出了大新闻,还获了新闻大奖,为什么?从而很自然地将学生的目光引向文本以乐景写哀,零度写作的突破,背景介绍、细节描写、心理描摹中的春秋笔法这些篇性的赏析,以及对国际共同关注话题"鞭挞战争与罪恶,以史为鉴,珍惜和平与幸福"的认知,开口小、挖掘深,举重若轻,匠心独具。

不过,这种概括还可提升。因为《奥斯维辛没有什么新闻》的成功还得益于其独特的写作视角——大自然已经遗忘奥斯维辛的惨痛历史,世人很多也遗忘了这段历史(作者向其工作的《纽约时报》报这个选题时,编辑们都不以为然,认为这是一个老掉牙的题材,相关的报道太多了,奥斯维辛已经没有什么新闻可写①),但这在迈克尔·罗森塔尔眼中却是最大的新闻,也是一个写作的切入点;情感的直觉造型——毒气室和焚尸炉废墟上怒放的雏菊花、遇难者纪念墙上那位可爱的姑娘温和的微笑,"仿佛十字架上复活的上帝之子一样,以天国般的良善传达给世人最严厉的质问与审判"②;意蕴的深度表现——在恐怖与快乐、战争与和平、历史与现实的反差中,它召唤起人们关于灾难的记忆、关于生命的思考、关于人性的自省(1960年普利策国际新闻奖颁奖词)。这些言语表现智慧,也应让学生感悟。

教学总结由奥斯维辛联系到日军的细菌实验室、卢沟桥上的石狮子、南京大屠杀纪念碑,无形中强化了"关于灾难的记忆、关于生命的思考、关于人性的自省"的主旨,也升华了这一主旨——以史为鉴,建设我强盛之中华,包括后面的立足形式秘妙,走向言语表现与创造的颁奖词写作,非常自然、和谐,有步入化境之妙。

跨体阅读比较,仅限于内容,没有触及篇性的审美,有遗珠之憾。

---

① 夏德勇.《奥斯维辛没有什么新闻》赏析[J]. 中学语文教学,2013(10).
② 苏宁峰. "奥斯维辛之后"无处祷告——《奥斯维辛没有什么新闻》新解[J]. 语文学习,2013(3).

总评

守住语文体性,不致和其他学科混淆,可谓达到了语文教学的"稳境",对语文教师来说,算是入了门;注意辨体,上出文本的类性,可谓达到了语文教学的"醇境",对语文教师来说,算是入了行;能深度揭示文本的篇性,引领学生自觉地走向言语表现与创造,才算真正步入语文教学的"化境",对语文教师来说,算是入了道。

这本是语文教学的常识,无须再作强调。但现实的语文教学中,很多人将这种常识仅限于文学文本,对非文学文本则堂而皇之地忽视篇性的存在。在这种语境下,陈成龙老师能深入到通讯文本篇性的层面,引领学生研究、品味,探骊得珠,实是语文教学的一大幸事。

通观陈老师的教学设计,教学的着力点基本一直瞄准了篇性。以篇性的揭示,带动对文体特征的理解,同时不露声色地进行情感、态度、价值观的熏陶。换言之,在别人止步于文体特征感知的时候,他继续挺进,在篇性之美的开掘方面做得风生水起。

本则教学设计中,他的篇性开掘给我们的启示有:

1. 在与新闻文类传统写法的比较中开掘篇性。

文本的篇性不能自显,必须有其他文本、其他作者、其他写法的镜鉴才可。这一点,陈老师非常了然。他设计的问题"作者为什么要用较多的篇幅写参观者的表现呢",正是看到了作者迥异于其他新闻作者的地方——不是将外在事实,而是将内心感受当作报道对象,突破了常规新闻零度写作的拘囿。而他提到的对奥斯维辛集中营总体情况以及地理位置和人口的介绍,增强了文章表现力一说,则是受小说、戏剧等文类的烛照,看到了《奥斯维辛没有什么新闻》叙述节奏上的一大特点。这是就课文教课文的老师永远无法开辟的教学局面。

不过,这方面的开掘还可继续。比如,结构要素的另类呈现,不是"导语—主体"紧扣的金字塔模式,而是开头两段让观感冲决而出,再用三个段落宕开一笔写背景,然后自第6自然段才进入主体、结尾的抒写。结构上的大胆创新与非零度写作模式浑然天成。这种秘妙,应该让学生体悟到。

另外，既然安插了通讯《奥斯维辛没有什么新闻》与诗歌《奥斯维辛之后》的比较，更应让学生强化对这则通讯的诗化写法（含蓄抒情、对比抒情）的体悟，"奥斯维辛以后/焚尸炉的烟囱矗立/美丽的田野，背后是/绚烂的阳光/依旧清新的空气……"，与"在德国人撤退时炸毁的布热金卡毒气室和焚尸炉废墟上，雏菊花在怒放"的描写，何其相通！

鲁迅说："凡是已有定评的大作家，他的作品，全部就说明着'应该怎样写'。只是读者很不容易看出，也就不能领悟。"① 他的建议是比对作家的定稿和未定稿。这在电脑写作成习的当下，显然难以通行。但是，陈老师的跨文本、跨文类或不同作者的比较，语文教学中倒是可以拿来就用。

2. 从矛盾修辞入手，引领学生探析文本篇性。

作者刻意为之的矛盾修辞，常常是篇性的埋藏地。徐志摩《沙扬娜拉》中的"那一声珍重里有甜蜜的忧愁"，鲁迅《孔乙己》中的"大约孔乙己的确死了"，都是矛盾修辞中见篇性的极佳典范。孙绍振先生认为文学形象是一个三维结构：第一层次是表层的意象群落，第二层次是潜隐在意象群落背后的情志脉络，第三层次是更为深层的文学形式。文学解读应着力于第二、三层次的探究。他是就文学文本来说的，但对于带有文学性的《奥斯维辛没有什么新闻》也适用。矛盾修辞就是更为深层的形式秘妙——文本独特的篇性。

矛盾修辞，标题就是——没有什么新闻，却又是最重要的新闻。开头两段也蕴含了很多矛盾修辞，说阳光明媚是最可怕的，孩子快乐游戏是噩梦，所有的绿草鲜花、和平温馨景象都是不应该有的，而且一口气用了四个"不该"和两个"永远"加以强调，这种"故意违反常理、违反逻辑说话，以引起读者注意，形成特殊表达效果"的修辞，被某些学者称为"诡语"②。

陈老师的设计也注意到了，比如对"没有什么新闻"内涵的解读，对矛盾修辞的追问："假若在布热金卡，从来就见不到阳光，青草都枯萎凋残，那才合乎情理"，是什么意思？没有一定的审美敏感，问不出这么高水平

---

① 鲁迅. 鲁迅全集（第六卷）[M]. 北京：人民文学出版社，2005：321.
② 唐松波，黄建霖等主编. 汉语修辞格大辞典[M]. 北京：中国国际广播出版社，1989：649.

的问题。

3. 通过多样的还原，让文本篇性自动地显形。

还原是让文本篇性显形的良方。用海德格尔的"现象学还原说"就是先"解构"（摧毁、解除结构之意），接着通过解构掀开"此在"上面的多种遮蔽，然后再"解除解构"，最后达到重建新的存在本体的目的。不过，这种说法太抽象，太宏观。对还原内涵作出具体阐释的是孙绍振先生，他在《文本分析的七个层次》一文中提出七种还原，即艺术感觉的还原、形式的还原（多种形式的比较）、情感逻辑的还原、价值的还原、历史的还原、流派的还原、风格的还原，为文本解读提供了具体而微、行之有效的思考路径。

陈老师的教学设计至少用到了下述几种还原：

说迈克尔·罗森塔尔凭着"高度的新闻敏感，从独特的角度发现了这平静之下的风暴、无新闻处的新闻"，这是历史的还原，也是价值的还原。深入下去，还可以追溯出视角的还原——从自然、人类的遗忘切入，而非大众的从惨相切入；主题的还原——在鞭挞残暴、珍惜和平、追求善良的主旨基础之上，升华出"关于灾难的记忆、关于生命的思考、关于人性的自省"的题旨。不过，相对于视角的还原，主题的还原，陈老师做得不是很到位。

引导学生思考：文章的开头和结尾都写了欢乐的情景，这种乐情描写不是与悲景不协调吗？这是艺术的还原，也是情感逻辑的还原。因为巧妙运用了多样的还原，所以将文本的篇性揭示得比较充分。

不过，文本第6、第16自然段文句"没有新鲜的东西可供报道"与文题两次呼应所产生的情感的一唱三叹，第13自然段所塑造的情思的直觉造型——那位丰满可爱、皮肤白皙的姑娘，还有赖瑞云教授提到的"以少胜多，以一当十"的"让步手法"——如一个小的毒气室已经使参观者特别恐怖，文章说"还有一个更大的"，这些篇性陈老师皆未触及，或许是时间有限，教学内容又必须精粹安排，只能有所取舍吧。

后记
POSTSCRIPT

评析教例，我在做中学语文老师时便开始了。这得力于浙江陈治勇、安徽黄维陆两位语文才俊的真诚邀约。尽管当时使出浑身解数，评得很用心，也很用情，但并未将之当作一份"事业"。因此，两次评析宛如流星划过美丽的夜空，很快就归于寂灭了。

重新续上，缘于所任教的大学开了"语文教学案例研究"这门课。虽然手头可参考的书目不少，但多是某些省市或某高校部分师生的优秀教例选集，不具典型性；有的虽面向全国，但杂以小学语文老师的教例，又不够纯粹，且评析陷于随感，谈不上系统；还有的看似学术范儿十足，却又科学性有余，审美性不足，读之味同嚼蜡，感觉与语文教学非常"隔"。有鉴于此，宏愿顿生：重新开辟一片天地，以当下一流语文名师的教例为样本，与学生一起深度研习，使他们尚未出校门，便能傲立于中学语文教学研究的前沿！

神奇的是，恰在此时，湖北大学《中学语文》的聂进主编来信了，约我在他们刊物上开个专栏，内容分毫不差，正是名师教例评析！如此心有灵犀，让我恍惚间觉得上苍在默默助我。

评析伊始，并未系统规划，就是抱着学习者、批判者、建构者的态度面对，学经验、找问题、寻路径。名师人选、代表性教例的择定，也都带有跟着感觉走的味道，先选熟悉的名师和曾经读过的教例。可是，随着评析的展开，我到底还是依据自己的了解，列了一个名师清单——撇开外在的头衔、名声、地位或自我标榜，一律以学养、见识、探索精神为准。出于文类、字数（教例+评析，8500字以下）的要求，对体量巨大的教例只能有所割舍，但会指点学生参读。

而对评析的理论含金量和体系化的要求分明高了起来，这构成了我敢言"研究"的一丝底气。

宏观上，我很注意考察"言语性"的指向——是否让学生内在的语文素养得以激活和外化，走向言语表现，不断丰盈并确证自我的精神生命，亦即美国教育家弗洛姆所说的从"占有式"学习，走向"存在式"学习。这是语文性的最高呈现，是语文教学的最高境界，是对学生言语生命的真正关怀。

中观上，很注意体性、类性、篇性的考察。是否守住了语文体性，不致将语文课上成思品课、文化课、历史课、自然课或其他？是否上出了文类的特性？对作家天才的破体写作是否敏感？是否将文本彰显的独特言语表现智慧——篇性作为教学重点来攻坚？语文解读成果的教学转化是否灵妙多姿？

有了这样严苛的要求，五重视野的融合随之自觉起来：

历史视野，主指评析一定要基于语文教育史——即使评析中没有明显结合相关史料，也要让语文教育史化为一种背景性的存在，不能斩断语文教育史的血脉，凭所谓的才气进行无根的评析，此之谓纵向的会通。

国际视野，主指评析的论题、现象或做法要关联到国外母语教育的经验，形成一种可以彼此烛照、确证的辽阔思维空间，而非闭目塞听、孤芳自赏地浅评、狭评、乱评，此之谓横向的会通。

现实视野，主指既立足于名师教例的个体剖析，又能上升到当下语文教育现象类的观照，教育规律、方法的总结，此之谓个与类的会通。

课程视野，是指语文课程思想指导下进行评教，即让语文课程理念成为一以贯之的道，渗透在每一堂课的教学之中，此之谓道与体的会通。比如，创新精神和探究能力是怎样体现的？有没有被该名师持之以恒地贯彻？其他名师是否也贯彻了这一理念，从而努力使语文课程的"在地化"

落到实处？

美学视野，则指对化知成智，积淀语文学养的教学过程的美学观照。一堂课，不仅要实现知识的结构化、动态化，还要实现教学的审美化，让师生共同感到学习之旅不仅充满了智趣、情趣，也充满了美趣，能感受到自我精神生命不断拔节的天籁，此之谓我与他，真、善与美的会通。

微观上，我很注意课眼、意脉、细节、空间、留白的有机考量。理想的语文课就像一篇精美的文章，一定要有康健的灵魂，那灵魂就是课眼——外化后的表现，可以是教学的切入点，也可以是教学的枢纽。一定有灵动的意脉，哪怕随机生成，天马行空，教学因之忙而不盲，有条不紊。不过，教学意脉并非赫尔巴特四步教学法，亦非"后红领巾"教学模式的机械呈现，而是基于学生认知生态，与文本对话现状生成的有机而艺术的建构理路。也一定有精彩的细节——燃烧着主体心灵的创造火焰，可以彼此取暖，彼此点燃，彼此照亮。细节当然不是谢灵运山水诗般的有好句无好章，而是苏州园林般的处处皆图画。空间主指教学中生成的思维空间、想象空间、审美空间等，能构成跨越时空的多重主体的心灵对话，更广泛、深入地进行生命融合与自我建构，而非拘于一文、一人（作者）、一己（教者）的逼仄空间中的"单调"对话、浅层对话。留白主指教者能克制自我的表现欲，精致、准确、艺术地点染、总结、引领，多俯就学生的能力，给他们以更多的言语表现契机和舞台，从而形成一种导授相谐、虚实相生的教学美境。

缘于此，每遇到教例中生命融合、思维博弈、学生言语创造特别活跃的风景，我都会欢欣鼓舞，幸福良久，因为这同样充盈并升华了我的研究生活。

上述思考并非凭空杜撰，而是基于现行语文教学理论的积极重构，对现实问题的多方思考，对语文历史传统的积极回应。比如，体性、类性、篇性三大范畴的系统提出，便是针对了语文教育"耕了别人的田，荒了自家的园"的跑偏现象，无视文本类性、辨体传统，将各种文类一锅煮的同质化现象，还有沿袭共识、肆意演绎、毫无批判性建构的奴性阅读现象。同时，也针对了某些评课标准或过于形而上，无法体现语文科的特性。或过于琐屑，无法突出形式秘妙揭示的重要性,且缺少了言语表现与存在维度的现象(王荣生先生的四层九条评课标准便有此倾向①)。随举一例,强调教学内容与学术界认识一致,固然可以保证语文知识的精准习得,但也会于无形中遏制师生的个性化建构。如此一来,演绎式教学大行其道几乎是必然的,还谈何充满创造的言语表现呢?

篇性范畴的提出,既接续了歌德的"秘密说",王国维的"秘妙说",鲁迅的"秘诀观",更是在阅读教学个性化创造层面上对夏丏尊、叶圣陶《国文百八课》构建"立足揭秘的艺术形式知识体系"的努力作出了现代回应。

怀着这样的胆气剖析、批判、建构,也很感恩在高校的教学经历。两年来,我先后教过中国语文教育理论、语文课程与教学论、中外教育名著选读、教育科学研究方法、语文教学案例研究、专业基本技能强化训练等八门课程,虽然辛苦到了令人惊悚的地步——凌晨三四点钟起床工作简直成了常态,但毕竟激活且升华了我二十多年的语文教学积淀,极大地开拓了我的思考视域。加之考博前,我比较系统地读过哲学、美学、文学、文艺学、教育心理学等领域的著作,读博后又较为深入地学习了语文教育哲学、语文教育史、西方教育史、文学文本阅读学,所以能较为自觉、客观地立足于"语文学"进行多方位的透视与估衡。尽管离高屋建瓴、会通奥窔的境界还有不小的距离,可是因秉持虚室生白的心态,极致之美的追求,的确学到了很多的东西。

更为温暖的是,这种粗浅而野性的研究得到了熊成钢、楚爱华、黄志军、王从华、黄强军、张哲英、孔凡成、唐锋卢、胡海舟、王谓清、卜岩、杨全红、具春林、黄福艳、杨全红、杨传凯、刘安娜、耿宝强、王立、康敏、徐林、周浩、刘兆刚、王崇祥、张宏、叶会彬、石焘、王兴伟、王静、史玮、马增江等无数语文同道的支持与喝彩,这真的是给了我莫大的信心。

---

① 最低标准:教师对所教内容有自觉的意识;所教的是"语文"的内容;教学内容相对集中。较低标准:教学内容与听说读写的常态一致;教学内容与学术界认识一致。较高标准:想教的内容与实际在教的内容一致;教的内容与学的内容趋向一致。理想标准:教学内容与语文课程目标一致;教学内容切合学生的实际需要。

尤其是云南师大张承明教授在细读了很多评析文章后对我鼓励道："研究很有见地，很严谨，也很有理论水准，受益匪浅。庆幸云南省终于有了'语文课程与教学论'的博士，相信你的学术影响能够带动我省一批语文教学论教师的成长，尤其是年轻教师，很期待！"何其崇高的期许！何其温暖的肯定！名师教例评析已然不是我与某名师的单纯对话，而是围绕语文经验、问题、规律等所展开的多元主体间的"大型对话"，一种充满温情与力量的语文教例研究共同体正由此悄然形成！

当然，也十分感谢名师们的认同与宽宥。因为发扬了苏格拉底的"马虻精神"，对每一篇教例我都是有所批判的，甚至可以说是"鸡蛋里挑骨头"，但评析文字出来后没有一位名师觉得这是与他/她"过不去"，要对我严加挞伐，反而一个劲儿地送来真诚有加的赞誉。

刘春文："您说得在理，我心服口服！"

李明哲："从您的点评中，我学到了很多。"

陈治勇："读着评点的文字，我的身心在经受着洗礼，为他的博学，为他的智慧，为他的悉心，为他的爱心。读着他的文字，我似乎在聆听天籁。真的，我的双目更明了，双耳更聪了，心更亮了……"

……

更加令我意想不到的是，还有不少名师不惧批判，主动将自己的教例发给我评析，这怎能不让我"心中有太阳，口中有歌声呢"？

评析文字当然没有老师们说得那么完美，这一点我心知肚明。不过，他们别样的赞许却激发了我更大的信心、更深的热情、更深的笃定，一定要勤勤恳恳、孜孜矻矻，将这项工作推向纵深与开阔，使名师教例评析发挥出更大、更多的引领和促进价值，使更多朋友的语文教学能顺利地从稳境、醇境步入化境、至境。

得以成书，十分感激聂进兄的珍贵信赖。是他，给了我思考的压力，更给了我探究的动力。没有他提供的这个辽阔平台，语文名师教例评析绝不会像山泉一样淙淙流出。也很感谢永通兄的鼎力支持，没有他的青睐，教例评析绝不会得到如此集中而炫目的绽放。还要感谢谭晓云、荣维东、张心科、唐子江诸君拨冗惠赐嘉评。谭老师在家事、校事、专业事的多重缠绕中，还能像做学问一样静心品读每一篇教例评析文字，并旁涉我的很多理论文章，在举国亢奋的七夕依然能拂去喧哗，和我探讨相关理论范畴，为我潜心写序，更是令我感动万千。他们的灵动体悟，独到分析，温煦鼓励——子江兄性急，早将我的电子文稿当教材，给研究生开专题课了，将会化作我教例研究的全新动力，继续助我昂然前行！

汲安庆

2018 年 8 月 19 日晨写于大理大学和苑

图书在版编目（CIP）数据

中学语文名师教例评析/汲安庆著.—上海：华东师范大学出版社，2018
ISBN 978-7-5675-8337-5

Ⅰ.①中... Ⅱ.①汲... Ⅲ.①中学语文课—教案（教育） Ⅳ.①G633.302

中国版本图书馆 CIP 数据核字（2018）第 215604 号

大夏书系·语文之道

中学语文名师教例评析

著　者　汲安庆
策划编辑　朱永通
审读编辑　万丽丽
封面设计　奇文云海·设计顾问

出版发行　华东师范大学出版社
社　　址　上海市中山北路3663号　邮编　200062
网　　址　www.ecnupress.com.cn
电　　话　021-60821666　行政传真　021-62572105
客服电话　021-62865537
邮购电话　021-62869887　地址　上海市中山北路3663号华东师范大学校内先锋路口
网　　店　http://hdsdcbs.tmall.com

印刷者　北京密兴印刷有限公司
开　本　700×1000　16开
插　页　1
印　张　18
字　数　267千字
版　次　2018年11月第一版
印　次　2019年11月第二次
印　数　6 101- 8 100
书　号　ISBN 978-7-5675-8337-5/G·11503
定　价　49.80元

出版人　王　焰

（如发现本版图书有印订质量问题，请寄回本社市场部调换或电话021-62865537联系）